未来

MIRAI

このたびは『東大を選ぶ2024 東大未来』をお手に取っていただき、誠にありがとうございます！

「未来」と言われると皆さんは何を想像しますか？　僕だったら22世紀からやって来た青色の猫型ロボットを真っ先に思い浮かべます（笑）。SF映画が好きな人は「ターミネーター」「スターウォーズ」などで登場するテクノロジーを想像するかもしれません。

でも、今回テーマにしている「未来」はもう少し身近です。それは今この本を手に取って読んでいる「未来の東大生である受験生」の「未来」です。

又吉直樹さん
（お笑い芸人）

東大

TODAI

『東大未来』というテーマには受験生が自身の将来と照らし合わせ未来を選択できるような情報を発信したいという思いが込められています。選択肢が多様化するこの時代であっても、大学受験は人生における一つの大きな分岐点として存在し、ここでの選択は大きく将来に影響を与えます。しかし、どうしても目の前に受験が控えていると、まるでそれ自体が人生のゴールかのように感じられ「将来のことまで考えている余裕はない」と思ってしまうことがあるでしょう。そんな一つの価値観で少しかたくなってしまった頭をやわらかくできるよう、インタビューや特別企画などあらゆる記事で先のことを見据えてもらえるように工夫を凝らしています。

藤井輝夫さん（東大総長）

本書は「東大受験本」と銘打っていますが、やみくもに東大受験を勧めたいわけではありません。むしろ本当に東大を受験するのかということを今一度考え直してほしいとすら思っています。国内にも海外にも大学はたくさんある中でなぜ東大なのか。それはある「未来」をつかみ取りたいからなのか、はたまた漠然と将来の選択肢が広がる気がしたからなのか、理由はなんでも構いません。ただ、じっくりと考えて得た答えは、例えどの大学を志望したとしても長期戦となる大学受験でモチベーターとして大きな助けになると思います。本書が自身の「未来」を考える機会の一助になれば幸いです。

『東大を選ぶ２０２４　東大未来』
編集長　松本雄大

INTERVIEW

「言葉」と向き合い、「言葉」を探究する

お笑い芸人 又吉直樹さん

お笑い芸人や小説家として幅広く活躍し、「東大吉本対話」で副学長と対談するなど東大との関わりも深い又吉直樹さん。

著書『火花』（文藝春秋）において、「生きている限り、バッドエンドはない。僕達はまだ途中だ。」という人の心を揺さぶる「言葉」を生み出す又吉さんに、学ぶことや人生について話を聞き、受験生が、どのように学び、生きていくかのメッセージをもらった。（構成・松本雄大、取材・石橋咲、清水央太郎、松本雄大、撮影・園田寛志郎）

PROFILE ＞ 又吉直樹《またよしなおき》　お笑い芸人／80年大阪府寝屋川市生まれ。吉本興業所属後、コンビ「ピース」を結成。15年には著書『火花』（文藝春秋）で第153回芥川龍之介賞受賞。最新刊にエッセイ集『月と散文』（KADOKAWA）がある

他者の作品とどう向き合うか

——2021年に行われた「笑う東大、学ぶ吉本プロジェクト」の特別講義「東大吉本対話」で東大に来た感想はありますか

それ以前にも何度か本郷キャンパスには来ているのですが、緑が多くて図書館など立派な建物が多いですね。「東大吉本対話」では副学長と「言葉」についてお話ししたのですが、言葉そのものに対するイメージが広がっていくような感覚を味わえました。私も舞台で人前に立って話をするのですが、研究者は言葉に対してまた異なる接し方をしているのが興味深かったです。この時ほど「言葉」というテーマに向き合って話せたことはないので、東大には面白い先生がいらっしゃるのだなと思いました。

——創作をする際に何かを「学ぶ」という行為が必要になると思います。学ぶ上で意識していることはありますか

小説や映画、エッセイなどいろんなものを見て、それを表面上で記憶して、自分の作品に生かすことはあまりないです。明らかに影響を受けたことが分かってしまうと自分の作品にはなりきっていないと思うので。自分の創作に役立てる上では、自分の中に完全に吸収するというか、自分なりの解釈、自分なりの感じ方を意識するようにしています。

東大新聞の部室がある本郷キャンパス第二食堂の螺旋階段にて

意図的にそうしてはいますが、あまりにも自分の実人生に引きつけすぎてしまうことがあるので、正しい鑑賞の仕方かどうかは分からないです。

——エッセイ『月と散文』の中で自分が良いと思うものを評価することを「泥を飾る」と書かれて

います。世間の評価にとらわれずに好きなものを好きでいるためにはどうすればいいですか

僕も人に勧められていろいろな作品に触れる機会は多いので、そうやって自分の好きなものを広げていくのは良いとは思うのですが、その影響を受けすぎて、本当に自分の好きなものが分からなくなるともったいないと思うので、自分への戒めみたいな感じで書きました。

例えば雑誌って、みんながちょっと憧れるぐらいの実現可能なことが書かれているんですよ。頑張れば買えるものが載っていたり、頑張れば行けるお店があったりして。それこそデートプランみたいなものが書かれているわけですよね。どこで遊んで、夜景を見て、最後このお店行って、みたいな。それを見たときに、僕がひねくれているからなのか、しんどそうだと思うんですよね。もうちょっとゆっくり起きて、お昼は好きなもの食べて、散歩して、喫茶店行って、本屋さんでも行って、本買って、また喫茶店行って、お互い読みたい本を読んで、ご飯食べて帰ったらいいんちゃうんって。でも雑誌に僕のデートプランを載せたら、それこそ、何がおもろいねんじゃないですか。みんながちょっと憧れるデートプランっていうのは、僕は正直しんどいって感じるわけですよね。相手がそれを求めているなら努力としてやってみて、たまにはいいかもなって思えたら自分の経験にもなるし良いとは思うんですけど。

又吉直樹『月と散文』（KADOKAWA）税込み 1760 円

大多数の人が良いと言うものにばかり触れるようになったときに、本当に自分が好きなものが見えなくなっていくのが怖いなと思うんです。大々的に発信する必要はないし、みんなの価値観を揺るがしてやろうみたいな思いもないのですが、自分が好きなものをどこかの誰かが酷評していたとしても、自分が良いと思ったものは良いし、誰もが絶賛するものであっても、自分にはよく分からなかったというその価値観を大事にしたいです。

言葉の伝え方、伝わり方を研究してみたい

――作品から受け取る情報量を増やすためには、どのように作品に触れれば良いのでしょうか

読解力には個人差があるので一概には言えないと思いますが、僕個人で言うと「再読」をしますね。

例えば小説を読むと、登場人物が大きな出来事やトラブルに巻き込まれた際に感情を揺さぶられますよね。その余韻のまま次の場面を読んでいくと、その場面は冷静には読めていません。再読をすると、1回目であまりにも事象に引っ張られていた感情がある程度落ち着くので、読み飛ばしていたところを冷静に読めたり、1回目とは違う視点で読んだりすることができるので、個人的には3回目ぐらいの方が面白いなと感じることもあります。読めば読むほどまた違う発見があったりするので、特に若い頃は意識して実践していましたね。読書の冊数を増やしたいと思う時期もありましたが、今は1冊ずつ丁寧に読んでいきたいなと思っています。

再読の体験が重なって1回目、2回目、3回目で感じ方と気付くポイントが全然違うことが分かってくると、1回目からなんとなく、2回目の視点、3回目の視点も動き始めるというか。何度か意識的に再読をして、それが日常化してきたときに、2回ぐらい読んだら最初の頃でいう4、5回読んだような感覚になったりします。なので再読はかなりおすすめですね。

――もし東大に入るとしたら、どんな研究がしたいですか

大学に通ったことがなく、研究のバリエーションがどれぐらいあるのかはあまり知らないのですが、「言葉」の研究がしたいです。同じ言葉を使って、同じタイミングで同じように言っているのに、伝わり方が違う。それは単純に言い方だけではない何かがあると思うんですよね。

普通のことを言ってお客さんが笑うのであれば、魔法みたいな話ですがそれが最高の笑いだと思います。

そういうのを日常の中で試していた時期があるんですよ。コンビニのアルバイトで「いらっしゃいませ」と言って、レジを打って、袋に詰めて、お客さんにお渡しするっていう一連の流れは逸脱してはならない、ふざけてもならない流れですよね。コンビニエンスストアの本部の人が見てもしっかりとこの店員は働いていると言ってくれるぐらいの精度で、ただ笑ってほしいなという覇気だけ出してお客さんを笑わせることは可能かどうかっていうのは、めちゃくちゃ意識してやっていました。たまに、急に笑い出して、「お兄さん面白いね」とか言う人いるんですよ。「何が良かったんかな」とか「今のはちょっと言い方面白くしてしまったからちょっと参考にならへんな」とか試行錯誤して。そういうことが一体何なのか。「言葉」の伝え方、伝わり方を研究してみたいです。

——「言葉」の伝え方で意識していることはありますか

伝わらなかったら意味がないということです。正しい知識であっても、複雑だと突然出てきたら伝わりにくいんですよね。複雑なものに対して抵抗感がある人もいるので、何の工夫もなく伝えて「もうよく分からんわ」で終わらないように、うまくコミュニケーションの中に入れていくことを意識しています。

ただ、これは複雑なものを簡単にして説明するのがいいということではありません。複雑なものは、あくまでも複雑なまま尊重されるべきだと思うので。世界は単純なものだけではなくて、複雑なことがいっぱいあります。簡略化したり、「要するに」という言葉を使って説明したりすると、正しく伝わっていかないんじゃないかなと思います。

結局は相手に聞く体勢を取らせることが一番大事だと思うんですよね。最初から「この人難しい話しそうだな」となると、どれだけ伝えようとしても「難しいこと言ってるわ」で終わってしまいます。なんか分かりそう、という感じで伝えることを意識していますね。

他者からの目線
意識しない選択を

——文章や音楽など全ての活動ができるから芸人を目指したそうですが、自分の可能性を狭めない選択をすることはとても大事なことだと思います。受験や就職など人生の分岐点にいる読者にアドバイスをお願いします

僕は東大生や東大を目指す方にアドバイスをしにくい理由があって、10代で背負ってるものの大きさが全然違うことなんです。「東大に入ったのに」という他者からの目線があるじゃないですか。僕の場合は何かができると思われていない。だからこそ好きなことを突き詰められるお笑い芸人になろうと思えたのですが、僕も皆さんと同じ立場だったら、東大に入るまでに努力した時間を無駄にしない選択をすると思います。掛けてきたコストを有効に使うことはずるいことではないですし。でも、それを無視できたら選択肢は一気に広がるのではないでしょうか。

——お笑い芸人になって、好きなものを突き詰められましたか

芸人の世界は個性的な人が集まって個性や自由な表現が尊重される世界だと思ったら、意外と「芸人らしさ」があって。浮いているとか奇をてらっているとか言われることもありました。養成所では若手芸人に大切なのは「元気」と「分かりやすさ」と「清潔感」の三つで「お前にはその三つともがない」って言われて（笑）。それらを求めて芸人を続けられるイメージが全く湧かず、この世界で自分のやりたいことができるように芸人という職業の幅を広げるイメージを持って仕事に取り組めばいいのではと考えるようになりました。

――エッセイ『月と散文』の中で「愚直なまでに屈折している」と書いています。お笑い芸人としても作家としても成功しているように見えますがそれは変わらないのでしょうか

憧れる大人とか、素敵だなっていう大人がいるんですよ。それは自分で自分の機嫌を取れてあまり機嫌に左右されない人なんです。一方、自分で機嫌をコントロールできずに、日によって全然緊張感が違う人もいるじゃないですか。幼いなと思いますが、僕は割と後者なんです。気分屋で、自分で機嫌をコントロールできないところがあって。作品への向き合い方とかは自分本位で、世間が良いと思うものは世間が決めるから、自分の良いと思うものは自分で決めようって思うんですけど。作品との関わりじゃなくて、他者との関わりのときには、もうちょっと本当は相手に合わせたくて。自分の未熟なところが自分で分かっているのが、また自分を屈折させていくという。完全に満たされたふりをすることはあるんですが、今もどこかで「これうまくいかへんな」とか「ここ嫌だな」っていうことはあり続けますね。

ポジティブに負荷を掛けてみて、俯瞰で自身のストレスと向き合う

――最後に未来の東大生である受験生に向けてメッセージをお願いします

僕は10代から20代前半は憂鬱を抱えて、芸人らしからぬ暗い顔でネタを書いていて。皆さんもうまくいかないことはたくさんあると思うのですが、なんとか面白がってそれを乗り越えてもらいたいですね。時代でくくるのはあまり良くないとは思うんですが、1回の失敗で結構心が折れてしまった時に、僕らの時代だったら「しんどいからやめたい」と言ったら「それぐらいでしんどいって言うな」とか「俺らのときはもっとしんどかった」と先輩に言われましたが、今の時代は「しんどかったらやめていいよ」と言われることが増えていますよね。この傾向はいいと思いますが、一方でもう無理だと思った先にうまくいった経験を自分がしているからこそ、そのような可能性を皆さんが奪われているのではないかと考えることもあります。最終的にどこまでやるかということは自分自身で決めるしかなく、しんどいことに耐えることを推奨しているわけではないのですが、ウェイトトレーニングのように自分の意志でポジティブに負荷を掛けてみて俯瞰で自分のストレスと向き合う視点を持って取り組むと良いと思います。考え方として前時代的なものと現代的なものがあまりにも分断している気がするので、このグラデーションを自分の意志で行ったり来たりできるようにするといいのではないでしょうか。

最近の活動について教えて！
熊本をボクの魅力でいっぱいにしているモン☆（くまモンランド化進行中）
研究に関わることは楽しい？
たくさんの人に出会えて楽しかモン！みなさん、ボクを研究してみるかモン？

特別企画

くまモンがつなげる研究と行政

くまモンには東大で研究員を務めるという顔がある。大学での学び、研究が社会でどう生かされるのか。くまモンが結ぶアカデミアと社会の関わりを見ていこう。（構成・清水琉生、撮影・園田寛志郎）

くまモン

熊本県営業部長兼しあわせ部長。九州新幹線全線開業を機に誕生。活動範囲は国内からパリやニューヨーク、上海など世界中に及ぶ。11年ゆるキャラ®グランプリ優勝。18年より東大先端科学技術センター（先端研）「せんたん研究員」を務める。

先端研「せんたん 研究員」への任命が記載された盾

東大生の皆さん、熊本に遊びに来てはいよー☆受験生の皆さん、がまだすモーン、エイエイモーン！

東大先端科学技術センター（以下、先端研）所属の「せんたん研究員」。２０１１年の九州新幹線全線開通を機に誕生、同年行われたゆるキャラ®グランプリの初代王者になり、今や関連商品の売上金額が累計１兆２９３２億円を超えるなど、日本だけでなく世界でも愛されるキャラクターであるくまモンの肩書きの一つだ。熊本県営業部長兼しあわせ部長として公務に励む中、アカデミアと行政をつなげる架け橋としての役割を見せ始めている。本特集では、くまモンがいかにその役割を果たしているのかに迫る。２０１７年から熊本県が展開する「くまモン共有空間拡大ラボ（くまラボ）」の一環として研究を行うくまモン、共に研究を行う檜山敦特任教授（先端研）、くまモンのサポートを担うくまモングループに取材。そしてくまモン誕生当時から熊本県をリードする蒲島郁夫知事にインタビュー。熊本県はアカデミアをはじめとする各団体との連携から多くの事業が生み出されており、地方創生において、研究を通して新たな産業を産むことについての重要な示唆がある。東大に入学した先の進路を考える際に、「大学での学びや研究」の社会の中での位置付けや価値についてイメージを膨らませてほしい。

せんたん研究員に任命され、研究員証を受け取るくまモン

1D-08

第24回日本バーチャルリアリティ学会大会論文集（2019年9月）

パーチャルキャラクタを活用した地方創生の形

Study on Regional Development by Virtual Character

KUMAMON, Ryu KUDO, Yasuhide HIROHATA, Shunichi TAKESHITA and Atsushi HIYAMA

1. はじめに

2. 包括連携協定

2.1 くまモン共有空間拡大ラボ（くまラボ）

2.2 VRくまモン

2.3 せんたん研究員制度

図1：研究員証を受け取るくまモン

© 2019 日本バーチャルリアリティ学会 -1D-08-

檜山特任教授との共同研究の成果がまとめられた論文「バーチャルキャラクタを活用した地方創生の形」

くまモングループに迫る

「上司」くまモンのサポートに奔走！

くまモンの活動を支えるために、熊本県にはくまモングループという部署がある。活動は主に二つ。イラストの利用許諾と、イベントなどへのくまモン隊の出動に関する事業だ。くまモンが子どもであったり、公務員であったりすることからルールがあり、イラストの場合は、ホームページで手引きを公開している。「お酒は持たせられなかったり、特定の民間企業のロゴに入ってはいけなかったりします」。このルール自体はくまモンの活動が始まる時点で決められた大枠があり、時代に合わせて変更を加えている。くまモン隊の出動では、活動に時間の制限もあるため、打ち合わせをしたり、特定の商品を持たないようにしたり注意する役回りを担う。

くまモンは、何も肩書きがないところから県の営業部長兼しあわせ部長という役職へ昇進した県職員だ。くまモングループにいる８人の職員からすると直属の上司に当たる。「私たちの活動は上司が動きやすい環境づくりともいえます」。くまモンの活動をつくるというよりも、サポートするのがくまモングループだ。くまモン隊の出動は県内外で１年に２５００件を超えるため、全ての現場には行けないが、メディアへの出演などで同行する。「くまモンは性格上、やってほしいと言われればやってしまうんです。くまモン隊

の黄色い法被を着たアテンドさんがいますが、直接依頼を断りづらい状況で、仲介をすることもあります」。打ち合わせの多くは事前に行うので現場での混乱は少ないが、想定以上にお客さんが押し寄せた際に、くまモンの通るルートを変更するなど臨機応変な対応を担うという。

異端ゆえのバランス取りの難しさ

くまモングループの職員も熊本県の他の所属同様に、2年から長くても5年程度で他の部署へ異動となる。4000人程度の県庁職員のうち、8人のみのくまモングループの業務は庁内でも珍しい。「感じ方次第ですが、一般的に想像する公務員の仕事とはかけ離れています。ポジティブで楽しい仕事が多いんです。一般的な公務員の業務のように法律で仕事が定められている訳ではなく、熊本を面白くする、くまモンの輪を広げる方法を考え、行います。やりがいの多い仕事だと思いますね」。一方、立場は公務員でも、業務は公務員らしくない点で、バランスが難しい。「公務員の制約に縛られると面白さが無くなってしまうんです。くまモンの仕事の自由度を確保しつつ公務員の立場を守る必要があります」。行政機関への使用申請は、通常、即日対応は求められない。ただ、くまモンはメディアに出る都合上、相談の翌日撮影がある場合も珍しくなく、早急な検討が求められることもある。他の部署と違うくまモングループらしい一面だ。「一度に企業と行政、二つ楽しめます」と魅力としてくまモングループの上田平さんは語る。キャラクターを持つ行政機関は増えており、それぞれ部署がある場合も多い。「公務員の仕事も業種が幅広いことを念頭に就職を考えてみても面白いと思います」

くまモンが主体で進めた研究活動

　くまラボの一環で先端研と民間企業でVRくまモンの開発が進んでいる中、くまモンが先端研の研究員になるという提案が檜山特任教授の方からあった。「話題性も、インパクトもあり、県の了承も得て、乗っかったという形になります。先端研と熊本県ともにW-i-n-W-i-nですし、くまモンの活動としても十分だろうということで始まったものでもありました」

　運営戦略として研究員になる計画をグループが進めた訳ではない。くまモン自身が会議に積極的に参加して一緒に考えたものだった。生みの親である小山薫堂さんとデザイン担当の水野学さん、そして蒲島知事の仕事の流儀を引き継いでいる。誰かを幸せにすること、身近にあるサプライズとハッピーを見つけるというくまモンのコンセプトも含め、期待値を超えることを大事にしてくれているのだという。「くまモンの成長は何よりくまモン自身の頑張りのおかげなんです。くまモングループは彼をサポートするだけ。多くの活動はくまモンが勝手にやっているともいえます。しっかりと頑張り続けるんです」

発表論文のポスターセッションを行うくまモン※イメージ

動き出したくまモンランド化構想　どんな未来を見るか

「くまモンランド化構想」とは、某テーマパークのように、どこに行ってもくまモンに触れ合える環境づくりを目指すものだ。構想自体は10年以上前からささやかれていたが、その動きが今、急速に進んでいる。ここ数年で、くまモンと県内市町村の特産品とのコラボレーション、各地でのくまモン像設置、そしてファンクラブ、オフィシャルホームページのリニューアルなどが進められた。これは蒲島知事の4期目の選挙に当たってのマニフェストで「くまモンランド化構想を推進する」という約束があったことが主要因だと上田平さん。ただ、最近になるまで進まなかったのには、知事の4期目当選直後には新型コロナウイルスの拡大が始まった上、球磨川流域での豪雨災害があったことが関係している。復興や感染対策で県民の命を守ることを最優先にしていた期間がこれまで続き、県のリソースがなかった。そして昨年度に、知事の任期4年のうち折り返しの2年が始まるタイミングで動き出した。

　くまモンランド化構想では二つの大きな軸があり、一つは「くまモン自身のキャラクター性、関心を上げること」もう一つは「熊本県＝くまモンだと思えるように、各地で物理的・精神的にも触れられること」だ。これらは県だけでは進められないため、市町村とも連携する。例えばくまモンファームという水俣・芦北地域での取り組みがある。地域全体を丸ごと観光農園に見立てた、農作物の収穫や食の体験にくまモンを掛け合わせた新しい体験型コンテンツの提供を目指す。連携する農家の募集は県ではなく、地元に詳しい市町村の役所に依頼している。また、2020年に完成したくまモンポート八代には84体のくまモン像がある。これも県ではなく、各自治体が起点となって進めた取り組みだという。くまモンが県全体で認知されていることで、くまモングループが動かずに進む部分もあるのだ。2023年初めにリニューアルされたくまモンオフィシャルホームページはデザインもかわいらしいものに一新された。「企業コンペでくまモンのカラーである黒と赤と白を基調にかわいらしくデザインしてくれた事業者さんをくまモングループが選び、委託しまし

くまモンポート八代に建てられた巨大くまモン像と数多くのくまモン像

た」

くまラボの研究成果であるVRくまモンについては、民間企業が主体で行っており、熊本県が予算を出しているものではない。これはくまモンの魅力が高いからこそ、県が主体とならずに自発的になされる熊本県のPRであり、キャラクター性を上げていくことの重要さが光る事例だ。「8人しかいない職員では限界もあります。自発的にくまモンを取り入れた事業を各地で展開してくれることがくまモンの成長につながるんです」

くまモンをPRする戦略で「今は人気がひとまず定着した段階にあるのかなと思います」と上田平さん。もうワンステップくまモンのブランド力を高めるために、これからは、くまモンの魅力の向上に注力するという。「ただ熊本のPRを入れるだけでは面白くならないことも多いです。キャラクターとしての魅力を発信すれば、後から熊本の魅力の発信はついてくると思います」。くまモンを支えるスペシャリストが、産学官をつなげる担い手としてのくまモンの積極的な活動をサポートしている。今後について「行政のキャラクターであることのバランスを取りながらくまモンの魅力を発信していきたいと思います」と語った。

（檜山特任教授と蒲島知事へのインタビューは161ページから）

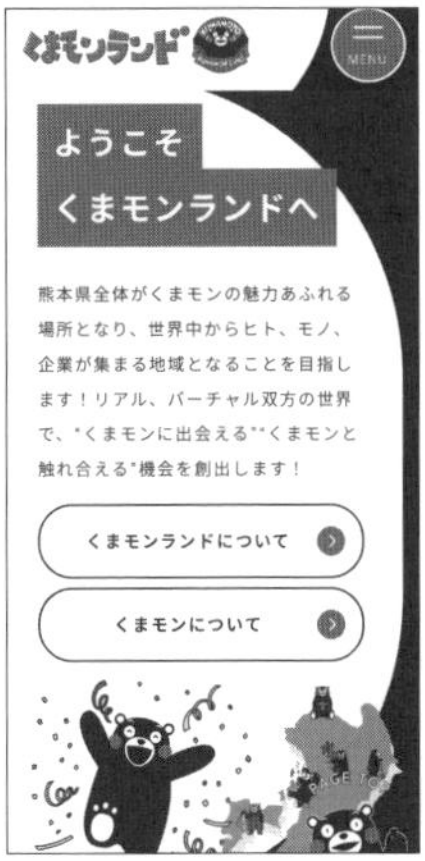

リニューアルされたくまモンオフィシャルホームページ

くまモンランド化構想の全容（熊本県より提供）

東大を選ぶ 2024

現役東大生がつくる東大受験本

東大 本

目次

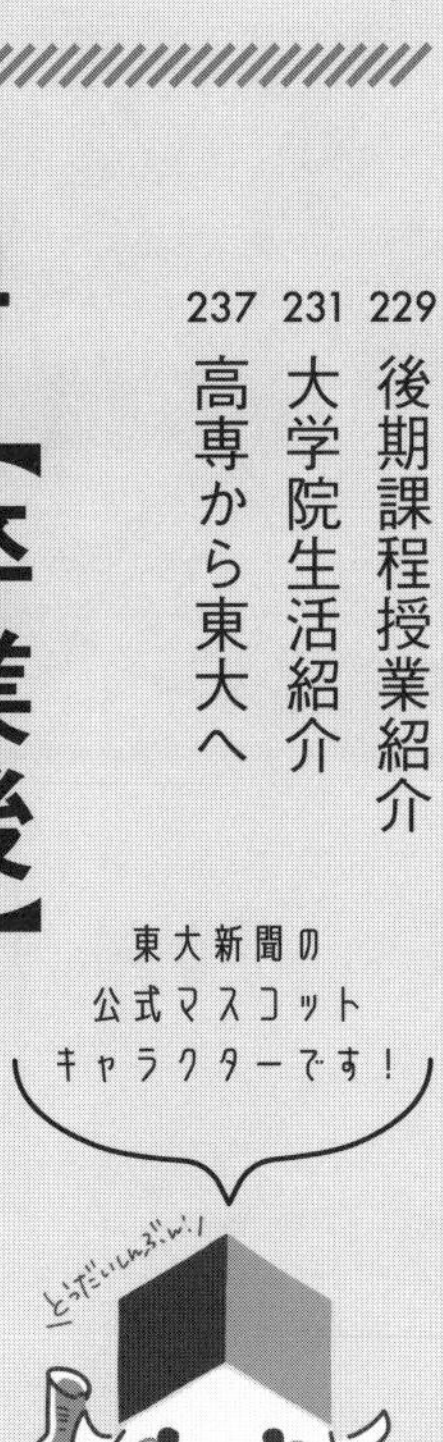
東大新聞の
公式マスコット
キャラクターです！
とうだいしんぶん！
「東大新聞のとりさん。」

表紙イラスト
ならの（イラストレーター）
表紙デザイン
渡邉民人（タイプフェイス）
本文デザイン・組版
谷関笑子（タイプフェイス）

CONTENTS

受験

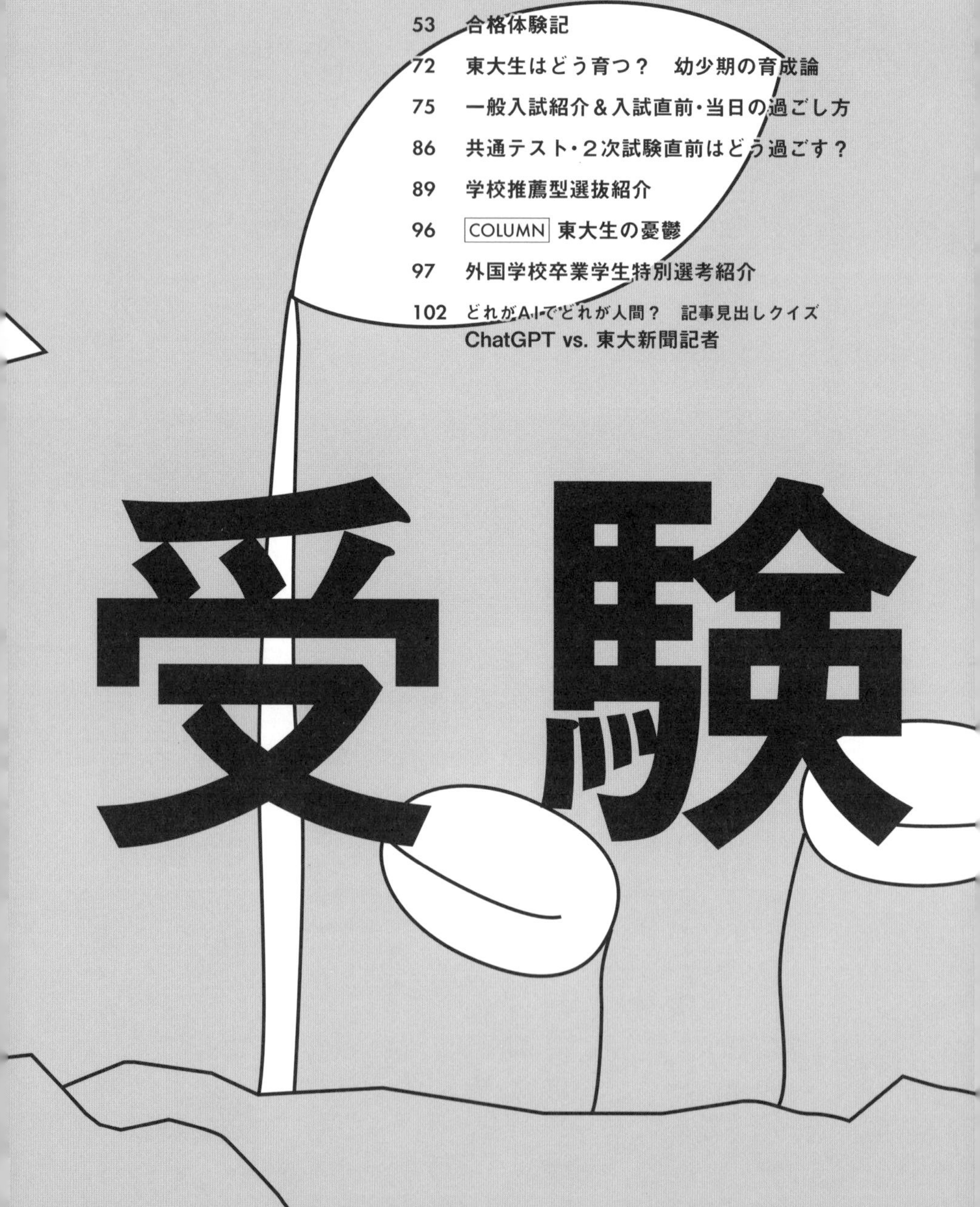

第1章 東大

日本最難関とされる東大入試。
見事難関をくぐり抜けた東大生たちは
どのように勉強をしていたのだろうか。
この章では現役東大生の勉強法や、
東大のさまざまな選抜制度などを紹介する。
この章を通して、未来を切り開くための
勉強法を探ってみてほしい。

2023年度 東大生にアンケート 受験編

3月28、29日、東京大学新聞社は東大の春期新入生を対象にアンケートを実施し、2820人から回答を得た。アンケートは毎年新入生が入学する時期に行い、受験や大学生活などへの意識や社会問題について質問した。昨年との比較から、今年の傾向を分析した。（本文中の割合は小数第1位を四捨五入）（106、204、260ページに続く）

科類別性別比

性別を女と回答した比率は文Ⅲが42％、文Ⅰと理Ⅱが29％、理Ⅲが24％、文Ⅱが23％、理Ⅰが9％だった。

科類別性別比（％）

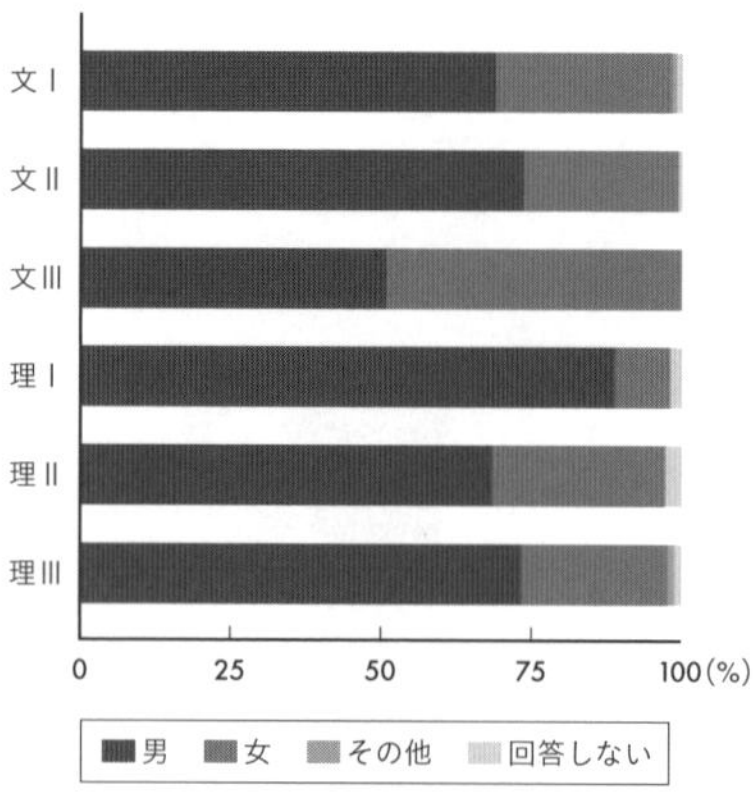

出身高校

公立および国立は43％、私立は54％だった。共学校の出身者は56％、男子校は35％、女子校は9％で、いずれの値も昨年とほぼ同様。

出身高校比（％）

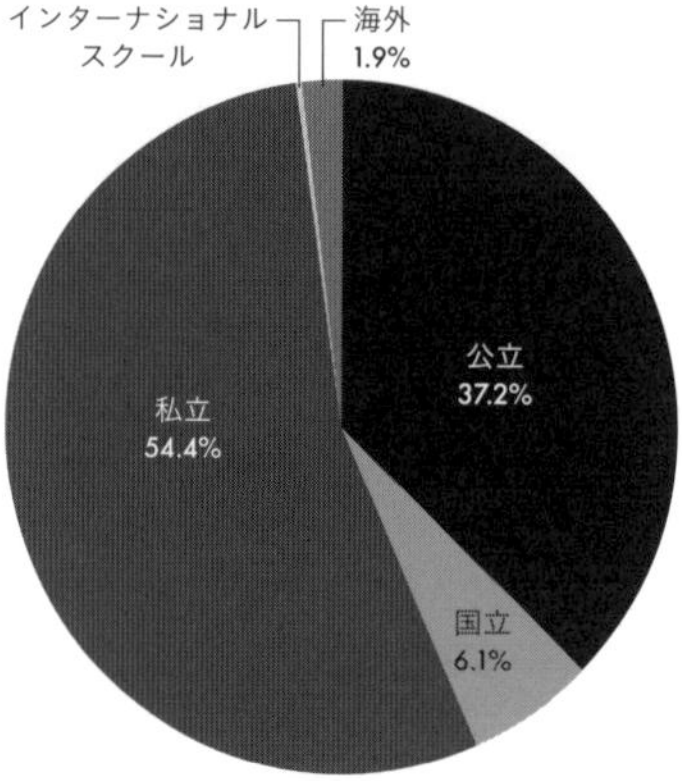

志望時期・志望理由

初めて東大に入学したいと思った時期は高校1年が28％で最多、次いで高校2年が25％、中学生が17％だった。

65％の新入生が東大入学の理由を「研究・教育の水準が高いから」と回答し、「入学後の進路選択の幅が広いから」は54％だった。

東大に入りたいと思った時期（人）

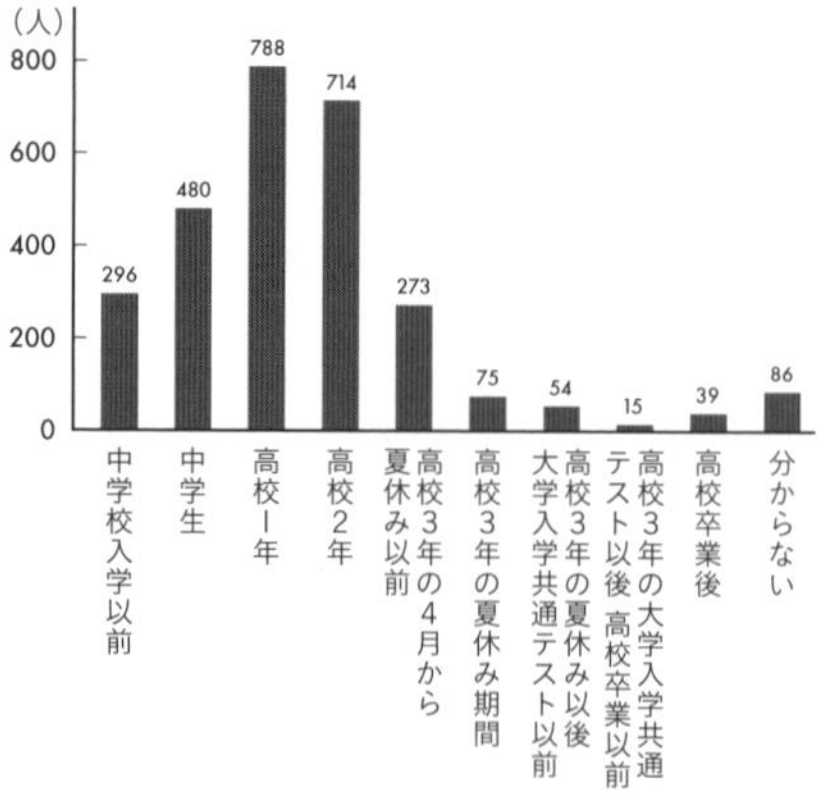

東大教員・東大生からの勉強法アドバイス

どうやって勉強すればいいのか？
そもそもなぜ勉強するのか？
そんな問いに、東大教員（寄稿当時）と
東大生が答えます。

国語

言葉と論理の基礎を身につける

出口智之《でぐちともゆき》 准教授
（東京大学大学院総合文化研究科）
08年東大大学院人文社会系研究科博士課程修了。博士（文学）。東海大学講師、同大准教授を経て、18年より現職。

かつて受験生だったころ、国語の勉強は不可能だと思っていました。せいぜい、古文・漢文の単語や文法を覚える程度。何が出るか、何を聞かれるかわからない現代文は、勉強のしようがないと信じていました。

その後勉強を続け、論文の読み書きを仕事にするようになって、ようやく何かが見えた気がします。論文や研究書を読み、著者の主張を正確に汲《く》み取り、論理の展開を追いつつそれを検証すること。この作業は、まさに現代文に取り組むことの発展形なのでした。形は学術と異なりますが、法曹界も、行政文書を扱う官界も、メディアも、マーケティングも、おなじく現代文から枝分かれして発展した、それぞれの言葉と論理を扱っているはずです。

そう考えると、東大だけでなく入試で広く現代文が課されているのは、言葉と論理を扱う基礎を身につけてきてほしいというメッセージと解されます。もちろん、言葉の意味と論理の構造をちゃんと把握するには、書かれている内容がわかるのが前提ですから、現・古・漢それぞれの知識と教養も必要でしょう。点数を稼ぐ技術ではなく、文章の内容を理解し、論理展開を把握し、自分の言葉で表現できることを目指すほうが、入試でもよい結果が出ると思いますし、大学での学修も生きるはずなのです。

現代文

現役学生(文Ⅱ・2年)からアドバイス

理詰めで安定を狙う

試験概要

時間は古典と合わせて文科 150 分、理科 100 分です。第 1 問が文理共通の評論で、2行程度の内容・理由説明の問題が3、4題、論旨を踏まえて答える 100 ～ 120 字の問題が1題、漢字の書き取りが3題程度です。第2、3問は古典。文科のみの第4問は随筆や抽象度の高い論説文などで、2行程度の記述が4題ほど出題されます。

基礎固め

高2までは学校の授業で十分です。受験で頻出の「近代と現代の違い」「自然と人間の関係」などのテーマを理解すると難しい文章を読むときに役立ちます。意味を知らない単語や、日常とは違う意味で使われた単語は調べておいてください。書き取りで出題される漢字は基本的なものが多いので、高2のうちに一通り覚えましょう。

演習

高3になったら1題に時間をかけて演習しましょう。接続詞に注目して筆者の主張を見つけ、意味段落を区切るなどして文章全体の流れをつかみます。見つけた筆者の主張には線を引き、対比や類似などの文章構造を図にして整理すると良いです。理由記述は傍線部の内容に至るまでの文脈を要約して書きましょう。内容記述では傍線部を含む一文を言葉ごとに区切って言い換え、適切な理由を加えることで解答を作ります。理解できない文章に出会ったら、その文章中の言葉の意味を調べたり、具体例を想像したり、先生に解説してもらったりしてください。

過去問

夏以降には過去問の演習を始めます。理詰めで解きやすい第1問を優先して演習しましょう。本番では古典も一緒に解くので、時間配分を意識してください。第1問は意味段落一つにつき傍線が一つ引かれ、最後に文章全体を踏まえた長文記述が出題されます。意味段落ごとの要点を意識してください。模試を見直したり添削を受けたりして、自分がよくするミスを見つけ、修正することも大事です。

試験当日

本番では第1問を 40 ～ 50 分、第4問を 30 分程度で解けると良いです。演習の段階から理詰めで解くことを意識すれば、安定した得点源になってくれるはずです。

古典

現役学生（文Ⅲ・２年）からアドバイス

基礎知識で部分点を狙え

試験概要

古文漢文から大問１問ずつの出題です。文科は現代文２問を含め150分で120点満点、理科は現代文１問を含め100分で80点満点。文科は４、５題、理科は２、３題ずつで各大問が構成され、現代語訳と内容説明を中心に全て記述式です。難解な単語や古典常識をそのまま解答する問題は出題されません。要点を捉え、１、２行の小さい解答欄に簡潔に記述する力が必要です。

基礎固め

高３の夏までに単語や文法、句形などの基礎知識を定着させましょう。点数に直結しやすく、古文では主語の把握にも役立ちます。分からない助動詞や敬語は単語帳に印を付け、繰り返し見直すと良いです。再読文字や重要句法は教科書で扱い次第ノートに書き留め、定期テスト前に確認する習慣を付けましょう。

演習

高３の夏には模試や学校のテストを復習し、知識の漏れがないか確かめます。間違えていた部分は教科書や単語帳を振り返って確認しましょう。よく忘れる事項をノートにメモをして空き時間に見直したり、重要語や句形を含む例文を暗唱したりすることも効果的です。

過去問

高３の秋までに過去問を解き始めましょう。直近の２、３年分は直前の演習用に残し、過去５～10年分を解いてみると良いでしょう。慣れればスピードも上がるので、初めは時間配分を気にせず、要点を押さえた解答を心掛けてください。学校の先生に添削を頼むのも有効です。共通テスト後は残しておいた過去問を解きつつ、解き直しにも取り組みましょう。

試験当日

本番は古文漢文を20～25分ずつで解けると理想的です。緊張をほぐすために、得意な方から解き始めましょう。古文漢文とも一つ目の小問は例年短い現代語訳が出題され、基礎知識があれば部分点を稼ぎやすいです。安定して点を取るためにも、まずは基礎知識の定着を心掛けましょう。

数学

〝試験の数学〟と〝学問の数学〟

権業善範《ごんぎょうよしのり》 准教授
（東京大学大学院数理科学研究科）
11年東大大学院数理科学研究科博士課程修了。博士（数理科学）。東大大学院数理科学研究科助教を経て、16年より現職。

タイトルのように〝試験の数学〟と〝学問の数学〟の違いについて述べたいと思う。大きな違いが時間制限であるだろう。もちろん前者は、作られた問題を得点していく点取ゲームなので、そういう訓練を積む必要がある。後者は、一般に制限時間のない中で進んでいく途方もない挑戦と言えるかもしれない。

よく試験はできるが、学問に向いていないという話を聞く。逆に確かに試験の点取はあまり要領良くないが、研究となればその才能を発揮できる人間はいる。でも、考えてみて欲しい。学問の数学に制限時間がないなどというのは嘘である。人生という時間をかけているではないか。人生という時間をかけて、自分の取り組んでいる問題解決を目指すのである。確かにその問題に対する部分解決などで論文を発表したりして〝部分点〟を稼ぐが、それは満点ではないのである。死ぬまでその問題が解決される保証は全くないが、それを目指すのは自己満足以外の何者でもない。

学問と研究は切っても離せないが、ここで研究というと競争的要素が含まれるが、この際自分がその問題を解決できなくとも他人の解決を見られるのすら幸運かもしれない。皆さんも人生という制限時間をかけた、学問を始めてみませんか？

文系数学

現役学生（文Ⅱ・２年）からアドバイス

頻出パターンの演習を積み、効率良く

試験概要

大問四つ・80 点満点の試験を 100 分で解きます。出題範囲は数ⅠA・ⅡBで、教科書の知識とその応用で解ける問題が多く「場合の数・確率」や「図形と方程式」などの頻出分野ではある程度決まった出題形式があります。

基礎固め・演習

まず、高１、高２の間に基礎が一通り終わっていると後が楽です。学校で全範囲が終わらない場合は学校の授業を真面目に聞きつつ、自分で学習を進めましょう。高３になったら入試問題に慣れ、分野ごとの頻出の問題パターンを覚えるために、さまざまな大学の過去問が掲載されている問題集を解きましょう。

過去問

他大学の入試問題がある程度解けるようになってきたら東大の過去問も解き進めましょう。夏休みの間に東大の過去問直近 15 年分を１周しておくと良いです。この際、年度ごとではなく分野ごとに解くのがおすすめです。時々で良いので先生に添削をお願いすると客観的な評価が得られ、自分の欠点が分かります。夏休み後は地歴など他教科にも力を入れるため、東大や他大学の過去問を週に８問ランダムに解く程度で良いと思います。この際、今まで解いたことのある問題も２、３問入れると成長を感じられてモチベーションが上がります。新しい問題での力試しと、解いたことのある問題の復習を繰り返すことで、初見の問題でも過去問のパターンに当てはめたり、自分で解法を思い付いたりして解けるようになります。

直前期

共通テスト後はなるべく早く感覚を戻すためにまだ解いていない年度をさかのぼって１日１年分過去問演習にいそしみましょう。今まで解いてきた問題の中から苦手なものや頻出のものを復習するのもおすすめです。

試験当日

本番ではまず１問完答を目指します。いったん全部の問題を見てから一番できそうな問題を仕上げるのがおすすめです。意外と部分点がくるので分からなくてもいろいろ試し、試行錯誤の痕跡を解答に残しましょう。

理系数学

現役学生（理・３年）からアドバイス

計画的な受験準備を

試験概要

大問は六つ、120点満点の試験を150分で解きます。例年６問中３〜４問が数Ⅲの問題となっており、入試本番までに数Ⅲをマスターしておくことが重要です。出題される数Ⅲの問題は難問もありますが、慎重に処理を行えば答えにたどり着ける問題もあり、得点を稼ぐベースとなります。近年「複素数平面」からの出題が増えています。数Ⅲ以外からは「場合の数・確率」「整数」が要注意です。「場合の数・確率」はしばらく出題がなかったものの2022年の入試で復活しました。

基礎固め

高３の夏以降は模試などで忙しくなり、分野別に注力することが難しくなってきます。入試までに効果的に過去問演習を行い、余裕を持って本番に臨めるよう、高３の夏までは丁寧な基礎固めを心掛けましょう。数Ⅲ以外の勉強と並行して高２の春ごろには数Ⅲの学習を始められると良いです。

演習

高２の夏からは分野別に『チャート式基礎からの数学』シリーズ（数研出版）などで多くの問題に触れ、適宜演習を重ねてください。特に数Ⅲは量がものをいうため意識的に取り組みましょう。演習は漫然と解いて答えを確認するのではなく一問一問からより多くを得ることを意識しましょう。どの問題も他人に説明できる程度の理解を目安にすると良いです。

過去問

高３の秋以降は過去問演習と苦手分野の克服。過去問や模試を通じて答案作成における問題点や苦手分野などが判明するはずです。時間制限込みの過去問演習で入試本番での対応力を磨き上げましょう。本番同様の時間割で過去問を解き進めていくと、入試当日の雰囲気を再現することができ、より効果的です。

試験当日

本番では前から順に解いていくくらいの戦略でも大丈夫です。解き進める中で方針が立たない場合は思い切って次の問題に進むことが重要になります。余った時間で解き直すことも可能ですし、そもそも満点を取る必要もないのです。解ける問題で着実に得点を重ねましょう。

英語

リスニングから鍛える

河《かわ》合《い》祥《しょう》一《いち》郎《ろう》 教授
（東京大学大学院総合文化研究科）
94年東大大学院人文科学研究科（当時）博士課程修了。博士（学術）。ケンブリッジ大学博士課程修了。Ph.D.取得。東大大学院総合文化研究科准教授を経て、11年より現職。

インターネットの発達によって、どんな分野でも英語力が一層重要になりました。受験英語のレベルを超えて、英語を使いこなそうという意欲をもってください。

勉強法としては、まずリスニング力を鍛えることをお勧めします。英語の発音やイントネーションが自分でも再現できるように練習しましょう。文法的な構造がわからないと、正しい音読はできませんから、音読に慣れることで文法構造を察知する勘を養いましょう。信頼できる文法書を1冊仕上げるのも重要ですが、目の前の英文が文法書のどの説明に対応するかがわかるには即戦力を養わなければなりません。

今は、インターネット上でBBCやVOAなどの番組や、英米文学作品の朗読などが無料で聴けます。利用しない手はありませんね。私自身が高校生の時は、ラジオで放送された『シャーロック・ホームズ』シリーズを録音して聴き取り、原作を参照して書き取った英語を直していました。リスニング力と文法力を同時に養う方法です。

あと、長文読解と英作文の練習も必要ですね。思ったことがすらすら書けるようにしておいてください。最後は、過去問を解いて、時間配分に慣れておいてください。

以上をこなせば、合格後のあなたの世界は英語力で広がるでしょう。

英語 ―― 現役学生(文Ⅰ・2年)からアドバイス

結果に一喜一憂せず自信を失わないように

試験概要	120分で120点満点、大問は5問です。要約や空所補充、英作文、リスニング、和訳、長文読解など多様な問題で構成されます。配点を意識した時間配分が重要です。
基礎固め	高1、高2の間は文法、語彙の基礎を問題集や単語帳で固めましょう。問題集、単語帳は複数使わず学校で用いる1冊を仕上げてください。リスニング、英作文も勉強しましょう。復習の際に行う英文の音読も語彙や文法の確認に有効ですが、細部にこだわりすぎると時間が足りません。無理せず高校の授業を優先しましょう。模試の結果には一喜一憂せず、この姿勢は東大模試でも貫きましょう。
過去問	高3からは、自分が信頼できる先生の指示に従い過去問を解きましょう。東大の問題も基礎が大事です。はじめは間違いも多いですが、自分の努力を否定してはいけません。リスニングは解く前に大問全体で5分、各パートで1分半ずつ設問文を先読みすることが大切です。設問文に登場した文章が聞こえてきたパートを集中して聞けば、全て聞かなくても正解は導けます。ライティングは平凡な内容でも点が入るので「知っている単語だけで書ける主張」を書くことが大切です。主張と理由だけで語数が足りないときは例を考えましょう。「三単現」や名詞の単複などケアレスミスに注意が必要です。細かい単語の選択やスペルは試験中に悩まず復習で確認しましょう。先生の添削も積極的に利用しましょう。
直前期	高3の9月以降は大問ごとの時間配分を考えつつ、過去問を焦らず解き続けます。リスニングの先読みも時間配分に盛り込むことが大切です。時間が足りない場合は分量が多く配点の少ない問題は駆け足で解くなど工夫しましょう。過去問演習の目的は解き方と最適な時間配分の確立です。「15年分」など量を目的にしないでください。
試験当日	直前期は東大や東大模試の過去問で初見の問題に触れ、感覚を維持しましょう。本番では目標点数を定めず、プレッシャーをかけすぎないことが大事です。

世界史

世界史の先にあるもの

私は中東地域を専門とする歴史家ですが、受験生だった頃、将来こんな道に進むとは一ミリも思っていませんでした。きっかけは東大入学で、前期課程で幅広く学ぶ中で、歴史学って高校の世界史や日本史とは違うんだ、また、大学では中東地域の研究もできるんだ、など様々な刺激を受ける中で、次第にこの道にひかれていきました。皆さんは、大学に入学した後の自分の姿を想像したことはありますか？　大学では想像しているよりも色々なことを学ぶことができます。例えば、世界の歴史を研究するためには、外国語の習得が必要となりますが、前期課程では様々な授業が用意されています。私の場合、アラビア語、ペルシア語、トルコ語を学びましたが、言語の勉強は社会や文化の理解にもつながり、自分の中の世界が大きく広がりました。

受験勉強は大学に入る手段であって目的ではありません。受験勉強の合間に、入学した後のこと、歴史学の教員がどんな目的意識をもって研究・教育をしているのか少し考えてみてもよいかもしれません。歴史学では、批判的に長期的な視野で物事を考えることが重視されますが、これは、歴史家に限らず誰にとっても重要なことです。世界史の先にある歴史学を皆さんと一緒に勉強できることを願っています。

大塚《おおつか》修《おさむ》 准教授
（東京大学大学院総合文化研究科）
12年東大大学院人文社会系研究科博士課程単位取得退学。博士（文学）。東洋大学文学部助教などを経て、18年より現職。

世界史 ―― 現役学生（文Ⅲ・2年）からアドバイス

語句の理解は論述の要

試験概要

地歴２科目合計で解答時間は150分、配点は60点です。世界史の大問は合計３問で、70分程度割くのが目安です。第１問は600字前後の論述で、地域史や同時代の地域横断的なつながりが問われます。知識量と巨視的な視点、構成力が必要です。第２問は「民族の移動」や「宗教」などのテーマに合わせ、数十字の論述が約５題出題されます。字数制限の中で全要素を取りこぼさず表現する能力が問われます。第３問は基礎的な一問一答約10題から成ります。幅広い地域・時代の知識に加え、情報処理能力が必要ですが、教科書と資料集の内容で十分太刀打ちできます。

基礎固め

高３の夏までに通史を終わらせます。常に資料集を使って視覚的に覚えると良いです。まだ細かい語句まで覚える必要はありませんが、全ての論述の基礎である単語を一問一答などで確認しましょう。おすすめは『書きこみ教科書詳説世界史』（山川出版社）。本文中の空欄に重要語句を書き込むことで、単語の復習と教科書の精読を並行して進められます。

演習

夏休みからは、網羅的に基礎レベルの論述の練習を始めましょう。『世界史論述練習帳 new』(Parade Books)などの短文論述問題集を使うと良いですが、一問一答の逆、すなわち重要単語を見て問題文を作るのも手軽です。夏の東大模試までに過去問を１年分解いてみて到達度をチェックしてみると、第２問・第３問は解ける問題も増えているはずです。第１問を演習的に解く必要はまだありません。

過去問

高３の秋から本格的に過去問を解き始めましょう。世界史が苦手な人は第２問・第３問で落とさないことを最優先とし、得意な人は第１問で差をつけましょう。第１問はリード文や指定語句を軸に構成を練れば、聞かれたことに正面から答えられます。学校や塾の先生などに頼んで添削してもらうと良いです。

試験当日

本番では第１問に50分程度、第２問・第３問は合計で20～30分を目指しましょう。

日本史

象徴的な変化を固有名詞でつかまえる

村和明《むらかずあき》 准教授
（東京大学大学院人文社会系研究科）
10年東大大学院人文社会系研究科博士課程修了。博士（文学）。公益財団法人三井文庫社会経済史研究室を経て、18年より現職。

日本史は暗記科目だといわれ、東大入試でもある程度はそうである。このことは、学問としての歴史学と無関係ではない。

歴史学は、過去の人間が生きていた世界（日本史では日本列島）の全体を、具体的に考える学問である。当然その対象・成果は膨大で、脳一つの処理能力からみればほぼ無限といってよい。従って、人々の集団やルール、それらの大きな変化など、ポイントをごく絞って把握せざるを得なくなる。別の言い方をすれば、過去の人類社会の、巨大で複雑なうねりの重なりを、その象徴となるようなポイントで、固有名詞でつかまえて把握することになるのである。

従って、事件や人名、制度、年代、その順序（歴史では決定的に重要である！）を覚えることになるのだが、同時にそれがどんな人々の、どんな変化を象徴しているのか、理解しておく必要がある（これ抜きの暗記は実に退屈だろう）。また過去のさまざまな変化は互いに複雑に関係しているから、一見遠い事柄のつながりに気づく、そうした姿勢や発想力も求められる。

こうした巨大な世界の複雑な変化を、象徴的な固有名詞で整理し、頭に入れていく方法は、かなり普遍的なものである。受験が終わるまでの苦行と思わず、脳の訓練と考えて、頑張って取り組んでほしい。

日本史

現役学生（文Ⅲ・2年）からアドバイス

基礎的な知識と論理的思考力を体得せよ

試験概要

地歴は日本史、世界史、地理の3科目の中から150分で2科目を解きます。配点は各60点です。日本史は70分で解くことを目指すと良いでしょう。例年古代・中世・近世・近現代の各時代から1問ずつ出題され、大問4問で構成されているので、1問あたりの解答時間は単純計算で17.5分以内が目標です。

基礎固め

高2の春休みまでに、教科書を読み込み、文化史よりも政治史や経済史を中心に暗記し、少なくとも教科書で太字の語句の意味を説明できるようにしてください。知識の骨組みを作っておけば、後で文化史や細かい知識を足すことは容易です。高3の4月から7月までは教科書で通史を振り返りましょう。各時代の教科書の該当範囲を読んだ後、教科書を見ずに時系列に沿って当時の為政者（天皇や将軍、首相の名前など）を書きます。さらに重要な政策や制度、戦いや事件などの付随する事項を書いていくと頭が整理され、自分の弱点分野を洗い出すことができます。

過去問

8月から11月の間は直近10〜15年分の過去問演習に取り掛かりましょう。過去問演習によって、出題形式に慣れるとともに、直近の頻出の出題範囲を理解することができます。学校の先生に添削してもらったら1週間以内に必ず復習しましょう。

直前期

12月以降は過去問演習で見つけた苦手分野を復習するとともに、センター試験・共通テストの過去問演習で知識の確認をしましょう。共通テスト後は、2000年以降の過去問で解いていないものに取り組んだり、解いた過去問でのミスを復習したりして、最終的な知識の確認をすると良いです。

試験当日

史料や画像が提示されることが多いため、問題作成者がそれらを提示した意図を考えて、提示されたものを全て解答に盛り込むことを心掛けましょう。特に史料の時代や場所についての情報を見落としてはいけません。基礎的な知識の習得と論理的思考力の養成を目指し、効率良く勉強しましょう。

地理

なんと面白き学問

関本義秀《せきもとよしひで》 教授
（東京大学空間情報科学研究センター）
02年東大大学院工学系研究科博士課程修了。博士（工学）。東大空間情報科学研究センター教授を経て、22年より同副センター長。23年より東大生産技術研究所兼務教授。

地図アプリを使って自分の位置をGPS機能で知ることができる理由、考えた事ありますか？ 例えば自分を見ているAさんとBさんの位置と、自分との距離が分かっているのであれば、自分の位置はA、Bを中心とした両円の交わる所。計測距離や時刻の誤差を考え、Cさんの計測情報も入れると、大体のX、Y座標と時刻がわかる。Z方向も対象にするなら、未知の変数が1つ増えるため、4人必要です。しかし自分は常に4人から見張られていませんよね。

GPSに特化した「測位衛星」が地球を常に回っていて、理屈上は24機の測位衛星があれば、頭上に3、4機くらいの衛星がある。それがA～Dさんです。それらから、衛星の位置を信号でスマホ中のGPSチップが受け取っている訳です。あれ、でも、まわっている測位衛星は自分の位置を把握できるの？ 見張りを見張っている親玉がいる？ はい、メインとなる制御局が米国コロラドスプリングスにあります。もちろんGPSは今や重要な国防技術で、大国は自前で測位衛星を持つ時代です。

こんなことを最初に描いた人、わくわくしたと思いませんか？ アメリカの国防総省が計画を発表したのが1973年。24機揃ったのが1993年。20年かかったわけです。そんな事、一緒に考えてみませんか？

地理

現役学生(文Ⅰ・2年)からアドバイス

知識を関連付け、初見問題に対応できる思考力を

試験概要

大問は3問、60点満点で日本史または世界史のうち1科目と合わせて150分で解く試験です。系統地理に加え国内外の地誌も出題されます。記号問題や一問一答の知識問題と、30字から120字の記述問題が組み合わされて出題されます。教科書の基本事項をベースに、図表の読解や分析が必要な思考問題が多く、問題の趣旨を素早く理解し、要点をまとめる力が求められます。

基礎固め

高1や高2の時から地図帳や資料集を駆使し、教科書と並行して図表や地図も確認する習慣を付けることが大切です。用語を覚えるだけでなくその地理現象がどのようなメカニズムで起きるのかを理解し、説明できるようになりましょう。高3になるまでに教科書を1周し、おおよその内容を把握できると良いでしょう。

過去問

高3の夏から過去問を解き始めます。似たテーマが繰り返し出題されるので、20年分を解けば傾向が見えてきます。それ以前になると社会情勢が変化し、参考にならないことが多いです。一度演習するだけで終わるのではなく、教科書や地図帳、資料集を参考にしながら納得がいくまで何度も解答を練りましょう。要点を見抜き知識を関連付ける分析的思考力と論理的表現力が身に付きます。

直前期

高3の冬からは本番を想定して大問一つを25分弱で解く練習をしましょう。教科書に載っていない論点や苦手な分野はノートにまとめ、繰り返し見直しましょう。過去問は3周するのが理想です。間違えた問題はその分や全体を復習した後、解き直しましょう。余裕があれば予備校が出版した東大模試の過去問も解くと良いでしょう。

試験当日

本番は歴史科目と同時に試験を受けるのであらかじめ時間配分を決めておきましょう。地理は初見問題が多く、考え込むといくらでも時間がかかってしまいますが、問題数が多いのであまり時間はありません。手が止まった問題は飛ばし、得意分野で確実に点数を稼ぐのが大切です。

物理

「答え」はここにある

福島孝治《ふくしまこうじ》 教授
（東京大学大学院総合文化研究科）
96年筑波大学大学院修了。博士（物理学）。東大物性研究所助手などを経て、17年より現職。

「どうして勉強しなくちゃいけないの?」。この問いは子供の頃に一度は思い浮かんだことがあるだろう。みなさんが小学生なら、私はどう答えてよいやら迷ってしまう。ただ、高校生のみなさんには、自信を持って「道端に咲く美しい花を美しいと思うためだよ」と答えるだろう。

高校物理では実にたくさんの法則を学ぶ。それらは人類がこれまでに見出した自然界に宿るルールたちであり、うまく組み合わせることで受験問題の答えにたどり着くことになる。たくさんの法則たちはお互いに関連しあっていて、あるときは単純な原理に言い換えられ、あるときは実に数少ない基本法則にまとめられることを大学では学ぶ。例えば、電磁気現象に関する法則はほぼ4つのマクスウェル方程式にまとめられるようにである。ただの原理や数式ではあるのだけど、美しいと思える。この美しい花は、ここまで来ないと見られないし、ただ見るだけではその美しさを感じることはないかもしれない。今、学んでいる法則たちは茎であり葉である。大事な茎や葉と一体になって、花は美しさを放つのである。

これは物理に限ったことではない。駒場ではたくさんの「美しい花」がみなさんを待っています。

物理 ―― 現役学生(理Ⅰ・2年)からアドバイス

基礎固めに注力、演習で得点力を磨け

試験概要

配点は60点で、時間は理科2科目合わせて150分です。大問3問構成で、例年第1問で力学、第2問で電磁気学、第3問で波動または熱力学が出題されています。教科書レベルの基本問題から、複雑な計算や物理的原理の理解が必要な発展問題まで幅広く出題されます。

基礎固め・演習

まずは教科書を読み込み、公式を徹底的に叩き込みます。高3の春までに教科書に準拠した問題集を何周もして、一冊を完璧に仕上げられると良いです。夏には、問題集を使って標準レベルの入試問題に取り組みましょう。高校物理では使う式の数は限られています。問題演習を積みながら、どの場面でどの公式が使えるのか整理していきましょう。夏までに基礎を固め、穴のある分野を作らないようにすることが非常に重要です。

過去問

秋からは東大型の問題の演習を始めます。東大模試の過去問なども利用して、数をこなしましょう。初見で解けなくても、解説を読んで理解できるほどになれば十分です。時々、過去問も本番と同様、150分測って理科2科目をセットで解くようにします。どの科目から解くか、何分経ったら次の問題に移るかなど、自分に合った方法を探しましょう。教科書の手法の組み合わせで解ける問題を確実に得点した上で、複雑な思考が求められる問題でもいかに粘れるかが合格の鍵となります。

直前期

直前期は、新しい問題に手を出すよりも、これまでに解いた過去問を解き直して、手法や戦略の確認に徹するようにします。

試験当日

当日はけい線のみが入った解答用紙を渡され、答えのみを書くか過程まで書くかは個人に委ねられます。普段の演習で過程を数行にまとめる力を鍛えておきましょう。また、大問ごとの時間配分を守るため、分からなくても飛ばして次の問題に移る勇気が必要です。記号問題は答えを書いておくなど、点をもぎ取る姿勢を大切に。

化学

化学研究のススメ

佃達哉《つくだたつや》 教授
（東京大学大学院理学系研究科）
94年東大大学院理学系研究科博士課程修了。博士（理学）。北海道大学教授などを経て、11年より現職。

受験生の皆さんは、化学に対して、原子やの分子やのが従う法則や、物質の性質を学ぶ暗記科目という印象をお持ちかもしれません。私は、たかだか百種程度の元素から多彩な構造や性質を持つ無限の分子が出来上がる仕組みの美しさに魅せられています。とはいえ化学には、まだ分からないことやできないことが沢山残されています。この未開の地を切り拓《ひら》くための創造的な活動が、研究です。未知の世界への挑戦は苦しみと困難を伴いますが、新たな発見に遭遇したり、一見複雑な現象の背景に潜む美しい法則性を見つけた時の感動と達成感は言葉では言い表せません。独創的な研究をするためには、基礎知識に加えて、瑞々《みずみず》しい感性・柔軟な発想・執着力が必要です。さらに、語学力（特に英語）・論文執筆やプレゼンの能力・人を巻き込む力なども研究を進める上では重要な要素です。つまり、研究とは、個人の総合的な能力を駆使した芸術活動であり、金脈探しなのです。

将来研究者にならなくても、化学研究を通して、ご自身の強みに気付き、磨きをかけることができます。その上で、皆さんの研究成果が、教科書に新たなページを加えたり、社会問題の解決に貢献できたら最高だと思いませんか。

化学

現役学生（理・3年）からアドバイス

焦らず基礎の積み上げを

試験概要

試験時間は理科2科目合計で150分、配点は1科目60点です。有機化学・無機化学・理論化学の各分野から満遍なく出題され、大問三つの構成です。見慣れない問題も多く、解答には時間がかかりますが、全ての問題に目を通すことを心掛けましょう。

基礎固め・演習

高2からは基礎知識の確認を始め、典型問題に触れるようにしましょう。高3になってからも、教科書に何度も立ち戻り、基礎の徹底を。高3の夏休みまでに基礎的な問題集が解き終わるのが理想的です。問題集を解くときは、まず一通り基本問題を解き終えてから応用問題に取り組むなど、スムーズに進める工夫も大切です。夏休みから本番に向けては、基礎的な問題集と東大の2次試験の間くらいの難易度の問題集に取り組みましょう。

共通テスト

共通テストの演習は、基礎がある程度完成しているなら、12月からのスタートでも遅すぎることはありません。基礎を固めてから演習に移る方が、理解不足だったポイントを確認できるので効率的です。

過去問・直前期

共通テストが終わったら過去問演習に取り組みます。東大の問題は初見の物質や実験が登場することも多いですが、焦らずリード文を読み込めば正解へのヒントを見つけることができます。最初は難しく感じたとしても、既知の内容を総合させることで柔軟に対応できるはずです。過去問演習では時間配分ももちろん大切ですが、化学の理解を深めることがより重要です。一問一問から得られる知識の復習を丁寧に行いましょう。

試験当日

本番では、問題数に対して試験時間が短いので、2分考えて分からなければ次に進む、といった工夫ができると良いです。各大問にかける時間は20分程度が最適です。難易度順に問題が並んでいるわけではないので、途中にある簡単な問題を見落とさないように気を付けましょう。

生物

定性と定量

吉《よし》田《だ》大和《やまと》 准教授
（東京大学大学院理学系研究科）
09年東大大学院新領域創成科学研究科博士課程修了。博士（生命科学）。茨城大学助教を経て、19年より現職。

〃未知の問題を解けるようになる〃というのは、これからの未来を担う皆さんが必ず身に付けなければいけない力です。どこかでこれが皆さんの助けになることを願って、問題を解くアプローチとして「定性と定量」という考え方を紹介します。「今日は昨日に比べて暑い」という「定性」的な表現は、非常にわかりやすく、物事の性質を判断する上で重要な概念です。しかし一方で、昨日に比べて「どれくらい」暑いのかというと、この言葉からはわかりません。こうした時は「昨日は26度だったのに対して、今日は34度だった」という「定量」的な概念の方が、上昇した温度幅からどの程度の変化であったのかよくわかります。

つまり何かの現象（あるいは問題）について、「定性」的な情報を「定量」的な面から捉えてみる（あるいはその逆でも構いません）と、物事が一気に単純化し、本質が見えるようになることは非常に多いです。これはとても単純な考え方なのですが、理学の本質を捉えていますし、どのような問題であっても適用できます。皆さんが、自分にとって全く未知の状況に出くわしたとき、何かしらの合理的な答えを得たいと思ったら、こうした考え方が役に立つかもしれません。

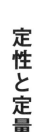

生物

現役学生(理Ⅱ・2年)からアドバイス

リード文をよく読み解答の糸口を探る

試験概要

試験時間は理科2科目合わせて150分、配点は1科目60点です。例年、大問は3問で、各大問に大まかなテーマはあるものの問題は多様な分野から出されます。問題の形式は、適切な単語の選択や語句の説明などをする知識問題から、リード文中の実験から予想される結果などを選択、記述する考察問題までさまざまです。高校では学習しない内容についての考察が求められることもありますが、リード文を読んだり学習した内容の応用例として考えたりすることで、問題が解きやすくなります。

基礎固め

高3の秋までに教科書レベルの知識を身に付けます。単語の暗記だけでなく、現象の説明などの知識を問う初歩的な記述問題を落とさないために、教科書準拠の問題集を繰り返し解いて説明の仕方を覚えましょう。

過去問

高3の秋ごろから東大の過去問演習を始めます。大問ごとに25分ほどの制限時間を設けましょう。制限時間内に全ての問題に解答できなくても問題ありません。自己採点の前に、解答できなかった問題に時間をかけて取り組むと良いでしょう。記述問題は、正解に必要な要素が自分の解答に含まれているかを確認して採点します。その後、教科書で抜けている知識を確認し、解説を読んで正確な考察の流れを復習しましょう。似たプロセスで解ける問題が分野を問わずあるので、その備えになります。

直前期

高3の冬からは、過去問を1年分通しで解きます。短い試験時間でできるだけ多く得点するために解き方を工夫しましょう。記述問題はむやみに書くのではなく、自分なりの答えにたどり着いてから書き始めます。問題の中には、リード文を読む必要のない単なる知識問題が含まれていることもあるので、先に問題に目を通しておきましょう。大問ごとに難易度が異なるので、取り組む順番を考えることも大事です。

試験当日

本番では、焦らず丁寧にリード文を読むことを心掛けてください。分からない問題があったら後回しにして他の問題に取り掛かりましょう。

地学

激しく変化し続ける学問

竹内希《たけうちのぞむ》 教授
（東京大学地震研究所）
97年東大大学院理学系研究科博士課程修了。博士（理学）。東大地震研究所准教授を経て、21年より現職。

みなさんは地学の教科書の記述が、時代とともに変わっていることをご存じでしょうか。私が高校生の時は、現在の教科書に載っている、日本列島の地殻変動や地下の地震波速度の詳細な分布を描き出すことができませんでした。また地表近傍の地球の活動を説明する基本的な枠組みであり、多くのページを割いて説明されている「プレートテクトニクス」でさえ、確立したのは50年以上前です。その意味で地学は若く、活発に進展している学問と言えます。

それでは、教科書に書いてあることはどのようにしてわかるようになったのか、想像できるでしょうか。いろいろな手法がありますが、観測や調査を通じて得られたデータを、物理や化学など、他の分野の知識を用いて解釈することが多いです。要するに、地球が発してくれたり遺《のこ》してくれている信号を懸命に探し、それから何とかして地球に関する情報を読み取ろうと努力しているのです。

教科書の記述はおそらく今後も変わり続けるでしょう。高校の地学を勉強することにより、激しく変貌を遂げ続ける学問分野の入口に立つことになります。そしてそれが、教科書を書き換える喜びを知り、主体的に書き換え作業に参加するきっかけとなることを、切に願っています。

地学

現役学生(理・4年)からアドバイス

他大学の過去問で演習量を確保

試験概要

試験時間は理科２科目合わせて150分で配点は60点です。天文・気候・地質の大問３問構成で、天文分野は例年計算が中心となります。地質分野・気候分野の大問は、年に応じて３行ほどの記述が並ぶ形式か計算と記述両方を扱う形式で出題されます。現象の説明や、データがどのような現象に対応するかを答えるものです。どの大問も教科書以上の発展的な内容をその場で考えさせる問題を含むことが特徴です。

基礎固め

高２のうちに教科書を繰り返し読み、基本知識を身に付けましょう。授業がない学校も多いので、自分で１週間の量を決め、慣れたら量を増やして読み進めます。やる気が出ないときは資料集も活用すると良いです。地学は理科の他科目に比べ、暗記や計算量が少なく理解もしやすいので早めに進めると有利になります。地学オリンピックへの参加も、士気向上や共通テスト対策のためにおすすめです。

演習

高３からは問題演習をします。地学は入手できる東大の過去問が少なく、問題集もそろっていないので、週に１度１年分程度で、他大学の過去問で記述の練習を積みます。間違えた部分は教科書を読み直して復習しましょう。余裕のある人は大学入門レベルの本も読むと、教科書レベルを超えた問題にも対応しやすくなります。

過去問

夏休み以降は引き続き週に１度１年分程度で東大の過去問も解き始めます。計算中心の天文分野は練習を重ねて計算時間を減らし、確実に得点できると良いです。時間配分や解答順を考えられるよう、理科の他科目と合わせて150分で解くようにしましょう。地学は扱える年数が少ないため年度がそろわなくても構いません。共通テスト対策には高２の夏休みや空いた時間で過去問などを解いておき、直前に解き直します。２次試験前は理科の他科目に時間を割ける状態にできると良いです。

試験当日

本番は過去問演習を通して見つけた自分なりの配分を意識しましょう。簡単な問題を先に解き、残った時間で難しい問題に取り組むという方法も試してみてください。

理事・副学長より

受験勉強を超えた学びを

東京大学は、国内外の様々な分野で指導的役割を果たしうる「世界的視野をもった市民的エリート」（東京大学憲章）を育成することが、社会から負託された自らの使命であると考えています。そのため、東京大学に入学する学生は、健全な倫理観と責任感、主体性と行動力を持っていることが期待され、前期課程における教養教育（リベラル・アーツ教育）から可能な限り多くを学び、広範で深い教養とさらに豊かな人間性を培うことが要求されます。

このような教育理念に共鳴し、強い意欲を持って学ぼうとする志の高い皆さんを、日本のみならず世界の各地から積極的に受け入れたいと考えています。大切なのは、東京大学における学びに対する旺盛な興味や関心、その学びを通じた人間的成長への強い意欲です。そうした意味で、視野の狭い受験勉強のみに意を注ぐ人よりも、学校の授業の内外で、自らの興味・関心を生かして幅広く学び、その過程で見出されるに違いない諸問題を関連づける広い視野、あるいは自らの問題意識を掘り下げて追究するための深い洞察力を真剣に獲得しようとする人を歓迎します。高等学校できちんと学び、身につけた力をもとに深く掘り下げて考える力は、入学後も貴方を支えてくれることでしょう。

藤《ふじ》垣《がき》裕《ゆう》子《こ》 理事・副学長

90年東大大学院総合文化研究科博士課程修了。学術博士。東大大学院総合文化研究科准教授などを経て10年より同研究科教授。21年より理事・副学長。

合格
体験記

東大合格への道のりは、人によって多種多様。
早くから過去問演習を始めた人もいれば、
入試直前まで基礎を固めた人も。
合格者が行った勉強法のエッセンスを
項目ごとに紹介。
未来の受験に向けた心構えを体得しよう。

vol.1

合格体験記

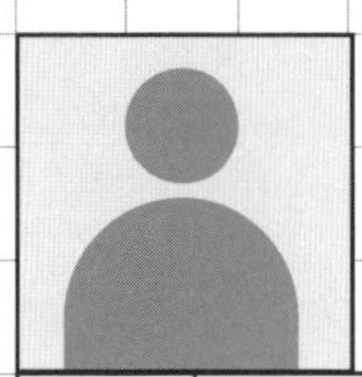

ふりがな	まつしま　あやせ	☑首都圏　□地方
氏名	松島彩聖	☑私立　□国公立
科類	文科Ⅰ類	☑現役　□浪人

共通テスト合計(900点満点)	824点
国語	88点
数学	56点
英語	99点
世界史	46点
日本史	41点
2次試験成績(440点満点)	330点

自分が合格できた理由はずばり……？

英語の文法知識を早いうちに
完成させたこと

高1から本格的に苦手な数学に
取り組み克服したこと

世界史・日本史の通史を
先取りして終わらせたこと

古文・漢文の成績を
安定させられたこと

学外で本番型の演習の経験を
増やせたこと

コロナ禍の休校期間に
勉強に打ち込めたこと

英数の勉強は大変な分
見返りも大きいね！

なぜ文Iに？

中高の同期の影響で東大を志望校として考え始めました。本格的に志望が決まったのは高２の頃。高校で検察官の講演を聞き検察庁を見学したことを機に、法学を通した社会貢献に興味を持ち文Ｉを志望。進学選択の存在も決め手になりました。

中学時代は……

仕事柄英語が得意だった母の影響もあり、英語には熱心に取り組みました。何より打ち込んだ英語劇部の活動のために英検準一級を取得したり、スピーキング・リスニングの練習をしたりしたことや、通い続けた平岡塾で基礎力を完成させたことが結果的に受験にも役立ちました。

苦手の克服

高１でコロナ禍による休校があり、部活動も休止になってしまったことが、勉強に打ち込むきっかけになりました。特に、中学の間苦手だった数学の克服のため『チャート式基礎からの数学』シリーズ（数研出版）による基礎力養成や河合塾のMEPLOで授業・課題に取り組み始め、成績を伸ばすことができました。

世界史・日本史の勉強

高３まで教科選択は迷いましたが、好きだった世界史と、暗記問題が少なく差が付きにくい日本史を選びました。授業進度が遅かったため秋の東大模試をめどに通史を自分で進めたほか、どちらも高３の春から東進東大特進コースで演習を積みました。

塾の活用

中学から高校にかけて平岡塾に通い、文法知識を早くから固めて、英語は好成績を保ちました。高校からはMEPLOで数学・国語の学習を進め、高３からは東進東大特進コースで現代文・世界史・日本史を受講し本番形式の演習に生かしました。

受験生へのメッセージ

主要教科の英語・数学のどちらかを早い段階で仕上げておくのが大事になると思います。英語と古文・漢文は得点が安定しやすいので得意にできると良いです。高３の東大模試まで周囲との差が分からず不安かもしれませんが、自分が思うよりうまく行くので、自分を信じましょう！

vol.2

合格体験記

ふりがな	やまだ　あきこ
氏名	山田晃子
科類	文科Ⅰ類

□首都圏	☑地方
□私立	☑国公立
□現役	☑浪人

	現役時との差
共通テスト合計(900点満点)	**+100**点
国語	**+25**点
英語	変化なし
数学	**+36**点
世界史	**+1**点
日本史	**+5**点
2次試験成績(440点満点)	**+67**点

自分が合格できた理由はずばり……？

過去問は早いうちから始めよう

模試は完璧になるまで復習しよう

自分の勉強方法に自信を持とう

入試に向けて心と勉強の準備をしよう

将来後悔しない選択を

失敗しても自分を責めないで

なぜ東大を？

雲の上の存在と思っていましたが、担任の先生の後押しをきっかけに、目指してみようと。元々東京に憧れがあり、図書館の蔵書数が大学で日本一多いことも魅力的でした。また留学制度が充実していたり、有名な教授がいたり……。東大を目指さない理由はなかったです。

現役時代の反省

一番は自分の勉強法を確立できなかったことです。塾に通っていなかったこともあり、他の人の参考書や勉強法に振り回されてしまいました。もう一つは本番の自覚がないまま入試を迎えてしまったことです。浪人もできると楽観的に考えていた部分もあり、本気で向き合えていませんでした。

浪人を決めたきっかけ

当時は不合格のショックで茫然《ぼうぜん》自失になっていて、教材を見るのも辛かったです。後期試験に合格していたので、衝動的に進学しようかとも考えましたが、頭の片隅ではそれでは後悔すると感じている部分もありました。今までの頑張りを見てきた親や友人の後押しもあり、後悔しない選択に決めました。

浪人時代の生活

基本的に午前9時から午後5時までは予備校で授業を受けていました。現役時代と比べて、ガツガツ勉強するよりも、休息時間や睡眠時間を十分確保して、毎日勉強を続けられるようにしました。現役時代の反省を生かして、模試はすぐに復習し、予備校のテキストも3、4回は解き直しました。

不安を感じる時期はあった？

秋は勉強の疲れが出てくるのに加え現役生の伸びに対する焦りがありました。秋以降は模試がなく、モチベーションを保つのも難しかったです。入試直前期は、後がないというプレッシャーから眠れなくなりましたが、必ず午後11時には布団に入り、目を閉じて休息するようにしていました。

受験生へのメッセージ

周りが大学進学する中、恥ずかしくなったり辛くなったりすることもありましたが、私にとっては謙虚になれた、有意義な1年だったと思います。失敗の1年ではなく、人生のプラスの1年として、自分を認めてあげてください。失敗を分析して頑張れば素敵な大学生活が待っています。

浪人の経験は
人生の糧になる！

vol.3

合格体験記

ふりがな	おさき　こうた	□首都圏	☑地方	共通テスト合計(900点満点)	815点
氏名	尾崎航太			国語	62点
				英語	78点
		□私立	☑国公立	数学	38点
				世界史	39点
科類	文科Ⅱ類	☑現役	□浪人	日本史	36点
				2次試験成績(440点満点)	253点

自分が合格できた理由はずばり……？

学校・予備校の先生の熱心な指導

学校で行われた手厚い共通テスト対策

予備校・学校と家での
勉強のスイッチのオンオフ

どんな話も聞いてくれる家族と友達

出来が悪くへこんでもすぐに立ち直れる
自分の前向きさ

最後まで受験勉強を
やりきったという自信

なぜ文Ⅱに？

高1の夏に高校の先生に東大を目指すことを助言され、また、優秀な人の多い環境に身を置きたいと思ったのがきっかけです。将来やりたいことは特段なく文理も決めていませんでしたが、なんとなく経済に引かれ、文Ⅱを選びました。

時間の使い方

学校と塾のみで勉強し、家では全く勉強をしませんでした。例えば高3の土日では、午前9時から午後5時までは学校の自習室で、下校後は午後10時まで塾に通って勉強していました。1日の勉強時間が他の人と比べて特別長いわけではありませんでしたが、毎日欠かさずコツコツ勉強しました。

共通テスト対策

出身校では、生徒の多くが共通テストの重要度が高い入試を受けるため、共通テスト対策のカリキュラムが充実しており、自然と共通テスト対策を進められました。おかげで本試でも高得点を取ることができ、特に地歴では、共通テスト対策が2次試験でも大きく役立ちました。

地方の非進学校出身

出身校では東大を目指す人が他におらず心細かった一方で、先生方からは、質問に全て丁寧に対応してくれたり親身になって東大対策を手伝ってくれたりと、熱心なサポートを得られました。東大志望であることが周囲に知れ渡っていたことも、今更後戻りできないとモチベーションを保ち続けられた一因だと思います。

恵まれた環境

勉強についての悩みを言い合えた九州大学などほかの国立大学志望の友達、ひたすら愚痴を聞いてくれた両親、全教科を1人で個別指導してくれた予備校の先生などがいて、本当に環境に恵まれたと思います。家族や先生が自分の東大合格を喜んでくれた姿が自分にとっても1番嬉しかったです。

受験生へのメッセージ

勉強は圧倒的に辛いことの方が多いと思いますが、最後の最後まで粘り続けてください。勉強をやりきったという事実は入試当日の自分の大きな自信になります。受験を乗り越えた先のキャンパスライフは本当に楽しいので、それを目指して走り抜けてください！

vol.4

合格体験記

ふりがな	うえの　さや	☑首都圏　□地方	共通テスト合計(900点満点)	727点
氏名	上野咲陽	□私立　☑国公立	国語	77点
			英語	68点
			数学	41点
科類	文科Ⅲ類	☑現役　□浪人	世界史	33点
			地理	37点
			2次試験成績(440点満点)	256点

自分が合格できた理由はずばり……？

成績が悪くて焦っても
合格を諦めずに勉強したこと

不安なときは勉強法などを
先輩や友人に相談したこと

公式の意味などあやふやなところは
基礎から補強したこと

睡眠時間は削らず、
朝早く登校して自習していたこと

学校行事も精一杯楽しんでから、
受験に集中したこと

やることリストにチェックを付け、
達成感を高めたこと

なぜ文Ⅲに？

さまざまな能力を持った人が集まる大学に行きたいと思い、東大を選びました。もともと美術への関心が高かったので、文学部の美学芸術学専修に進学したいと思い、文Ⅲを受験することに決めました。

高校生活は？

毎年10月に文化祭があり、高3の夏休みも文化祭で行う演劇の準備に熱中していました。受験勉強もしてはいましたが、友達と話す時間が息抜きになっていて良かったと思います。文化祭までは学校生活を全力で楽しみ、その後から受験勉強に本腰を入れました。

具体的な勉強方法は？

苦手だった数学は、解説文を文節ごとに区切り、理解できたか確認しながら進めました。世界史は資料集を中心に勉強していたのですが、塾から非効率だと指摘されたのを機に、一問一答の問題をやり込みました。時間をかけてでも、自分に合う方法を探すのが一番重要です。

日常生活での工夫は？

睡眠時間を削ると学習の質も下がるので、午後10時就寝・午前5時起床の生活を最後まで続けました。通学の電車内でリスニングをしたり、早めに登校して勉強したりと、朝の時間を活用しました。予定より勉強できなかった日も、次の日のパフォーマンスのために切り替えて早く寝ていました。

受験で大変だったことは？

東大受験に関する情報が少なかったため、自分の頑張りが十分か分からず不安でした。模試でもE判定が続きましたが、志望校の変更は考えませんでした。候補が無数にある分、いくらでも逃げられるので。東大志望を貫き努力したことが合格につながったと思います。

受験生へのメッセージ

色々な情報を得ることで、逆に自信を失ったり迷ったりすることもあると思います。ですが「○○したいから、東大に行きたい」という意識は、受験勉強を続ける上で一番重要だと思います。自分の決断に自信を持って頑張ってください！　応援しています！

vol.5

合格体験記

ふりがな	あらかわ　こうたろう	□首都圏　☑地方	
氏名	荒川幸太郎	□私立　☑国公立	
科類	理科Ⅰ類	☑現役　□浪人	

共通テスト合計(900点満点)	864点
国語	46点
英語	88点
数学	87点
物理	48点
化学	46点
2次試験成績(440点満点)	315点

自分が合格できた理由はずばり……？

直前期に焦らないための、
早期からの継続的な学習

模試の点数を競うなど、
仲間との切磋琢磨

友人との談笑や
コンビニで買う間食などの息抜き

模試受験後、
得意教科・苦手教科両方の復習

午前0時前に寝ることによる、
受験直前期の十分な睡眠

入試当日の試験問題が難しくても、
冷静さを維持

なぜ理Ⅰに？

高校入学時点では志望校が未定でしたが、とりあえず高い目標を設定しようと思い、東大を目指しました。前期教養課程で授業選択の自由度が高いことも魅力でした。数学と理科が得意で、理学系や工学系の進路に興味があったため、理Ⅰを志望しました。

数学の対策方法

数学は得意でした。高１の夏までに数Ⅰ・Aの参考書を一周しました。数Ⅱ・Bは高１の12月、数Ⅲは高２の夏から取り組みはじめました。同じ参考書を何回も解き直しました。高２の終わりには、数学の基礎は定着していたので、以降は過去問演習を行いました。

模試の解き直し

模試は全て丸付けをして、間違いの原因を考えました。ミスを防ぐために、注意すべきことを事前にメモして後で見直すなどの方法を考案し、日頃から実践しました。分からない問題は計算をするなど自分で解きながら解説を読み、理解しました。

共通テスト対策

共通テストで高得点を取り、２次試験の負担を軽減することを重視しました。そこで、高３の12月から比重を増やし、１月は共通テスト対策に専念しました。学校の教材やプレテストを活用して演習をしました。古文や漢文、理科や社会の暗記事項を毎日学習しました。

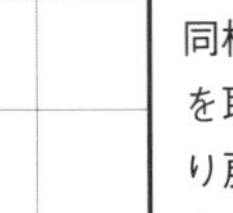

２次試験当日

前日は緊張のため眠れず不安でしたが、同様の状況で迎えた共通テストで高得点を取れたことを思い出し、落ち着きを取り戻しました。数学と物理が難しく、手応えがありませんでしたが、周囲の様子から試験自体が難化していたことを悟り、冷静さを保ちました。

受験生へのメッセージ

受験は一種の戦いであり、スポーツに似ていると思います。勝利への意欲と、戦うこと自体の楽しさが両方あってこそ頑張る原動力になります。受験勉強に取り組む中で苦しいこともたくさんあると思いますが、受験という戦いを、楽しみながら乗り越えてほしいです。

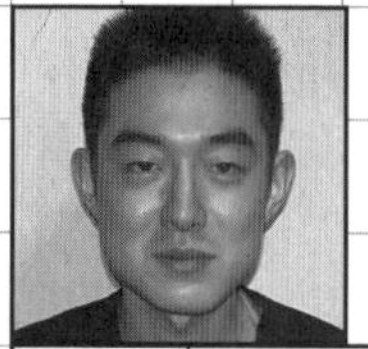

vol.6

合格体験記

ふりがな	たきの　みきひろ	☑首都圏　☐地方
氏名	瀧野幹広	☐私立　☑国公立
科類	理科Ⅰ類	☐現役　☑浪人

共通テスト合計(900点満点)	840点
国語	42点
英語	72点
数学	43点
物理	36点
化学	40点
2次試験成績(440点満点)	233点

自分が合格できた理由はずばり……？

東大に合格したいという
気持ちを忘れない！

家族の支援と友人の励ましを
エネルギーに変える！

規則的に勉強する習慣を！

勉強量が足りない科目を重点的に！

日頃の反省を生かした勉強をする！

最後までやり抜く！

なぜ東大に？

小学1年生の時、小惑星探査機「はやぶさ」が困難を乗り越えてサンプルを地球に持ち帰ったことに感動し、宇宙に興味を持ちました。その後参加したNPO法人の活動の中で東大の航空宇宙工学の研究室などに行ったことが、東大への受験を意識するきっかけとなりました。

現役時代の反省点

受験勉強の開始が遅かったことや、問題集を解くだけで問題の本質を理解しようとする積極的な姿勢が欠けていたことが、不合格の主な原因だと思います。所属していた陸上部と野球部での活動を言い訳に怠けてしまっていたところもありました。

最初の受験後

元々浪人を覚悟していましたが、試験当日の感触として「受かっていないだろう」と思い、受験後すぐに苦手科目の勉強を始めていました。父も浪人の経験があったことで、すんなりと受け入れてくれました。家族の支援と友人の励ましがあったからこそ自分も頑張ろうと思えました。

予備校での学習

現役時代に気に入った物理の先生がいる予備校に、自由登校の日曜日も含め、毎日午前8時半〜午後7時まで規則的に通っていました。授業は対面と映像授業を組み合わせたもので、科目ごとに基礎と東大対策を行いました。特に勉強量が不足していた化学と数学に力を入れました。

模試

模試の復習は受けた当日か次の日に行いました。特に数学と物理は、解説を全て読んだ上で自分の解答と比較しました。点数が悪く、落ち込むこともありましたが「勉強で失った自信は勉強で取り戻すしかない」と思い、普段通りの勉強リズムを崩しませんでした。

受験生へのメッセージ

特に浪人生は、受かる保証がない中、あえてもう1年挑戦するという逆境の中にいます。挫折感を味わうこともきっとありますが、そこで踏ん張れば、将来何かに挑戦するときに「あのとき頑張れたんだからもう一度頑張ろう」と思える経験になると信じています。

vol.7

合格体験記

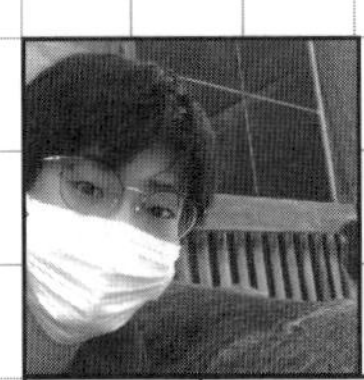

ふりがな	むらやま　たつき	□首都圏	☑地方	共通テスト合計(900点満点)	795点
氏名	村山竜輝			国語	46点
				英語	52点
		☑私立	□国公立	数学	58点
				物理	27点
科類	理科Ⅱ類	☑現役	□浪人	化学	33点
				2次試験成績(440点満点)	216点

自分が合格できた理由はずばり……？

やりたいこと＆やるべきことを全部やる。
妥協しない！

塾には通わず、
学校の先生のアドバイスを信じ切る！

ただ問題を多くこなすより、
全体像の理解を重視！

気合いと思い込みは
予想以上に効果アリ！

解答解説を読み込み、
着眼点や発想、思考回路を身に付ける！

疲れたらピアノを弾いてリフレッシュ！

なぜ理Ⅱに？

進学選択が魅力的でした。文理選択で迷ったこともあり、学部を選ぶ際には大学に入って深く広く学んでから決めたいと考え、負けず嫌いな性格が手伝って、日本一の大学を目指すことに。高校で物理・化学選択だったため、大学では生物も学びたいと理Ⅱを受験しました。

課外活動と勉強の両立

高校では百人一首部・ドラえもん研究会・新聞部を兼部し、生徒会や学外の学生団体でも活動するなど、多忙な日々でした。周りと比べて短い勉強時間を有意義に使うため、むやみに演習量を増やすよりも単元ごとの要点整理など全体像をつかむことを優先して復習しました。

友達と切磋琢磨

高3になると周りの影響で受験を意識し、登下校中に友達と問題を出し合うようになりました。物理の難問で議論が白熱することも。2次試験前にも学校で友達と勉強し、過去問で記述を添削しあったり、雑談して気分転換や記憶の定着を図ったりしていました。

英語は継続が鍵

文法書『Vintage』（いいずな書店）と単語帳『ターゲットR』（旺文社）を丸暗記するほどやりこみました。長文は、分からない単語の上にオレンジペンで意味を書き込むのを習慣化して復習。苦手なリスニングも、難しい文章を繰り返し聞くうちに聞き取れるようになりました。

理科は自分に合った教材で

物理は全体像をつかめる『物理教室』（河合出版）を直前期まで使い倒し、化学は『ここで差がつく　有機化合物の構造決定問題の要点・演習』（KADOKAWA）で考え方を整理しました。さらに理解を深めたいときは先生に質問。YouTubeの実験動画なども息抜きとして観ていました。

受験生へのエール！

僕が「絶対受かる！　合格するしかない」と思えたのは2週間前くらいで正直遅かったですが、それでもなんとか間に合いました。「受かる！」と断言できるくらいに強く思い込むことが大切。思考は必ず現実化します。まず気持ちの面から変えていくようにしてください！

合格最低点との差はわずか0.18点！
もし漢字を間違えたら……!?

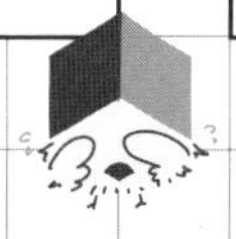

vol.8

合格体験記

ふりがな	もとき　りょうた	□首都圏 ☑地方		共通テスト合計(900点満点)	808点
氏名	本木遼太			国語	不明
		☑私立 □国公立		英語	
				数学	
科類	理科Ⅲ類			化学	
		☑現役 □浪人		生物	
				総合成績(550点満点)	386点

自分が合格できた理由はずばり……？

通学時には机がなくてもできる勉強をして
時間を有効活用

数学はたくさんの解答例を参考にして
いろいろな視点を身に付けた

科目以前に言語である英語に
毎日触れるようにした

模試は判定よりも何を学ぶか、
どう弱点補強できるかを意識した

やめたくなっても初志貫徹で粘り続けた

健康を第一に十分な食事と睡眠だけは
欠かさないようにした

なぜ理Ⅲに？

小学校の卒業式で友人と東大に行こうと決意しました。漠然と医者志望というのもあり、東大を目指すなら理Ⅲかな、と自然と理Ⅲを志望することにしました。ラ・サールは東大を目指せる学校で、周りにも同じ目標を持つ仲間もいたので学校のカリキュラムに沿いながら、切磋琢磨し合って勉強に励みました。

ラ・サール高校の特徴は？

鹿児島県の中高一貫校。地方にあり、周りに大手の予備校がないので受験勉強が学校で完結するのが一番の特徴です。学校から大量の教材と大量の課題が出されますが、それを淡々とこなしていけばおのずと成績は伸びます。自分で教材を選ぶ労力が要らないのは助かりました。

気持ちのコントロールは？

模試は判定も大事ですがあくまでも自分の課題を見つける手段です。模試で思うような判定が出なくても、自分の間違えたところを完璧にすればいいだけだ、と自分に言い聞かせて復習に取り掛かりました。良い結果が出せてもたまたまかもしれないと過度に喜ばないようにして、あくまでも平常心を保つことを心掛けました。

1番力を入れた科目は？

生物です。一般的には物理の方が点数が取りやすいと言われていて、物理選択の理Ⅲ志望者と同じくらいの点数を取らないといけないので力を入れて勉強しました。しかし、元々生命現象の複雑さに引かれたことと、単純に生物が好きだったことから生物を選択したこともあったので勉強が苦にはなりませんでした。

分析して自分の弱点を可視化するのは大事だよね。

過去問の使い方は？

約20年分の過去問を2回は解くようにしました。特に復習に時間をかけて、分からなかったところはなぜ分からなかったのか、また、時間勝負なので解くのに時間がかかってしまった問題はなぜ時間がかかったのかを丁寧に分析して本番に生かせるようにしました。理科は最近の傾向や難易度とかけ離れているものは解かないようにして効率性を重視しました。

受験生へのメッセージ

ほとんどの人は自分が受かるかどうか微妙だと思っていると思います。たとえ思うような判定が出なくても最後の最後まで粘ってほしいです。理Ⅲを目指せる、ということは誰しもができることではないのでそのことに誇りを持って頑張り続けてほしいです。やめたいと思った時はなぜ理Ⅲを目指すのかを思い出して乗り越えてください。

vol.9

合格体験記

ふりがな	ないとう　じゅんか	□首都圏	☑地方	共通テスト合計(900点満点)	803点
氏名	内藤純香			国語	45〜50点
		☑私立	□国公立	英語	85〜90点
				数学	60〜65点
科類	理科Ⅲ類			物理	40〜45点
		□現役	☑浪人	化学	30〜35点
				2次試験成績(440点満点)	270点代

自分が合格できた理由はずばり……？

現役時代の勉強の積み重ねがあった

解いた問題を最大限次に生かしきれた

科目ごとにメリハリをつけて
勉強できた

焦ることなく、
いつも落ち着いて勉強し続けた

周りに流されず、
自分のやるべき勉強に向き合えた

東大合格というゴールを追い続けられた

なぜ東大を目指したか

日本一の学校である東大に憧れがあり、日本中から集まる志の高い学生と一緒に学ぶことに魅力を感じました。もともと医学部を目指していたこともあり、自分の夢を両方叶えられる東大の理Ⅲを、高1の夏ごろから志望校に設定しました。

現役時代を振り返って

通っていた高校では放課後の指導など学校の支援が手厚かったので、塾には通っていませんでした。しかし夏ごろから周りの友達の進捗を見て焦るようになり、入試当日は高得点を狙っていた数学でパニックになり失敗。「やりきった」という感情はありましたが、不合格は確信していました。

浪人時代はどう1日を過ごしていたか

夏前までは知識を抜けがないものにするため一日中予備校の授業を受け、講師の発言もノートに全て書き留めていました。夏以降は予備校の授業が演習中心になり、自分がためになる授業だけを受講し、後は自習に時間を充てていました。

おすすめの勉強法

復習の際、理系科目は時間制限を設け解き直し、文系科目は時間をかけ間違えた理由を分析する、というメリハリを大事にしました。また、左ページに解けなかった問題、右ページに答案の分析と解き直しをまとめたノートを作り、模試前に見返して精神安定剤にしていました。

浪人時代の心境は？

夏頃に合格に不安を感じる瞬間がありましたが、予備校のチューターさんに励ましてもらい気持ちを切り替えました。試験当日も現役時代とは異なり、変に気負わず平常心で試験を迎えられたと思います。問題も順調に解くことができ、気が付いたら試験が終わっていました。

受験生、特に浪人生へのメッセージ

他の受験生を見て焦る時もあると思いますが、周りに惑わされず、自分が合格するための勉強を自分の頭で考えて実行することが大切だと思います。「東京大学に合格する」というゴールを見失わずに、勉強を続けてください。

自分の夢を見失わない
事が大切だね！

東大生はどう育つ？

幼少期の育成論

「東大生の勉強法」「東大生のノート術」。「東大生」を枕ことばにした教育書を書店で見つけるのは容易だ。しかし東大生は１学年３０００人。勉強法も生育環境も個人差があって然るべきだろう。それでも互いの話をすれば、違う中にも共通点が見えてくるのでは？　東大生４人の座談会から見えてきた、育ち方の共通項を掘り下げていく。

参加者（ペンネーム）

堀（文Ⅱ・２年）
幼稚園の頃に宇宙図鑑を愛読

条（経・３年）
１歳半でかな文字の概念を理解

広（養・３年）
保育園・学童保育所の蔵書を読破

井（養・３年）
自由帳に素数や旧国名をお絵描き

オープニング

条：というわけで本日は、無事に教育の失敗作に成り損ねた皆さんにお越しいただきました！

堀：すごい始まり方ですね。

条：まあ、君たちのご両親はさぞ鼻が高いことでしょうけれども。

広：なんで自分を除いたの（笑）？

井：何はともあれ、皆の幼少期の話はすごく興味あるわ。

公園の遊具で遊んでいるようじゃ東大は厳しい!?

条：まずはみんなの就学前のエピソードが知りたいね。

井：どうやら僕は公園に行っても遊具で遊ばず、砂場でお絵描きをするのが好きな子どもだったらしい。

条：それ分かる！　俺も遊具アンチの砂場キッズだったらしいわ。

広：私も遊具ではあまり遊ばなかったな。砂場じゃなくて、木から松やにを取るのが好きだったらしい。

井：そんな幼少期エピソードは初めて聞いたかもしれない（笑）。

条：やっぱり幼少期に才能の片りんが見えるのは、公園とお家の寝室だと思うんだよね。**堀**くんは公園でどんな才能を見せていたの？

堀：皆さんが特殊すぎるだけで子供は普通、遊具で遊ぶんですよ（笑）。僕はブランコが好きでしたし。

条：確かに（笑）。でも遊具で遊ばなかった人がこんなに多いのは意外だね。「遊具で遊んでいるようじゃ東大合格は厳しい説」あるかも。

井：さすがにそんなことはないと思うけどね（笑）。

「大人になっても記憶に残る」図鑑と絵本

条：じゃあ次はアウトドアじゃなくてインドアの話に移りたいんだけど。

井：キャラの図鑑を暗記するのは好きだったみたい。アンパンマンとかのキャラを覚えるのにハマってた。もう少し大きくなった後は都道府県の特産品を覚えるのも好きだったかな。

堀：僕の家にもアンパンマン図鑑がありました。

条：なるほどね（笑）。俺の家にもキャラもの含め図鑑は多かったわ。でも日本人としては珍しく、アンパンマンが嫌いだったんだよね。病院とか幼稚園で泣き出した時に、大人が良かれと思って渡したアンパンマンのおもちゃを見て、さらに泣くことが何回もあったらしい（笑）。

一同：ええ……。

広：そんな子供が存在するんだ（笑）。

堀：やっぱり図鑑は文字情報じゃなくて、絵や写真が豊富でイメージしやすいのが大きいですよね。

井：そうだね。今の暗記力の素地は、図鑑でキャラクターとかの情報を覚えたことでできたのかもな、と思う。

広：図鑑より絵本派だったかな。園庭で遊ぶ時間にも1人で絵本を読んでるくらい大好きだった。『おしいれのぼうけん』（童心社）が怖かったなあ。

堀：僕も毎晩のように読み聞かせしてもらっていました。『はらぺこあおむし』（偕成社）が好きでしたね。

条：俺は『かじだ、しゅつどう』（福音館書店）が大好きだったな。絵本って名作多いよね。俺は最近の子育て事情をあまり知らないんだけど、もしネットの普及で絵本に触れる機会が減っているとしたらちょっと悲しいかも。

井：僕はあんまり絵本の記憶がないかな。幼少期に絵本に触れることで身に付いたと思うことは何かある？

条：個人的には絵本を直接読むんじゃなくて耳で聞くことで「情景を思い浮かべる」能力が付いた気がする。この能力がないと、成長してから小説とか楽しめなくなっちゃうと思うわ。

広：1人で読む時はそうだけど、読み聞かせで情景を思い浮かべていた記憶はむしろないな。昔話を混ぜた即興話をしてもらって、ひたすら笑っていた記憶。もっと面白い話をせがむと「全身白い犬がいました、尾も白い」で終了だったけど。内容が何でも「小さい頃に枕元でお話をしてもらった」って記憶自体に意味があると思うよ。

編集部員たちは新聞を読んでいたのか

井：われわれは「東京大学新聞社」ということで新聞に携わっているわけじゃん？みんなやっぱ新聞を読んでた？

堀：朝日小学生新聞を取ってました。

広：全く同じだ（笑）。

条：俺は小2から、小学生新聞じゃなくて一般紙の朝日新聞を読んでた。共働き家庭だったから下校後は祖父宅にいたんだけど、娯楽があんまりなくて。祖母の勧めで新聞を読み始めたんだよね。最初は4コマ漫画から始まって、スポーツ面とか社会面とか徐々に読める記事が増えてった。

堀：やっぱり朝日新聞が多めですね。

条：ちなみに井の住んでいた長野県は何新聞が強いの？

井：皆さんご存知の通り、信濃毎日新聞の一強だね。

堀：はじめて聞きましたけど（笑）。

「制限の抜け道探しが子供を成長させる」ゲーム機、タブレットとの付き合い方

条：最後に気になるのはゲームやiPadの時間制限だね。ここは気になってる親御さんも多いと思うんだけど、みんなの家庭はどんな感じだった？

広：ゲーム機は買ってもらわなかったな。放課後は学校から学童保育所に直行だったから、欲しいと感じるタイミングがなかったんだと思う。

堀：受験をしたので、僕も小学生の時はゲームする時間がなかったですね。

井：中学受験してない家庭からすると想像できなさすぎる……。僕はもちろんゲームしてたけど、長時間やり過ぎると注意される程度で、特に制限された記憶はないかな。

条：うちは「ゲームは1日30分まで」だったから、親の目をどう誤魔化すかばっかり考えてたね。友達と外でやれば制限から逃げられるから、遊ぶ予定入れまくったり親が寝た後にこっそりやったりとか。

広：確かに、弟はゲームの時間を制限されてたな。

条：弟は買ってもらえたんだ（笑）

広：親を出し抜くことで言うと、小6でPCを買ってもらった時、指の動きを盗み見てパスワードを推理してた。

堀：僕もiPadを持っていたんですけど、全く同じ手段を使ってました。

条：何か制限をかけられた時に「それを突破する方法」を考える時が一番頭を使うよね。

堀：分かります。

井：今日はみんなのバックグラウンドが分かってすごく面白かった。意外な共通点が結構あったね。

条：下宿先だとあまり親と連絡を取ることがなかったけど、今夜は久しぶりに電話しようかな。感謝しかないし。

一同：間違いない。

一般入試紹介

&

入試直前・当日の過ごし方

大学入学共通テストと東大２次試験。
制度を知り、先輩の試験直前と当日の
過ごし方を学んで準備を万全にしよう。

大学入学共通テスト

概要

東大入試で必要な共通テストの科目は、文科各類は5教科8科目または6教科8科目、理科各類は5教科7科目（下図）。形式はマークシート式だ。

「数学Ⅰ・A」では、試験時間が20年までのセンター試験から10分増えて70分になるため、過去問演習の際には注意したい。また、「英語」のリーディングとリスニングの配点比率は東大では7：3に換算される。2025年度入試からは「情報Ⅰ」が必須科目に加わり、「数学Ⅱ・B」が「数学Ⅱ・B・C」に変わる（251ページ参照）。

傾向

「数学Ⅰ・A」は23年度、平均点が低かった22年度比で約16点上昇し、安定しない傾向が続く。「生物」など22年度からの変化がほぼない科目もあった。全体としては前年度よりも文系では23点、理系では38点上昇した。どの科目も多くの資料を時間内に読み解くことが求められる。

第1段階選抜

東大入試では、共通テストの結果を基に第1段階選抜が実施される。第1段階選抜により、2次試験の受験者数は文科各類で入学定員の3倍、理Ⅰで2・5倍、理Ⅱ・理Ⅲで3・5倍程度までに絞られる。2次試験では共通テストの点数（900点満点）が110点満点に換算されて得点に算入される。

大学入学共通テスト試験科目

<table>
<tr><th colspan="3">【文系】5教科8科目または6教科8科目</th></tr>
<tr><td>国語</td><td colspan="2">「国語」</td></tr>
<tr><td>数学</td><td colspan="2">「数学Ⅰ・A」必須、および「数学Ⅱ・B」「簿記・会計*」「情報関係基礎*」から1科目選択
（*は高校で履修した者などしか受験できない）</td></tr>
<tr><td>地理歴史</td><td>「世界史B」「日本史B」「地理B」</td><td rowspan="2">左の4科目から2科目選択</td></tr>
<tr><td>公民</td><td>「倫理、政治・経済」</td></tr>
<tr><td>理科</td><td colspan="2">「物理基礎」（「物理」）「化学基礎」（「化学」）「生物基礎」（「生物」）「地学基礎」（「地学」）から2科目選択
（基礎を付していない科目は、同一名称科目を含む基礎を付した科目を選択していない場合に限り基礎を付した科目として扱う）</td></tr>
<tr><td>外国語</td><td colspan="2">「英語」「ドイツ語」「フランス語」「中国語」「韓国語」から1科目選択</td></tr>
</table>

<table>
<tr><th colspan="3">【理系】5教科7科目</th></tr>
<tr><td>国語</td><td colspan="2">「国語」</td></tr>
<tr><td>数学</td><td colspan="2">「数学Ⅰ・A」必須、および「数学Ⅱ・B」「簿記・会計*」「情報関係基礎*」から1科目選択
（*は高校で履修した者などしか受験できない）</td></tr>
<tr><td>地理歴史</td><td>「世界史B」「日本史B」「地理B」</td><td rowspan="2">左の4科目から1科目選択</td></tr>
<tr><td>公民</td><td>「倫理、政治・経済」</td></tr>
<tr><td>理科</td><td colspan="2">「物理」「化学」「生物」「地学」から2科目選択</td></tr>
<tr><td>外国語</td><td colspan="2">「英語」「ドイツ語」「フランス語」「中国語」「韓国語」から1科目選択</td></tr>
</table>

２次試験

試験科目

２次試験は例年2月25日と26日の２日間にわたって行われる。１日目は国語と数学、２日目は理科または地理歴史と外国語だ。

文科の配点は、国語・外国語が１２０点ずつ、数学は80点、地理歴史は60点が2科目で合計４４０点。

理科の配点は、数学・外国語が１２０点ずつ、国語が80点、理科は60点が２科目で、合計４４０点になる。理Ⅲのみ面接が27日に行われる。

試験会場

試験会場は文科が駒場Ｉキャンパス（最寄りは駒場東大前駅）で、理科は本郷キャンパス（本郷三丁目駅）・弥生キャンパス（東大前駅）だ。駒場Ｉキャンパスと本郷キャンパス・弥生キャンパス間の移動にはおよそ45分はかかるので、間違えるとかなり焦ることになる。受験票なども よく確認して、試験会場は間違えないようにしよう。

また、本郷・弥生キャンパスはとても広く、利用する駅を間違えると、目的の教室まで到着するまでにかなりの時間を要することも。受験する教室の位置とそこに近い駅を事前に確認しておこう。

試験が終了すると全受験生が一斉に帰途に就くため、駅は大混雑に。駒場東大前駅では普段停車しない急行が停車する。

試験当日

開門時刻は午前8時半ごろ。待機する受験生の列の長さを考慮して数分早く開門されることが多い。入場後は自分が試験を受ける教室で待機。試験前になると試験監督者が巡回し、共通テストと２次試験両方の受験票の確認が行われる。

試験開始数分前には、問題冊子と解答用紙が配布され、解答用紙に受験する科類・受験番号・氏名を記入する。問題冊子にも受験番号を記入する欄がある。問題冊子は持ち帰り可能だ。

チャイムの音を合図に、１科目目の試験が午前９時30分から始まる。

次のページからは
実際に先輩の
入試当日の様子を
見てみよう！
ふむふむ

2次試験シミュレーション

ここでは2人の現役東大生の
2次試験体験談を紹介する。
前日は何をしたらいいのか、
どんな気持ちで過ごせばいいのか。
当日はどんな流れになるのか。
先輩たちの話を基に、
本番を追体験してみよう。

Y・Mさん（文Ⅲ・1年）
山口県出身・私立・現役

▼入試前日まで

共通テスト後に興味のある文学部に進みやすい文Ⅲに出願することを決めた。直前に受験した大学別模試の結果が振るわず、不安が大きかったが、基礎を盤石にすることを常に意識した。

前日に友人と東京入り。飛行機の中では友人と談笑した。翌日のルー

M・Kさん（理Ⅰ・1年）
鹿児島県出身・私立・現役

▼入試前日まで

共通テストの結果が思わしくなく、自己採点後は不安が募っていったが「東大は2次試験でいくらでも巻き返せるから大丈夫」と自分に言い聞かせて気持ちを切り替えた。地方出身で私立を受けに行く体力と時間がもったいないと思い、私立併願はしなかったが、それが功を奏し、時間を有効に使えた。

トの確認と、試験会場の下見を行い、渋谷駅で解散。2日間泊めてもらう親戚の家に向かい、午前0時まで国語や数学の過去問を見直した。

▼入試1日目

あまり寝られず、午前5時ごろに起床。渋谷駅の改札まで叔父が同行してくれたおかげで、少し緊張がほぐれた。電車はかなり混雑していたが、スムーズに降車できた。試験室では、赤本を読んで過ごした。

1科目目の国語は問題冊子の配布を待つ間に、頭の中で知識や時間配分を確認した。近年の傾向から難しいと予想していた古文は易しく、漢文が最も解きにくかった。時間いっぱいまで考え続け、解答を作成した。

東京には受験の2日前に到着。試験会場を下見してイメージトレーニングをした。ここまできたら残りは気持ちの問題だと思い、ホテルではそこまで勉強はせずに同伴していた母や姉との談笑や、高校の同級生とのLINEで肩の荷を下ろした。

▼入試1日目

朝は午前6時に起床。積分の計算問題を解き、支度を済ませて時間に余裕を持ってホテルを出た。

1科目目は国語。普段から点数が安定せず、1点でも得点できればいいや、と思いリラックスして試験に臨んだ。

昼食は軽く済ませ、正門の近くで高校の同級生と談笑。リラックスし昼休みは叔母の弁当を食べて、赤本の数学の問題を確認した。

難しいと予想していた数学が古文と同様に大幅に易化。試験終了直後は、6割程度は取れたと確信していた。

夜は友人と外食をしながら答え合わせを行ったが、数学の解答が友人と合致せず、かなり焦った。1日目のことは忘れ、手を付けていなかった英語と社会の過去問や、リスニングのための耳慣らしをした。

▼入試2日目

1科目目の社会は、苦手な日本史から解き始めた。最も解きやすそうだと感じた第3問から始めたが、予想以上に時間を使った。第1問と第

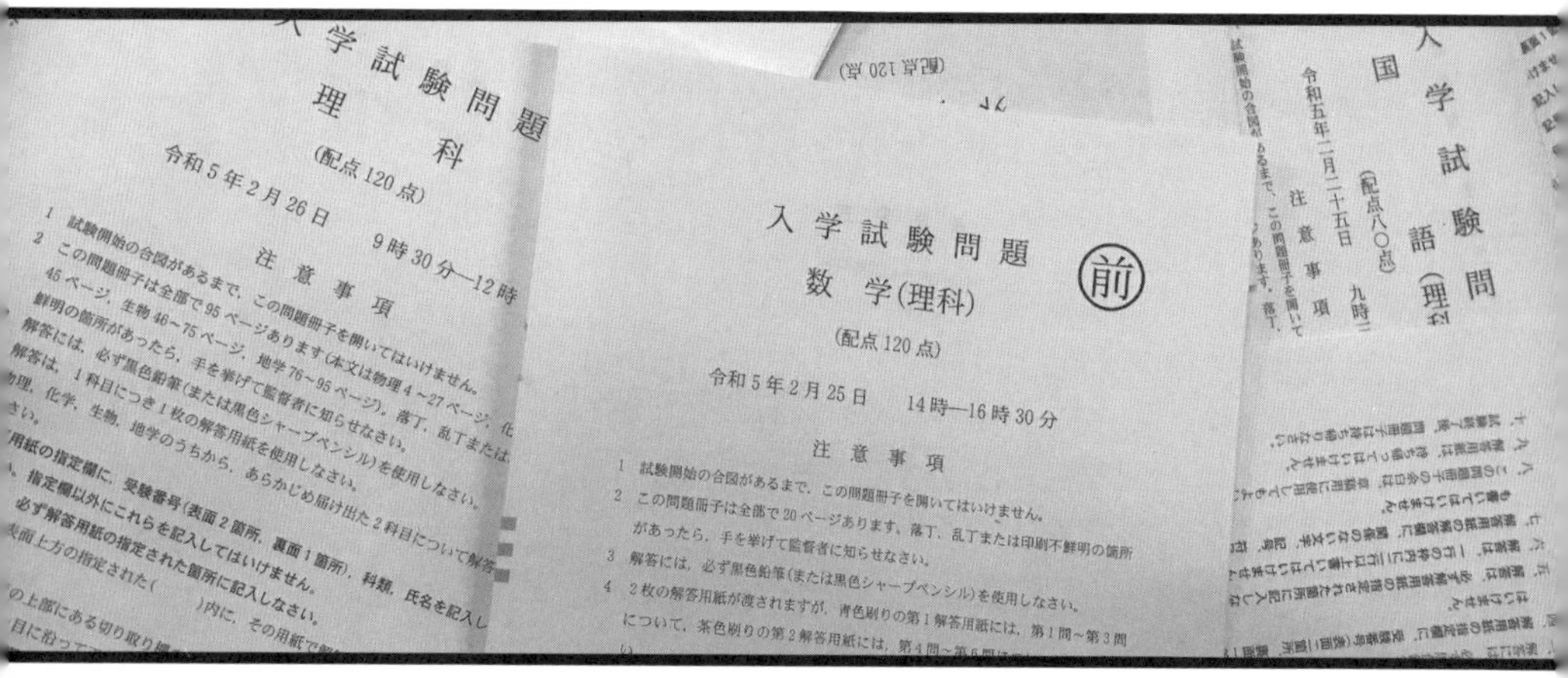

て昼休みを終えられた。

2科目目は数学。いつも点数を稼いでいたのでここは落とせないと、気を引き締めて受けた。経験上、第1問は割と易しい問題が多く完答したいのだが手こずってしまい少し焦り、他の大問を解き進めることにした。第6問以外は難なく解けて落ち着きを取り戻せたが、結局第1問が解けず、悔いが残った。

試験終了後、悔しさで胸がいっぱいだったが母や姉、同級生と話すうちに気持ちを切り替えられ、あと1日頑張ろう、と寝床についた。

▼入試2日目

朝は午前6時に起床した。数学の第1問が解けずにモヤモヤしていた

4問は素早く処理したが、最後に解いた第2問は解答の方向性が定まらず、資料をつなぎ合わせることしかできなかった。一方、世界史は、受験科目の中で最も得意で好きな教科だ。第3問（一問一答）は素早く処理し、誤字・脱字や問題文の読み間違いが無いか確認した。第2問（小論述）は記憶が不確かな分野が出題されて苦戦。想定以上に時間を使った。第1問（大論述）は問題の要求が例年と異なり、変化や仕組みではなく事例の列挙で面食らった。時間に余裕がなく、各国の記述量のバランスを取れなかった。

最後は英語。英作文は早めに片付けたが、要約と下線部和訳で苦戦。リスニングも聞き取れず、1B（段落補充）と4A（文法問題）は、ほ

のので考え直してみるとすぐに解け、悔しさも感じつつ胸がスッキリした。その後、化学の有機物の範囲を見直し出発した。

1科目目は理科。物理と化学を選択した。物理が苦手だったが問題が難しすぎて「物理を苦手としない人も点数を取るのは難しいだろう」と考え、気を楽にした。化学は例年より易しく感じた。

昼休みはリスニング教材で感覚をつかんだ。

2科目目の英語は学校で倍速にしたものでリスニングをしていたので本番はゆっくりに感じ、会心の出来だった。要約問題で苦戦したが、英作文や長文読解が過去問より易しく

ぼ手付かずの状態だった。

帰りの飛行機に乗った時には、仮に落ちても全力を尽くすことができたし、後悔はないという思いになっていた。

▼合格発表当日

帰宅後、各予備校の解答速報をチェック。数学に致命的なミスを発見し、合格発表当日まで気持ちが沈んでいた。当日は午前7時ごろに起床。緊張に耐えられず、10時半から1時間ほど母と近所を散歩した。発表後は合格者番号を一つ一つ確認していった。自分の番号を見つけた時には信じられなかったが、やがて喜びが湧き上がり、しばらくは興奮が収まらなかった。

感じ、十分に時間をかけることができた。時間が5分程度余ったので英作文を手直しした。

数学の第1問が解けなかったが、全体としては自分の力が出せたので、晴れ晴れと会場を後にした。その後、高校の担任や家族に感謝を伝えた。

▼合格発表当日

後期試験は出願していたが東大入試に手応えがあったのであまり勉強はしていなかった。しかし、合格発表当日になると胸がドキドキしてきた。正午になってすぐに合格発表のページを見ると自分の番号が見つかり安堵のため息が出た。それと同時に自分を今まで支えてくれた人への感謝で胸がいっぱいになった。

合格後のイベントを予習

**見事合格をつかみ取ってからも、入学前から後まで
たくさんの準備やイベントが目白押し。
ここからはそれらのイベントをまとめて紹介。
入試のイメージと同時に
合格後のイメージもつかんでおこう。**

▼合格発表

一般選抜合格者の受験番号は例年3月10日に東大ウェブサイトで発表される。新型コロナウイルスの影響で合格者の受験番号の掲示は行われない（２０２４年度は詳細未定）。正午ごろ、各科類の合格者の最高点・最低点・平均点とともに公表。22年度入試までは合格者には同日中に電子郵便で合格通知書が送付されていたが23年度からはウェブシステムでの照会に変わった。

出願時に希望していれば、科目別の得点と共通テストの得点が換算された点数を合わせた総合得点が記載された試験の成績を4月初めごろにウェブシステム上で確認できる。22年度までは得点票が郵送されていた。共通テストの得点は、合計点とともに、東大の指定する換算点に直されて記載される。

2023年度一般選抜（前期日程）学力試験の結果

科類	募集人数（人）	志願者数（人）	第Ⅰ段階選抜合格者数（人）	合格者数（人）	合格者成績（点）		
					最低点	平均点	最高点
文Ⅰ	401 (0)	1237 (▼48)	1203 (0)	406 (1)	343.9 (41.3)	371.4 (39.9)	445.1 (28.8)
文Ⅱ	353 (0)	1101 (11)	1059 (0)	358 (1)	342.4 (36.3)	368.9 (39.4)	428.1 (31.0)
文Ⅲ	469 (0)	1416 (▼82)	— —	471 (2)	340.3 (34.9)	363.9 (36.2)	468.6 (62.0)
理Ⅰ	1108 (0)	2838 (▼140)	2770 (▼2)	1118 (▼3)	315.0 (11.7)	345.2 (10.8)	442.2 (7.5)
理Ⅱ	532 (0)	2294 (59)	1866 (▼3)	547 (0)	313.0 (25.6)	334.8 (21.8)	424.5 (19.2)
理Ⅲ	97 (0)	420 (▼1)	291 (▼49)	97 (0)	357.7 (10.2)	389.2 (12.1)	458.8 (10.7)
合計	2960 (0)	9306 (▼201)	7189 —	2997 (1)	—	—	—

（　）内は前年度比の増減、▼は減少。得点は550点満点、小数点第２位で四捨五入。※文Ⅲは第Ⅰ段階選抜を実施していない
（東大本部発表の資料を基に東京大学新聞社が作成）

▼入学手続・健康診断

入学手続はインターネットと郵送で行われる。期間内に行わない場合は入学辞退と見なされる。ウェブサイトで情報登録をした後、入学金の振り込みと必要事項を記入した申請書や受験票などの大学への郵送を行う。このとき、入学後に履修する初修・既修外国語を登録する。履修する言語を考える期間は短く、後から変更はできないため、あらかじめ検討しておく必要がある。手続きが完了すると、大学から新たに書類が自宅に郵送される。

3月下旬から4月上旬にかけて身体測定、カウンセリングなどの健康診断が行われる。健診の受診までにWEB問診を実施しなければならない。

▼諸手続

駒場Iキャンパスの1号館で各種書類の提出、受け取りなどの入学のための諸手続きが行われる。学生番号ごとに時間が指定されているが、毎年混雑する。選択した初修外国語別に決まるクラスは諸手続時に知らされる。

諸手続後は前年度に入学したクラスの先輩（上クラ）がブースを開いており、オリ合宿・オリ旅行についての説明を受ける。

1号館を出ると「テント列」と呼ばれるサークル勧誘活動が行われている。多くの団体がテント列に参加し、にぎやかな行事となっている。各部活・サークルから熱烈な歓迎を受けるので、全てに対応していては日が暮れてしまうだろう。興味のない勧誘にはきっぱり断ることも必要だ。

▼プレオリ、オリ合宿・旅行

プレオリとは、懇親会を兼ねた履修の方法やポイントを上クラからアドバイスしてもらうオリエンテーションのこと。基本的に駒場Iキャンパスで行われ、時間は2時間程。的確なアドバイスをもらうためには、この日までに履修の手引きや時間割表に目を通しておくのが良いかもしれない。

オリ合宿とは新入生と上クラが合同で行うオリエンテーションを兼ねた1泊2日の旅行のこと。新入生同士が親睦を深め、上級生から大学生活についてアドバイスをもらうことができる。2023年はオリ合宿と日帰りのオリ旅行のどちらが実施されるかや、どこに行くかは上クラによって決められた。

▼ガイダンス・サーオリ

教務課などから、施設利用や履修上の注意などを説明される新入生学部ガイダンス。2023年はオンデマンドの動画視聴形式およびウェブサイトへの資料の掲載によって実施された。

サーオリは4月の初めに行われる「サークルオリエンテーション」の略で、各サークルの新歓活動の一つだ。テント列とは違い、各サークルが各教室にブースを出展しているため、行きたいサークルだけに行くことができる。諸手続後に配布される各サークルのビラを参考にして、興味のあるサークルのブースがどこにあるかを確認して回ると良い。

▼入学式・五月祭

東大は珍しく、入学式より前に授業が始まる。しかし、最初の1週間程度は簡単なガイダンスにとどまるものが多く、特に肩を張る必要はない。

入学式は例年、東大の設立記念日の4月12日に日本武道館で行われる。各界の専門家が祝辞を述べることが恒例になっているので、必見だ。

その後、5月には「五月祭」と呼ばれる学園祭が行われる。多くの1年生のクラスで模擬店や企画の展示などを行い、クラスの仲間と親睦を深めることができる。ぜひ参加しよう。

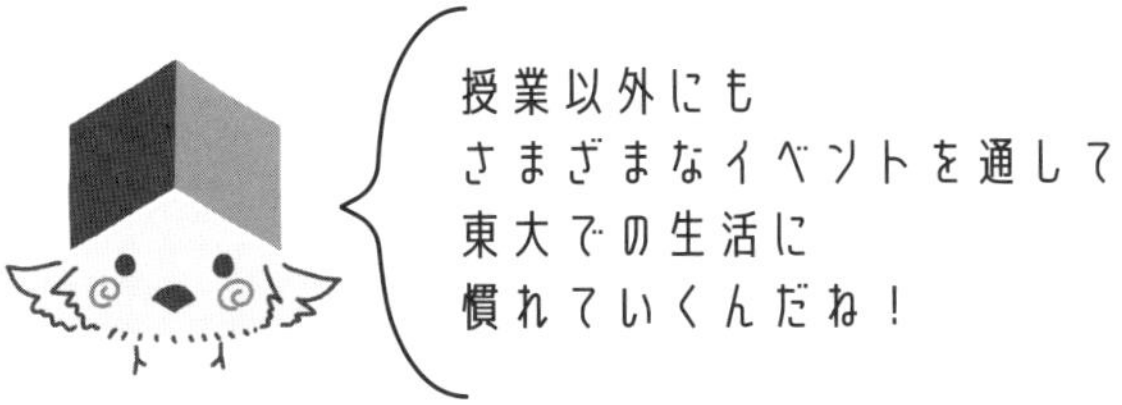
授業以外にも
さまざまなイベントを通して
東大での生活に
慣れていくんだね！

入学後の流れ（表は2023年実施のもの。2024年の詳細は未定）

	イベント	備考
3月10日	前期合格発表	ウェブサイトのみで発表される
10～13日	ウェブ情報登録期間	
11～15日	入学手続	
3月27～4月2日	健康診断	
28、29日	諸手続（理科28日、文科29日）	諸手続後にテント列が行われる
30、31日	プレオリ（理科30日、文科31日）	
3月下旬	学部ガイダンス	オンデマンド形式で実施
3月31～4月3日	オリ旅行／オリ合宿	出発日時は文科・理科や形態によって異なる
4月3、4日	サーオリ（理科3日、文科4日）	
5日	授業開始	
12日	入学式	新入生・保護者が参加
5月13、14日	五月祭	飲食物の提供あり・入構制限なしで実施

共通テスト・2次試験直前はどう過ごす？

年が明けていよいよ東大受験が間近に迫る直前期は、誰だって緊張するもの。
共通テストから２次試験までの怒涛《どとう》の２カ月は、
東大受験生としてどのように過ごすべきか。
2022年に東大を受験した、２年生の編集部員４名による座談会を行った。

参加者

高橋柚帆（理Ⅰ・２年）／石川結衣（文Ⅰ・２年）／本田舞花（文Ⅲ・２年）／宮川理芳（文Ⅲ・２年）

東大受験生の共通テスト必勝法

――共通テスト直前の対策は

石川　直前は新しい問題が解けないとショックだから間違えた問題の復習にとどめて、あとは時間配分の練習をする程度に新しい問題を解きました。

宮川　数学が苦手だったので、自信を失わないように直前はあえてやらず、世界史、日本史のまとめノートで穴がないか確認しました。

――共通テスト自体は2回目だったが、過去問やセンター試験との変化に戸惑ったことは

高橋　本番で「倫理、政治経済」の出題傾向が大きく変わっていて驚きました。まだ傾向が定まっていない部分もあると思うので、あらかじめ変化があると思っていた方が本番中動転しにくいと思います。

――当日の失敗エピソードは

本田　国語の解答欄を途中までずらしていて、最後の5分の見直しで気付けました。失敗エピソードというよりはファインプレーかも（笑）。

――持って行って良かったものは

本田　過去問を解いた際に間違えた問題の解説を、スマホで写真を撮ってアルバムを作りました。リスニングの練習用にイヤホンを持って行きましたが、周りの受験生をシャットアウトして自分の世界に入ることにも役立ちました。

石川　会場が遠かったから2日目の勉強道具を持っていき、帰りの時間で復習しました。あと防寒具はしっかり！

――共通テスト後はどうやって気持ちを切り替えたか

高橋　当日に自己採点するなら1日目ではなく2日目にした方がいいですね。

宮川　数学の点数がひどく、家族全員で落ち込んでお通夜のような雰囲気になっていました。「みんなもできていないから大丈夫だよ！」と塾の先生に励ましてもらえたのが救いでしたね。

——共通テストの結果を受けて

石川　22年度は文Ⅲの合格最低点が文Ⅰより高かったので、共通テストの結果を受けて直前に文Ⅰから文Ⅲに変えて出願した友人が、文Ⅰには受かるけれど文Ⅲには受からない点数で不合格になってしまいました。点数を見て志望を変えるより、後悔しない選択をすることが大事だと思います。

——いわゆる共通テストボケはどう解消したか

本田　どの科目も記述の感覚が鈍ってしまっていましたね。

高橋　確かに。塾の先生に毎日のように英作文を添削してもらうことで解消できた気がします。

2月はどう過ごす？ 2次試験はこう乗り越えよう

——2次試験まではどんなスケジュールで過ごしたか

石川　地方の公立高校に通っていたので、2月の半ばまで授業がありました。

本田　仮面浪人をしていたので、共通テスト直後に第二外国語の試験があったのが大変でした。自分でスケジュールをしっかり組んで乗り越えました。

高橋　私大は2校受けました。滑り止めの方は直前に3年分過去問を解いて、もう一方は理Ⅰより受かるのが厳しいと思い、がっつり対策したかったのですが、5年分しか解けませんでした。それでも合格できたので、やっぱり東大対策が私大受験にも役立ったのだと思います。

——気分転換には何を

本田　お昼ご飯のときにアニメを1話見るのを生きがいにしていました。

宮川　坂道を上り下りしながら暗記をやりました。勉強途中の気分転換は、その後に勉強に戻る気力がなくなってしまうのでやめていました。

——2月の科目別対策は

英語

高橋　リスニングを毎日1時間くらい。英作文の解き方のコツをまとめて確認しました。問題をむやみにガリガリ解くよりは、戦略を立てながら過去問を復習する方がいいと思います。

数学

高橋　過去問じゃなくて塾の教材を中心に勉強したから、2月半ばにガッツリ過去問を解くようになったかも。数学も解き方を言語化したポイントノートを作っていたかな。

現代文

宮川　私はいろんな過去問や参考書の解答と自分の解答を比較していました。

――得意科目と苦手科目どちらを重視したか

本田　私は苦手な数学の勉強は基礎の復習にとどめて、得意な世界史や英語の勉強ばかりしていました。得意な教科で点を取りこぼさないようにしたくて。

――前日はどのような勉強をしたか

石川　私は地方に住んでいたので、新幹線の移動時間が結構長くてガッツリ勉強できる時間はあまりありませんでした。なので、世界史の教科書を読んだり、自分で作ったまとめノートを読んだりと、暗記の確認がメインでしたね。

――22年度入試は合格点が大幅に（各科類で30点程度）低下。受けた感想は

宮川　数学の難化に関しては、数学が苦手だったので、「やった！　差がつかない！」と楽天的に捉えました。世界史の第一問が全然解けなくて落ち込んだんですけど、みんなできてないだろうと思い込みました。

――当日の朝の過ごし方は

宮川　受験票と鉛筆と時計を忘れないように再確認しました。

――1日目の夜の過ごし方は

高橋　自己採点はせずに、2日目の教科の勉強をしました。親に試験の手応えなどは言わず、翌日に向けて気持ちを切り替えられるように早めに寝ました。

――試験前の休み時間の過ごし方は

石川　次の試験科目の不安なところを総復習したり、お手洗いに行ったりしていました。立って歩くことで血流が良くなるので、頭の回転が早くなります！

――2次試験から合格発表までは何をしたか、また後期日程試験は

本田　私は自己採点をしたのですが、予備校が出している合格最低点予想より低かったので、合格は諦めて後期試験の対策を始めました。

――親にしてもらってうれしかったことは

本田　試験当日の朝にＬＩＮＥで家族が応援メッセージを送ってくれて、休憩時間に見返して元気をもらっていました。

石川　会場の下見に行ってくれて、本当にありがたかったです。

――受験生へのアドバイスを

本田　この数日間を頑張れた人は一生頑張ることができるはずです！

石川　東大を受けられるというのはとても恵まれた環境にいると思うので、今まで支えてくれた両親や学校の先生に感謝を忘れずにいることが大事ですね。

宮川　今はただつらいと思うんですけど、受けられるだけで自分はありがたいなあ、というくらいの気持ちで、受験するといいんじゃないかな。

高橋　周りの人は自分の敵じゃない！　この教室で自分が一番だ！　という気持ちで頑張ることが大切だと思います。

学校推薦型
選抜紹介

東大には「学校推薦型選抜」と呼ばれる
推薦入試制度が存在する。
ここではその制度を概観するとともに、
推薦入学を果たした1年生の
「推薦合格体験記」をお届けする。

学校推薦型選抜
制度概説

2021年度入試から「学校推薦型選抜」に改名した推薦入試制度は、
出願書類の内容を基に第１次選考が行われ、その合格者に対して
面接やグループディスカッションなどの第２次選考が実施される。
出願書類や面接の内容、およそ８割の得点が合格の目安となる
大学入学共通テストの成績などを総合的に評価して合格者を決定する。

「学校推薦型選抜」のポイント

- 出願には入学志願票や調査書、学校推薦型選抜志願書、高校による推薦書に加え各学部が求める資料が必要
- 他の国公立大学の推薦入試との併願はできず、一般選抜との併願が可能
- 入学後、前期教養課程では学部が指定する科類に、後期課程では原則出願時に志望した学部に進学する
- 一つの高校につき合計４人以内、男女各３人までの出願が可能（ただし同一学部につき男女各１人以内）

2023年度学校推薦型選抜の結果

		23年度			22年度	
		志願者数	第１次選考合格者数	最終合格者数	志願者数	最終合格者数
法学部	10人程度	14 (▼13)	14 (▼2)	8 (▼1)	27 (3)	9 (▼1)
経済学部	10人程度	8 (▼14)	8 (▼7)	7 (1)	22 (2)	6 (▼4)
文学部	10人程度	18 (1)	14 (0)	8 (0)	17 (▼2)	8 (▼2)
教育学部	5人程度	19 (4)	12 (1)	4 (▼3)	15 (▼11)	7 (2)
教養学部	5人程度	33 (7)	14 (1)	4 (▼2)	26 (▼2)	6 (1)
工学部	30人程度	75 (8)	62 (6)	34 (5)	67 (4)	29 (2)
理学部	10人程度	48 (20)	24 (1)	8 (▼3)	28 (▼10)	11 (▼1)
農学部	10人程度	21 (8)	21 (9)	8 (3)	13 (▼7)	5 (▼1)
薬学部	5人程度	3 (▼3)	3 (▼3)	2 (0)	6 (▼3)	2 (0)
医学部 医学科	3人程度	13 (▼2)	7 (▼1)	4 (0)	15 (1)	4 (1)
医学部 健康総合科学科	2人程度	1 (▼3)	1 (▼3)	1 (0)	4 (▼2)	1 (▼1)
計	100人程度	253 (13)	180 (2)	88 (0)	240 (▼27)	88 (▼4)

東大の資料を基に東京大学新聞社が作成。23年度の合格者数は22年度と同数の88人。過去最多だった21年度に次いで２番目に多かった。

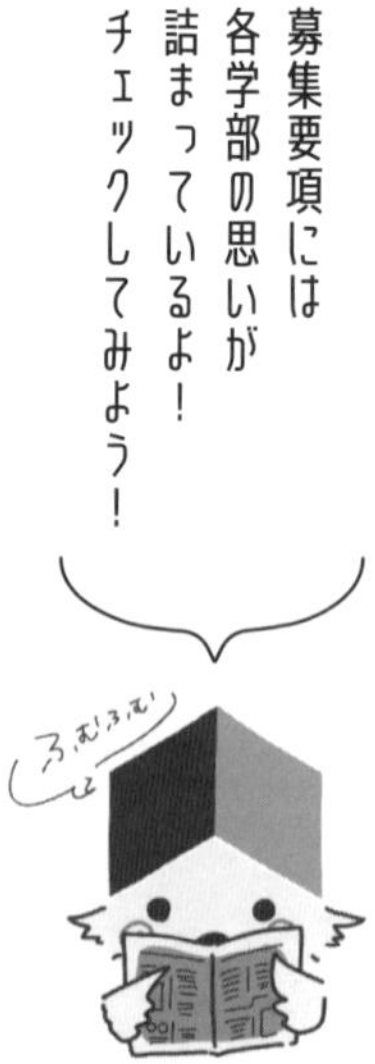

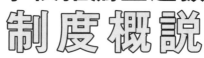

募集要項には各学部の思いが詰まっているよ！チェックしてみよう！
ふむふむ

受験学部（科類）	法学部（文科Ⅰ類）
フリガナ	エグチ　カノン
氏名	江口花音

高校までの経歴

高１：第14回全日本高校模擬国連大会で最優秀賞受賞。翌年の国際大会で最優秀賞にあたる国連事務総長賞受賞。

高２：International Public Speaking Competition 2021 国内予選優勝、日本代表として国際大会に出場。

高３：World Schools Debate Championships 日本代表選抜試験に合格、国際大会出場。

パッションを伝えたい

中高時代は「他者との対話」を軸に幅広く活動。ディベート、模擬国連、スピーチでは国内外の大会で数々の成果を挙げた。

活動を通して法律に興味が湧き、弁護士の下でインターンシップを始めることに。そこで出会った人たちと話す中で、将来像が明確化した。「私の夢は、弁護士として、裁判を通じて法律を改善し、法律による人権侵害をなくすことです」。そのために、まずは東大で法律に対する深い理解と応用力を身に付け、学問の基盤を作りたいのだと語る。

学校推薦型選抜への出願を決めたのは高3の夏休み前。「すぐにでも法律の勉強を始めたかったので、早期履修ができることに魅力を感じたのと、今までの活動を生かせるということで、推薦入試に挑戦することにしました」

志願書を書く時は、過去の経験が現在の自分をどう形成しているか意識した。さらに、自己分析を基に今後の展望をまとめていった。その中で特に重視したことは法律に対するパッションを伝えること。熱意は面接に向けた準備にも現れている。「興味のある法律や（志願書に書いた）問題意識について、疑問点は知り合いの教授や弁護士に聞き、徹底的に調べて理解を深めました」

試験当日は準備段階で得た知見を基に受け答えをし、知的好奇心の高さを示すことができた。試験官との議論を楽しむ姿勢も評価されたと推測する。

学校推薦型選抜を目指す高校生に向けて「将来やりたいことが明確で、それに対して熱意がある人にとって、学校推薦型選抜はきっとやりがいがあります。高校の間は楽しみながら自分の夢や興味を模索していってください」と語った。

受験学部（科類）	文学部（文科Ⅲ類）
フリガナ	ムラカミ　タクマ
氏名	村上逞

高校までの経歴

中学：生徒会活動に従事。人権委員会に所属し部落差別について学ぶ。

高校：演劇部部長として第68回全国高等学校演劇大会で優勝。Stanford e-Japanへの参加など学内外での英語活動に励む。
高3夏、大会優勝後から推薦入試対策を始める。東大には演劇愛をアピールした。

現在：文学部推薦入試合格。さまざまな道を模索。劇団を立ち上げるなど起業も視野に入れる。

今やれることを貪欲に

学校推薦型選抜に関する活動は高校でのことだった。演劇部部長として全国大会で優勝し、日本と諸外国の教育制度を探求し英語で発表した。学外では研究者の講義を聞き日本各地の学生と英語で議論するStanford e-Japanへ参加した。一般入試の準備中、ウェブページ「キミの東大」で学校推薦型選抜を知り、担任に背中を押され高3の夏に受験を決意。東大ホームページ上の小論文の過去問や提出書類の添削を受けた。書類には演劇における観客の演者に対する感情移入に関する考察や演劇愛をつづった。先の英語活動に加え英検準一級の取得なども語学力証明として提出した。上京時は半ば旅行気分で緊張せず、面接も活動を批評されるチャンスと捉えていた。

当日の文学部の面接はポスター使用が許可されていたがあえて準備しなかった。演劇や発表活動の経験を生かし自身の口頭発表に注目してもらいたかったからだ。将来の展望を自信を持って語ったことは好印象のようだったと振り返った。一方、質疑の内容は活動や実績よりも書類で述べたことが中心だった。演劇の排他性という、自身の論文に対立する観点への指摘は今後の指針となった。受験を振り返って、学校推薦型選抜は後期課程進学への容易さが魅力だと言う。今やれることを積極的に探究し思考した先に合格の道があった。

東大では自分の活動を創りたいと考え、特に演劇に関する起業に意欲的だ。「新しい芽がどんどん出てくる東大で自ら種をまきたい」と話す。起業に全力投球するも良し、演劇の「美」を追求するも良し、企業経営を学ぶも良し。目の前には可能性が広がっている。

受験学部（科類）	教育学部（文科Ⅲ類）
フリガナ	ナカムラ ユウイチロウ
氏名	中村祐一郎

高校までの経歴

高Ⅰ～高２：科学地理オリンピック日本選手権で銀・銅メダル獲得。地理歴史部に所属して文化祭などで桜島の情報や旅行記を発信した。

高３：小中一貫校新設に向けた検討委員会に参画。学校推薦型選抜の受験を決める。桜島をテーマに独自研究に取り組む。

社会教育から地元を魅力化

14年住んだ桜島で小中学校8校が統廃合されると知り、地元愛から地域活性化に関わりたいと考えるように。高3の時に市の教育委員会と地元住民をつなげる地域代表として整備検討委員会に参画し、新たに設立される小中一貫校の方針策定に携わった。同年の夏休みに取り組んだ研究論文では、少子化や過疎化といった桜島の課題を分析し、新設校のブランド化などの解決策を提案した。

高校入学時から東大を志していたが、学校推薦型選抜を見据えたのは、学校魅力化フォーラムの打ち合わせで文部科学省に招かれることが決まった高3の6月。自身の活動が教育業界から注目されていると感じ、漠然としていた将来の夢に確信を持てた。将来はまちづくり・学校・社会教育などの観点から、過疎地域を中心に学校と地域のつながりを模索したいと意気込む。

出願に向けたタスク管理や下書きは1冊のノートに集約。志願書の添削と面接の練習は高校の先生と2~3回ずつ行った。ポスターは手書きにこだわり、今までの活動を踏まえて東大で学びたいことや目指す将来像をまとめた。活動に関して提出書類に書いていないことを学術的に問われたため、面接直後の感触は「厳しいな……」というものだった。

合格の要因について「学校統合と地域」という独自の視点や桜島愛が伝わったのでは、と振り返りつつ「自分の好きなことを追求するのは高校でしかできないこと。それを生かして大学を受験できるのは一石二鳥だと思う。ただ勉強するだけの受験ロボットになるのではなく、いろんな経験をして視野を広げてほしい」と受験生にエールを送った。

受験学部（科類）	工学部（理科Ⅰ類）

フリガナ	タカハラ　タイガ
氏名	高原大雅

高校までの経歴

小4：太陽膨張で地球が滅亡することに衝撃を受け、宇宙開発に興味を持つ。
中1：ペットボトルロケットの研究をする有志団体を設立。
高3：2段式ペットボトルロケットのメカニズム実証で、第20回神奈川大学全国高校理科・科学論文大賞 大賞受賞。

推薦で個性を生かすという選択肢

公園で見つけた石が隕石かもしれない。そんな身近な気付きが、東大工学部に合格した高原さんの探究心の始まりだった。現役時は一般入試のみだったが、浪人時は宇宙への熱意と実績を自信に学校推薦型選抜との併願を決めた。

小学生で宇宙に興味を持った高原さんは、中1の時に作った有志団体でペットボトルロケットの研究を始めた。初めの活動は打ち上げ実験だけだったが、改良を重ねる中で、研究内容を論文にまとめるように。論文は数々の大会で評価された。他にもさまざまな活動を通して宇宙への志を高めていった。

一方、浪人時の一般入試の出願には迷いもあったという。一般合格の確信がない中、浪人生なら安全に合格を目指すべきか、進学選択のある東大ではなく確実に希望学部で学べる大学がいいのではないか。最終的には、自分の求める最高の環境で学びたいとの思いが東大への出願を後押しした。

学校推薦型選抜の対策自体は周囲のサポートも得て乗り越えた。面接では提出資料に基づき詳細に質問されたが、事前に研究内容を明確化しており、迷いなく答えられた。一方で、一般入試対策との並行は簡単ではなかったという。面接直前期に一般入試対策をする余裕がなかった分、面接後は一般入試の対策に尽力した。研究への熱意を評価される学校推薦型選抜は好きなことに突き進む自分の性格に合った道だったと振り返る。今後は宇宙進出のため、まず宇宙に行く手段を研究したい。「学校推薦型選抜は時間がかかり追い込まれますが、将来を考えるいい機会です。資料作成からが勝負なので頑張ってください」

受験学部（科類）	薬学部（理科Ⅱ類）
フリガナ	ヤマダ　リョウスケ
氏名	山田遼祐

高校までの経歴

高１～２：高校の生物部で友人とキンチャクガニの研究を始める。企業からの支援金を得る。
高３春　：研究が評価され、さまざまな賞を受賞。国内外で発表の機会を得る。推薦入試対策を始める。
浪人期　：勉強に集中。冬頃に浪人生でも推薦を受けられることを知り準備を始める。

2度目の挑戦　推薦でも

高校で生物部の友人と共にキンチャクガニの研究を始めたことがきっかけで、企業からの支援金を得られるように。その後もさまざまな大会の賞金などを元手に研究を進め、国際大会などでも認められるに至った。元々一般入試で東大を目指してはいたが、こうした実績が学校推薦型選抜を受けるに足ると思い、高3の春に出願を決意した。その頃から提出書類の作成を始めたが、かなりの時間がかかり、夏休み中にようやく8割方仕上がった。最終的な完成は高3の冬近くになった。面接対策は幾度もの発表を経験して喋りに自信が付いたこともあり、発表練習よりも提出書類の読み込みに重きを置いた。

現役時代は休日も部活などがあり、高3以降は推薦と一般、両方の対策をしていたため、思うように勉強との両立ができなかった。提出書類の用意が大方終わった夏休み後からは本格的な勉強に取り組むが、共通テストでのマークミスが響き不合格となってしまう。それでも研究で1年つぶれたことと同じだと考えればもう1回挑戦してもいいと思い、浪人を決めた。その後勉強に集中する中で、冬頃に浪人生でも学校推薦型選抜を受けられることを知り、準備を始めた。昨年度にA評価を受けていたことから提出資料はほとんど変更を加えずに出したため、準備に時間はかからなかった。面接練習も現役時代同様、自分の研究内容の振り返りに注力した。

学校推薦型選抜は自分の研究内容を教授に覚えてもらえる、学部の先輩と早くからつながれるといった縦のつながりができるのが特長。「自分の活動をまとめる経験は試験に落ちても無駄にはならないから、諦めずにとりあえず挑戦してみてほしい」と語ってくれた。

COLUMN

東大生の憂鬱

**「東大生」に対してどのようなイメージを持っているだろうか。
どんな問題でも瞬時に解ける天才？　努力を積み重ねてきた秀才？
個性が突出した変人？　それらに全く当てはまらない記者が、
東大の片隅でひそかに考えていることを少しだけお見せする。**

東大なんて入らなければ良かった、と思うことがよくある。おそらく期待（周囲と自分自身からの）の大きさと自信のなさのギャップが原因だろう。東大生だと言うと、多くの場合「すごいね」といった類のリアクションをされるし、人に紹介される際には「東大生なんだよ」と言われる。テレビには天才もしくは変人と称される東大生が出演していて、バイト先の塾では東大生として東大を目指す生徒にアドバイスすることを求められる。そもそも自分が東大に入ったのも（理由は複合的だがその一つに）東大への憧れがあったからで、入試の直前期には泣きながら勉強して合格した。しかし、東大に入ってみても自分はさえないままだ。授業に真面目に出席して、一生懸命考えて課題を提出しても成績は中くらい。自信がある学問分野もこれといってないし、課外活動に精を出しているわけでもない。だから「東大生なのに」という意識が常に自分の中につきまとう。東大生なのに数学の問題が解けない、東大生なのに情報処理が遅い、東大生なのに普通……。「すごいね」と言われるとなんだか自分が東大生であることが申し訳ないなと思ってしまう。相手が東大生に対してどのようなイメージを持っているのか妄想して、そのイメージとの違いに失望されるのではないかと勝手に恐れてしまうのだ。「自分は東大生であるというだけで相手より上だと思っているのか？」と自問自答を始め、そんなことを考えてしまう自分が嫌になってくる。実際、東大生でない人は東大生とは何たるかについてそこまで深く考えていないだろう。そもそも東大といっても数ある大学のうちの一つにすぎない。考えても仕方がないし、そんな時間があるなら勉強でもして自信を付けた方がいいことは分かっている。

暗いことばかり書いたが、東大に入って良かったと思うこともももちろんある。月並みだが、比較的安い学費で充実した教育を受けられ、日々の授業で最先端の研究に触れられる。知性にあふれる素敵な面白い人たちにも出会えた。なので、これから東大に入学する方々は、いろいろ考えすぎなければ楽しい学生生活を送れるだろう。このコラムを読んでくださった皆さまに東大の隅っこにはこんなことを考えている学生がいるのだと知ってもらえたら幸いである。

外国学校卒業学生特別選考紹介

毎年２月25日、26日に行われる入試は
一般選抜だけではない。
外国学校卒業学生特別選考の試験も
同日に行われているのを知っているだろうか。
ここでは制度を概観するとともに、
いわゆる「帰国生」と呼ばれる、
実際に外国学校卒業学生特別選考第２種で入学した
学生の生の声をお届けする。

外国学校卒業学生特別選考の概要

外国学校卒業学生特別選考第1種は日本の永住許可を得ていない外国人を、第2種は日本人および第1種以外の外国人を対象とする。出願後、まず書類の内容を総合的に評価する第1次選考が行われ、第1次選考合格者は2月、3月に第2次選考を受ける。第1次選考は修了教育機関の成績やTOEFL・IELTSの点数、志望理由書などから評価される。第2次選考は、第1種では小論文および面接、第2種では小論文、学力試験、面接が課される。

出願は文Ⅰ～理Ⅲのいずれかの科類一つに行い、合格者は入学後、一般選抜で入学した者と同じクラスに所属し、同じ授業を受けることとなる。その後も一般選抜入学者と同様、2年間の前期教養課程を経て、進学選択で後期課程に進学する。

2022年度外国学校卒業学生特別選考の結果

		志願者	第1次選考合格者	第2次選考合格者	辞退者	入学者
文Ⅰ	(1種)	16	6	5	0	5
	(2種)	12	7	6	0	6
文Ⅱ	(1種)	23	3	2	0	2
	(2種)	21	9	6	0	6
文Ⅲ	(1種)	33	6	6	0	6
	(2種)	18	8	4	0	4
理Ⅰ	(1種)	36	8	4	0	4
	(2種)	20	4	2	0	2
理Ⅱ	(1種)	19	8	6	0	6
	(2種)	5	5	0	0	0
理Ⅲ	(1種)	0	0	0	0	0
	(2種)	7	3	1	0	1

外国語学校卒業生特別選考の流れ・内容(2023年度入試の場合)

	第1次選考	第2次選考	面接
	12月1日～12月7日出願	2月25日	3月6日
第1種	・修了教育機関における成績等 ・日本留学試験の成績 ・TOEFLまたはIELTSの成績 ・志願理由書 ・当該国の統一試験を受けている場合は、その成績を基に総合的に審査	全科類:日本語による小論文2問	日本語で行い、個人面接
	11月1日～11月7日出願	2月25日・26日	3月6日
第2種	・修了教育機関における成績等 ・TOEFLまたはIELTSの成績 ・志願理由書 ・当該国の統一試験を受けている場合は、その成績を基に総合的に審査	全科類:日本語および外国語による小論文 文科:外国語の学力試験 理科:数学、理科の学力試験 ※学力試験は、一般の選抜試験と同じもの	日本語で行い、個人面接

海外での経験がきっと糧になる

上杉《うえすぎ》まどかさん
文Ⅰ→法学部第Ⅰ類3年

幼少期から転勤を繰り返し、ブラジルやドイツ、ハンガリー、イギリス、そして日本に住んできた。クラシックバレエと読書が大好きで、負けず嫌いな子供だったそうだ。小学校時代は日本人学校に通っていたが、中1の時に初めてインターナショナルスクールに通い始め、英語が全く話せず悔しい思いをした。負けじと勉強し、英語が話せるようになってからは、とても充実した学生生活を送れるように。高校生活はイギリスで過ごし、環境問題に取り組んだり学校の生徒会に入ったりして課外活動を楽しんだ。

進学選択に魅力を感じたこと、優秀な人たちに囲まれて勉強したいと思ったことから東大受験を決意。高校卒業後、6月頃から勉強を開始し、小論文や面接、英語の試験対策を進めた。9、10月には私立大学の試験を受けた。「小論文対策として、基礎知識を身に付けるためひたすら本や新聞を読み、約半年で200冊くらい本を読みました。アウトプットのため、小論文をひたすら書き直しました」。高校は自分で情報を探し、知識を体系的に組み合わせてレポートを書く教育が中心だったため、東大受験時の小論文では大いに役立った。面接では、想定していない質問ばかりでうまく答えられず、部屋を出ると号泣してしまったという。

海外で暮らす中で、差別や、言語の壁を乗り越えたことで、逆境でも頑張る力が身に付いた。自らがアジア人というマイノリティーだと実感する厳しい環境で過ごしたことを通じて、人権問題に関心を持った。将来の夢はまだ未定だが、国際機関に関心がある。「海外で暮らした経験は絶対に無駄にならないので、帰国生の方は折れずに頑張ってほしいと思います。帰国生は偏見を持たれがちですが、皆さんはレッテル貼りをしたり先入観を持ったりせずに帰国生に向き合ってくれたらうれしいです」

自由な高校の授業で見つけた興味

鈴木《すずき》日向《ひなた》さん
文II→工学部建築学科3年

生まれは日本だが、両親の仕事の都合により、2歳から8歳まで香港に、8歳から18歳まではシドニーに住んでいた。家の外では英語で、家族とは日本語で話す生活だった。「転校を繰り返していたので、新しい環境に適応するのには慣れることができました」。シドニーの高校では授業を自由に選択ができるため、理系やデザイン系の授業を受け、興味を深めた。

学生の間に日本に住んでみたいと思い、日本の大学を受験することを決意。現地の大学の受験と並行して対策を進めた。小論文は現地の塾で添削してもらい、英語の試験では形式に慣れるようにした。日本の私大では出願が5月頃から始まるため書類提出に必要な英語の成績は高2の内に取り終えていた。6月に卒業してから日本の大学の試験を受けることができるアメリカなどとは異なり、オーストラリアは卒業が11月。そのため、9月頃から始まる私大の帰国生入試を高校の卒業試験対策と並行したり、入試の度に日本に向かったりしなければならなかったという。

現役時は京都大学に入学。新型コロナウイルスの影響でシドニーから授業を受ける生活が1年続き、東大受験を決意。数学や物理の試験を課される理科の帰国生入試ではなく、英語の試験で強みを生かせる文科を選択し、進学選択での理転も見越して、文IIで出願した。

将来は建築やデザインに関わる仕事がしたいと考えている。高校で授業として履修したことで幼少期から好きだったモノづくりや工作が学問になるのだと感じたことがきっかけだ。進学先の工学部建築学科では物理などのブランクを埋める必要を感じることがある一方で、提出物や発表での評価が多く、中高でプレゼンの授業が多かったことが役に立っている。「帰国生や入試の存在は知られていないと思うので、知ってもらえたらうれしいです」

高校での学びを生かして

弓矢基貴《ゆみやもとき》さん
文Ⅱ→経済学部経済学科4年

15歳の3月にアメリカのケンタッキー州に引っ越し、現地の学校に通っていた弓矢さん。アメリカにいた頃はまだ東大は視野にはいれておらず、高校では学校の勉強とインターナショナル・チュータリングクラブの活動を中心に過ごしていた。クラブの活動は外国出身の生徒への学習支援や、学祭の利益を難民に募金をすることで、部長を務め積極的に行動した。11年生（日本の高2）の後半からは、どこの大学を受験するにも必要なTOEFLやSATの受験が近づいてきたので、その対策を始めた。

「日本の大学とアメリカの大学で、進学先に悩むことがありましたが、兄が日本の大学に行ったことと、アメリカの大学は学費が高額であることから、日本の大学への進学を決めました」

高校を卒業し、日本の学年で高3の6月に日本に帰国してからは、東京の予備校の帰国生コースに通って、帰国生入試の対策を始めた。この頃に予備校の先生の勧めで、東大受験を決意。9月に慶應義塾大学、早稲田大学の帰国生入試があり、それが終わると過去問を解き始め、本格的に東大入試の対策を行うようになった。

予備校では小論文の添削を中心に指導を受けたり、自習室を活用したりして、勉強に取り組んだ。「アメリカ暮らしが長く、あまり日本語に触れていなかったため、日本語で文章を読み、書くことに特に力を入れました」。英語小論文に関しては高校の時に英語で文章を書く練習を積んでいたため、そこまで苦労することはなかった。アウトプットよりもインプットを重視し、小論文に必要な知識を吸収するために本をたくさん読んだ。「予備校で同じ帰国生コースの友人と休憩中に話をすることで気が紛れ、受験最後まで楽しく勉強することができました」

どれがＡＩでどれが人間？
記事見出しクイズ

ChatGPT VS 東大新聞記者

ＡＩは今や、大学生の仕事も奪おうとしている。
そう、「レポート」という名の大仕事を。
その実力を検証すべく、ChatGPT(GPT-4)に記事の見出しを付けてもらった。
果たして、東大新聞で活動する東大生たちは、人間とＡＩを判別できるのか。

※大学の課題は自分で取り組むものです。不正行為は絶対にしてはいけません。

検証① 東大新聞オンラインで公開された以下の記事を読み、記者が考えた「本物」の見出しを選びなさい。選択肢の８分の７はChatGPTが生成した見出しです。(東大新聞の新入部員15人が回答)

東大の太田邦史理事・副学長（教育・情報担当）はChatGPTなど言語生成系ＡＩツールの授業利用について、現時点での考え方をまとめた。オンライン授業やウェブ会議の情報を集積したポータルサイト（utelecon）上で、４月28日付で発表した。ＡＩツールの利用を大学として一律に禁止しないことを改めて提示し、利用の是非や方法については教育効果を最大化できるように個々の教員や各学科・専攻などが判断することが重要だとした。

教員らが教育方法を設計する際の具体的な考え方も併せて発表。言語生成系ＡＩの使用で教育目標が達せられるかを授業担当者が判断し、利用の可否を学生へ明確に伝えるべきだとした。利用する場合は、個人情報の漏えいや著作権侵害の可能性が生じることを含めて伝達することも推奨。ＡＩの利用で簡単に解答が導かれないような課題の工夫も重要だとして「短い課題を授業中に課す」「解答に至るまでの『過程』を重視する」などの対策も例示した。他にも課題に対する言語生成系ＡＩの回答レベルの認識をしておくこと、学生による不正の判断方法としてのＡＩ検出ツールを過信しないことも共有した。

言語生成系ＡＩがもたらす情報の真偽は不正確性が強いという一方で、これらツールの登場が新たな思考方法や教育方法を提供するとの見方も示す。ブレインストーミングやプレゼンテーションの相談・サポート相手として有用であり得、変化を見極めつつ教育内容や評価方法の改善が求められるとした。有用な情報収集や作業の効率化の可能性を念頭に、東大内の全学的な議論で各分野の対話を推進する予定で、今後発表文書の内容も更新する可能性があるとしている。

言語生成系ＡＩはChatGPT、BingAI、Bardなど、機械学習で取り込んだ既存のデータを基に文章を出力するシステム。強化学習やモデル修正により有害な文章を避けて自然な文章の生成を可能としたものが昨今相次いで公表された。

選択肢：
① 東大、個別教員の裁量で言語生成ＡＩツールの利用を許可
② 東京大学、ChatGPTなど言語生成系ＡＩツールの教育的利用に関する考え方を明らかに
③ 教育・情報担当理事が見据える、ＡＩツールと東京大学の教育革新
④ ＡＩ教育活用の現状と未来　東京大学教育・情報担当理事が意見を発表
⑤ 教育・情報担当理事が言語生成ＡＩツールの利用について具体的なガイドラインを提示
⑥ 東京大学　ＡＩツールの教育活用について新ガイドラインを示唆
⑦ 教育・情報担当理事　ChatGPTなどの授業利用への考え方を発表
⑧ 東京大学、言語生成系ＡＩ活用の可能性と懸念を探討　教育・情報担当理事が方針を示す

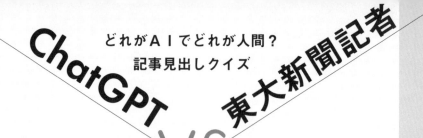

選択肢	回答者数
①	4
②	4
③	0
④	1
⑤	1
⑥	1
⑦	3
⑧	1

検証①結果　正解は⑦

⑦を選んだのは15人中わずか３人だった。
ChatGPT さん、さすがです……。

けど新入部員は
下を向かなくて大丈夫。
AIに負けたことが
あるという経験は、
いつか大きな財産に
なるのだから。

今度は、記者として経験豊富な編集部員**井**（72ページ参照）に出題してみた。

> **検証②** 以下のような設問を20個用意した。右の記事に対し、それぞれの見出しが編集部員の作成したものか、ChatGPT が作成したものかを見分けてもらう。

例題１「東京大学、ChatGPT 始め言語生成系ＡＩの教育的利用についての考えを表明」
（正解は編集部員）
例題２「東京大学、ChatGPTなど言語生成系ＡＩツールの教育的利用に関する考え方を明らかに」
（正解は ChatGPT）

検証②結果　20問中13問正解

２択の問題でこの正答率は低いと言わざるを得ない。またしても ChatGPT の実力を見せつけられる結果となった。

たとえば設問13を見てみよう。

設問13「東大、個別教員の裁量で言語生成ＡＩツールの利用を許可」

井は人間が作成したものと解答したが、実際には ChatGPT が作成。

これに対し「（これは）人間が書いた見出しに思えた。「個別教員の裁量で許可」は記事の内容の本質的なところまで思いがいっていないと持ってこられない見出しだと思う。」と回答。ＡＩの躍進を印象付けるコメントを残した。

情報を処理し、本質を抽出してアウトプットする。この一連の作業は受験でも重要な要素だろう。ＡＩが人間に近づいているのと同じく、人間もまた受験勉強などを通してＡＩに近づいているようにも思えてくる。人間である自分だからこそできることは何なのか。その答えを探すことも、大学生活の意義の一つなのかもしれない。

東大入学後に待っているのは、
前期教養課程での生活だ。
授業、サークル、進学選択……。
右も左も分からない大学生活は新鮮で楽しい一方、
ああすればよかったという後悔も多かったり。
先達たちの駒場生活をのぞいて、
未来の自分を思い描いてみよう。

養課程

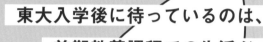

第2章

前期教

CONTENTS

2023年度 東大生にアンケート（学生生活編①）

大学生活で最も重視したいこと

「学業」が65％で最多。最も重視したいことの他に重視したいこと（複数回答可）も合わせると、「学業」を選択した人は90％に上った。「部活・サークル」（18％）、「恋愛」（4％）、「留学」（3％）が続く。

大学生活で最も重視したいこと（%）

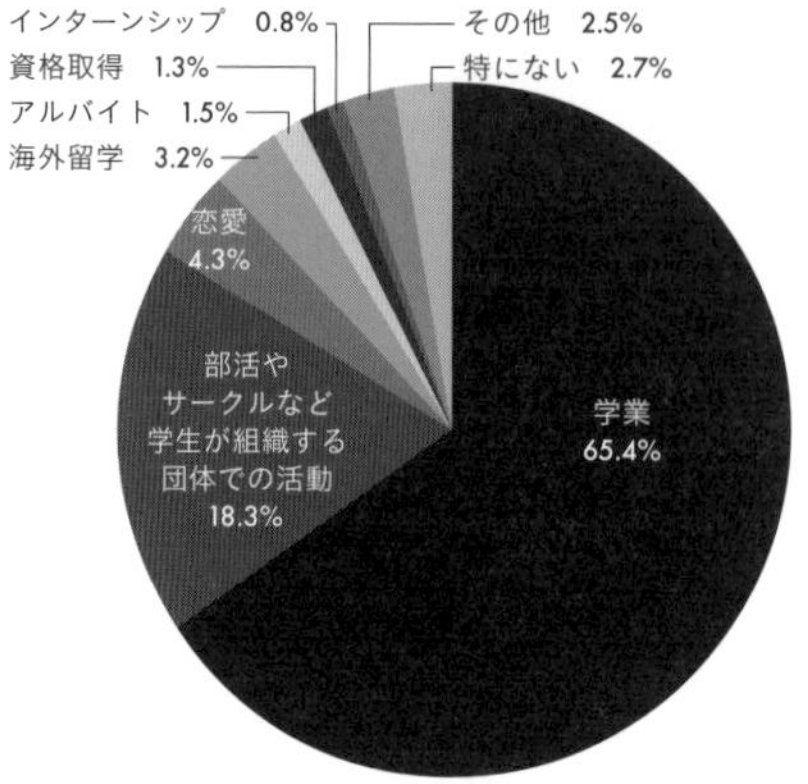

留学

在学中の留学について「したい」「ややしたい」と回答した人は合わせて71％で、3年ぶりに70％を超えた。

東大在学中の留学希望（%）

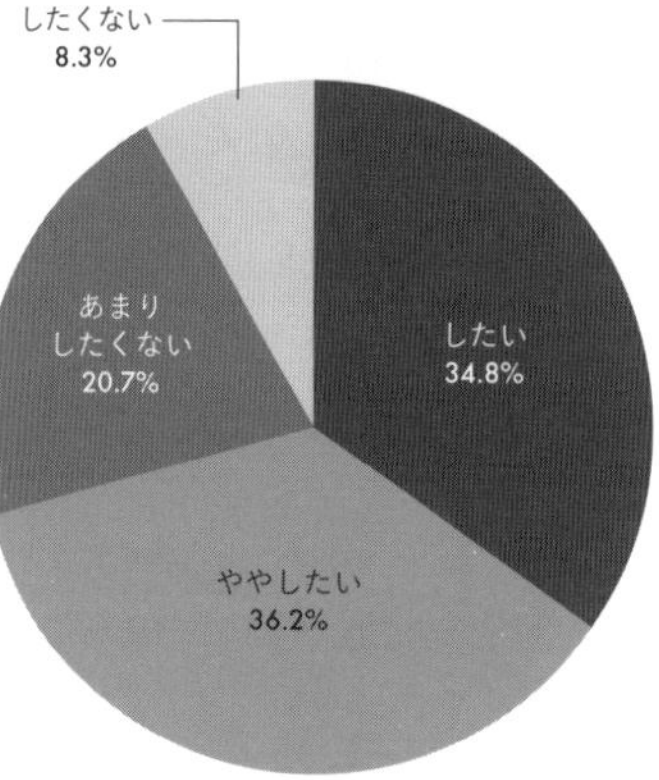

SNS

1日に最低でも1回は開くSNSを複数回答方式で尋ねると、「LINE」が86％で最多。「Twitter」（65％）、「Instagram」（58％）も半数を超えた。他のSNSは全て4％未満だった。

1日に最低1回でも開くSNS（複数回答可、%）

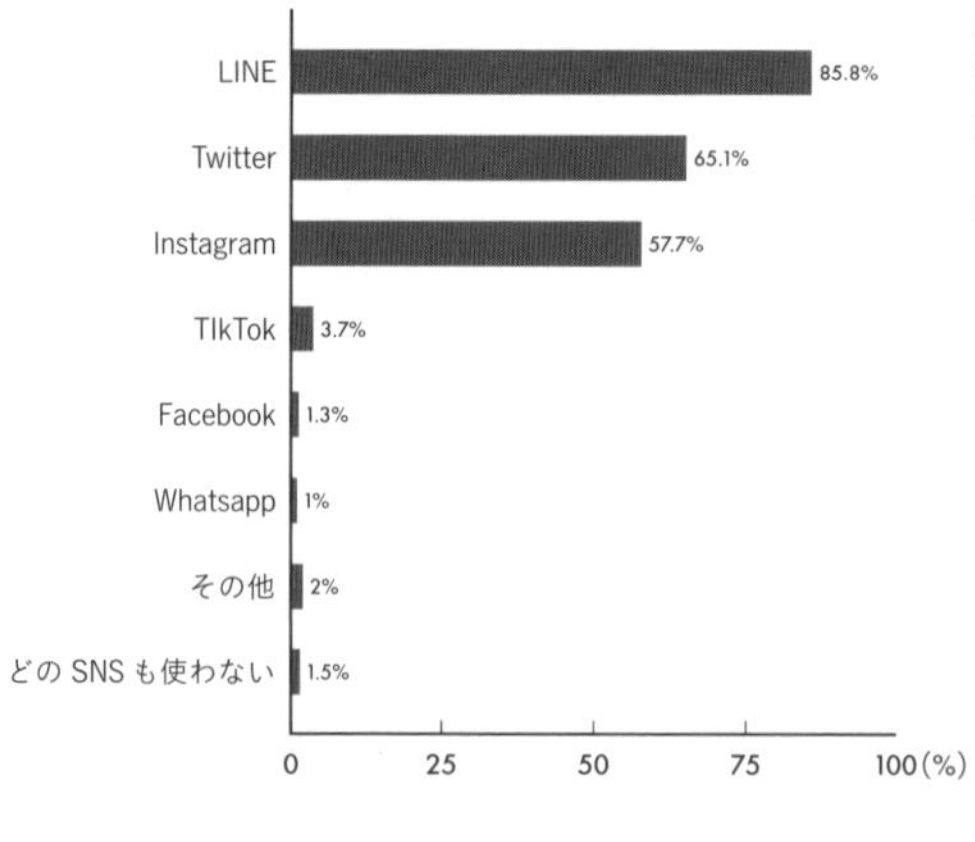

科類紹介

駒場の前期教養課程は、
文科と理科それぞれ三つの科類に分かれている。
入試制度上の違いは目で見えても、
入学後の実態については分かりにくいもの。
ここからは、現役東大生に
駒場でのキャンパスライフを紹介してもらう。

科類 文I

砂漠、砂漠って言うけれど

主な進学先

・法学部
・教養学部

法学部離れは止められるのか……？

2023年度入試では3年ぶりに合格者最低点が文科各類の中で最高に返り咲いた文I。だが「文Iから法学部」という進路は、ここ数年人気を失いつつある。19年度実施の進学選択では、法学部への指定科類枠が定員割れの末削減に。18年度に382人だった枠数は24年度進学選択では357人になっている。文Iに入れば法学部進学は確定的という時代は終わったのかもしれない。

400人前後が進学する法学部内では、文I出身者が引き続き圧倒的多数派。一方で、その割合は低下傾向にある。官僚や法曹を敬遠する人が増えたためか、第1段階選抜で志望する人も、以前に比べれば低水準で推移する傾向が続く。

2年次から高い専門性

クラスは文IIと混合で、女子は全体の約4分の1と東大全体の平均よりやや多い。在学中の司法試験合格を目指し1年次から予備校に通う人もいる。文I、法学部を通じて大人数での講義形式の授業が多く、人間関係は希薄になりがちで「砂漠」と言われることも。

文科生向け基礎科目の「法I・II」や「政治I・II」では、文I生限定の授業が用意されている。多くの文I生は、2Sセメスターから駒場Iキャンパス900番教室で法学部専門科目を週5コマ程度履修する。法学部進学希望者全員が履修する大規模な授業だが、受講生間で授業中に教員が話した内容を分担して書き起こし共有する制度を当てにして出席しない人も。しかし成績評価は範囲が膨大な学年末の試験のみで決まるため、計画的に勉強しないと大変な目に遭う。

教えて！　文Ⅰライフ

●1Sセメスターの時間割

本山真愛《もとやままい》さん

	月	火	水	木	金
1	基礎統計		法Ⅰ		初年次ゼミナール文科
2		法と社会	ドイツ語初級(演習)①	ドイツ語一列①	国際関係論
3	政治Ⅰ		英語二列S(FLOW)／英語一列①		英語中級
4	ドイツ語二列		情報		身体運動・健康科学実習Ⅰ
5		歴史Ⅰ			

法学部志望者は特に好奇心を最大限生かせる環境

文Ⅰを志望したのは、将来の進路を踏まえ法学部に進みたかったからです。もともと、将来は専門的な知識を身に付けてほかの人の役に立ちたくて。加えて、家庭の影響で幼少期から法が身近だったため、以前から弁護士資格を取った上で司法書士になるという目標が固まっていましたね。

履修はⅠSセメスターでは極力多くの授業を取り、そこでの教訓を基にⅠAセメスターでは「Ⅰ限を入れない」「空きコマを作らない」「疲れてくる木曜日を全休にする」などのマイルールを加えました。ⅠSセメスターの「国際関係論」は東大2次試験・世界史の600字論述よりもさらに大局的な視点で世界史を捉える内容で面白かったです。

ドイツ語のクラスは皆真面目ですが、クラス会を自然にやる流れになるなど、メリハリがあり誰とでも仲良くなれます。法や政治に関心を持つ人とつながりやすいだけでなく文Ⅱの学生とも同じクラスなので、他の科類、学部の話も聞けるのはメリットです。

文Ⅰは、法学部に行きたい人にとって成績を気にせず興味のある授業が取れる環境です。しかし、授業は情報量が多いので、予習で教科書を読んで流れをつかんでおきましょう。大学のレポート課題は、授業で学んだことを生かして根拠ある主張を作る機会も多く、インプット中心の高校時代の勉強とは違います。テーマごとに自分なりの考えを持ち、ほかの人の意見に振り回されないようにすることが大切です。

文Ⅰの初修外国語別学生数(22年度入学者、東大教養学部等総務課提供)

科類＼初修外国語	性別	韓国朝鮮語	中国語	スペイン語	ドイツ語	フランス語	ロシア語	イタリア語	合計
文Ⅰ	男	11	85	54	40	83	18	18	309
	女	5	30	25	12	37	2	1	112

もう「ニート」ではいられない？

主な進学先
・経済学部

暇な科類とは限らない

１学年約３８０人。法学部や文学部だけでなく工学部などに進学する人もいるが、経済学部進学が多数。ちまたでは「文ニート」と称されるように、出席せずに進学できる暇な科類というイメージもあるだろう。しかし指定科類枠で経済学部に進学できるのは約２８０人で、約４分の１の文Ⅱ生は進学できない。19年度からは文Ⅱ用の指定科類枠が21人分増加したが、それでもある程度勉強して点数を取らなければ経済学部に進学できないのが実状だ。

とはいえ、クラスが同じ文Ⅰと比べると雰囲気は緩め。文Ⅰ生がテスト前に熱心に勉強して優を取る一方、文Ⅱ生はサボるという風景はありがち。男女比は約５対１で女子は少ないが、文Ⅰと合同クラスのため気にならないかもしれない。

数学は助け合いで乗り切る

「数学」と「経済」が必修なのが特徴で、開講される四つの授業全てを履修する人が多い。どちらも数学の知識が必要で、「数学」の授業で扱う数学より「経済」の授業で扱う数学の方が難しく感じることも。難解な内容は、数学強者が作成した神「シケプリ」（「試験対策プリント」）を活用して乗り切る。

２Sセメスターになると、文Ⅰ生は専門科目の履修で、文Ⅲ生は追い出しで忙しくなる。しかし文Ⅱ生は専門科目の履修がなく、文Ⅲほど成績評価も意識する必要がない。そのため、初年次で大体の単位を取り切れば2年次にはコマ数を抑えてアルバイトやサークルに専念できる。ニートになるのではなく授業と自分のやりたいこととを両立するのが、今の文Ⅱ生なのかもしれない。

教えて！ 文Ⅱライフ

●1Sセメスターの時間割

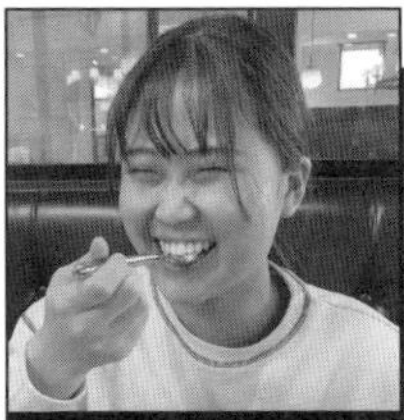

水野《みずの》まつりさん

	月	火	水	木	金
1			数学Ⅰ		
2	教育臨床心理学		ドイツ語初級（演習）①	ドイツ語一列①	現代経済理論
3	経済Ⅰ		英語一列①／英語二列S（FLOW）		英語中級
4	ドイツ語二列	初年次ゼミナール文科	情報		身体運動・健康科学実習Ⅰ
5	日本の政治	心理Ⅰ		社会システム工学基礎Ⅰ	

2年次には授業以外も充実させる

文Ⅱを志望したのは、社会行動やマーケティングなどへの興味や将来の就職を踏まえ、経済学部に進みたかったからです。入学後、文Ⅱから理系など経済学部以外に進もうとする人も意外と多いと知って驚きましたが……。クラスが文Ⅰと合同で政治学にも関心が広がり、総合科目では「日本の政治」という授業も履修しました。

２年次では授業外の活動も充実させたかったため、単位は１年次になるべく取り切るようにしました。履修登録する科目は科目名などで自分の心に引っかかるものに絞ってから、実際に受けて抱いた印象や単位の取りやすさも考慮して決めましたね。クラスの交流は長期休みや駒場祭の際に打ち上げなどもしばしばありましたが、他の女子が全員文Ⅰだったので少し孤独で心細かったです。

人の行動につながる災害報道の方法がテーマの「情報メディア表現論」は印象に残っています。ゲストスピーカーの災害や心理学の専門家による講義も面白かったですし、受講者が比較的少ない分、リアクションペーパーやディスカッションなどで双方向的な授業が展開されていましたね。

将来は院進せずに就職すると思います。映画や漫画など自分の趣味を生かせるエンタメ業界を目指していますが、「趣味が仕事」が果たして妙手なのか……。悩みは尽きませんが、とりあえずインターンに向けて面接を受けるなど準備を始めています。

文Ⅱの初修外国語別学生数（22年度入学者、東大教養学部等総務課提供）

科類＼初修外国語	性別	韓国朝鮮語	中国語	スペイン語	ドイツ語	フランス語	ロシア語	イタリア語	合計
文Ⅱ	男	8	93	100	24	70	4	12	311
	女	1	15	25	3	15	2	2	63

科類 文Ⅲ

自由さと表裏一体の「点取り合戦」

主な進学先
・文学部
・教育学部
・教養学部

興味に応じた幅広い履修

文Ⅲの特徴は女子率の高さ。文Ⅲの男女比はおよそ3対2で、他の科類に比べて飛び抜けて女子が多い。特にスペイン語やフランス語のクラスに集まる傾向がある。文Ⅰ・Ⅱのように社会科学で必修となる科目がないため、総合科目で一般教養のいろいろな分野に触れられる。自分の興味に応じて幅広く学びたい人や、興味ある学問分野が定まっていない人におすすめの科類だ。

入試の合格最低点が文科の中で最も低いことが多い文Ⅲ。だが、20年度入試では文Ⅱ、21、22年度入試では文Ⅰの最低点を上回り「一番簡単に入学できる科類」というイメージに疑問符が付いた。今後の動向を注視したい。

入学後は「いばらの道」？

文Ⅲの履修は常に点数を意識する必要がある。文学部は比較的進学しやすいが、法学部や経済学部、教養学部を目指す場合は高得点が必要だ。入学後は「いばらの道」が待ち受けているかもしれない。

高得点を取りたい学生が多いためクラス全体で勉強への意識が強い。試験前になるとシケプリを作る各クラスのシケタイの責任は重大だ。分かりやすいシケプリを入手するのが高得点の鍵になることもあるため、他クラスのシケプリ入手に奔走することも。優を成績上位3割にとどめる「優3割規定」が取られる前期教養課程において「あの授業は文Ⅲの優争奪戦」などという会話を文Ⅰ・Ⅱ生がすることは日常茶飯事。履修の自由度が高く、前期教養課程の恩恵を受けやすそうに見える裏側では、時に激しい「点取合戦」が繰り広げられているのだ。

教えて！　文Ⅲライフ

●1Sセメスターの時間割

若林学《わかばやしまなぶ》さん

	月	火	水	木	金
1					
2	英語中級	近現代史	情報	身体運動・健康科学実習Ⅰ	記号論理学Ⅰ（文科生）
3	社会Ⅰ	英語一列①／英語二列S（FLOW）	中国語二列		中国語一列①
4	中国語初級（演習）①	初年次ゼミナール文科			
5	歴史と文化	数学Ⅱ	韓国朝鮮語初級（第三外国語）		

履修数を抑えてゼミに注力

文Ⅲにしたのは、他の科類よりも権威主義的側面が小さいだろうと考えたから。「とりあえず文Ⅰ」みたいな選び方はしたくありませんでした。進学選択で高い点数が必要になることはあっても、選択に後悔はありません。クラスは韓国・ベトナム・ロシアからの留学生の他、日本以外の国にルーツを持つ人も少なくありません。文Ⅲは他の科類に比べて考え方も志望もバックグラウンドも多様です。

私も母は中国の朝鮮族出身で、元々多少話せる中国語と韓国語で迷い、より将来性と汎用性があると感じた中国語にしました。将来は日本と韓国、中国の橋渡しとなる仕事がしたいので、後期課程では教養学部国際関係論コースを志望しています。

授業では吉本郁先生（東大大学院総合文化研究科）のゼミが印象に残っています。毎週大変でしたが、論文を書く際に必要な全ての工程をしっかりと学べたので一番取って良かった授業だと思います。先輩たちは「1年生の間に進学選択参加に必要な科目を取り切るべし」と30単位取ることを勧めますが、実は26単位くらいが限界です。初年次ゼミナールで負担の重いものを取った方が結果的に得られるものは大きくなります。

必修以外の授業については、高校までの予備知識がなく新たに学ぶ分野であればなるべく内容の近いものを複数取るようにしました。いくつかの視点から深く理解できるようになります。自分の希望進学先や他の活動の忙しさも考えて選ぶと良いでしょう。

文Ⅲの初修外国語別学生数（22年度入学者、東大教養学部等総務課提供）

科類＼初修外国語	性別	韓国朝鮮語	中国語	スペイン語	ドイツ語	フランス語	ロシア語	イタリア語	合計
文Ⅲ	男	12	76	68	29	70	21	15	291
	女	16	37	42	33	51	9	16	204

科類 理Ⅰ

ハイレベルな理系集団

主な進学先

・工学部
・理学部

学問への熱意

理Ⅰは全科類最多の1学年約1100人で、その約9割は男子。女子は4人以上のクラスが多いが、中には全員男子のクラスもある。

主な進学先は理学部や工学部だが、学科が細分化されているため進路は幅広い。理学部情報科学科や工学部計数工学科といった人気学科に進学するためには高得点が必要なので、勉学に力を注ぐ人も多い。「シケプリ」も、過去問の課題だけでなく、独自の考察や自作の問題が掲載されているなど、参考書レベルのものも見られる。中高時代に科学オリンピックを経験した人や、授業以外でも趣味でプログラミングに取り組む人がおり、学習に前向きな雰囲気だ。

負担の大きい理数系科目

1年次は理Ⅱ・理Ⅲと同じく必修の科目が時間割の大半を占め、集中講義を除く選択科目は取れて年10単位。履修の自由度は高いとは言えず、必修の授業に追われ、興味のある授業が受けられないことに不満を抱く学生もいる。1限に必修科目が入っている場合も多く、朝型生活が苦手な人にとっては出席するだけで一苦労かもしれない。とはいえ2S2タームでは必修の授業がなくなるので、比較的自由に選択科目を履修することができる。

理Ⅱ・理Ⅲと異なり「数理科学基礎演習」と「数学基礎理論演習」が必修。進度は非常に速く、一度欠席しただけでついていけなくなることも。1A1タームから始まる「基礎実験（物理学）」「基礎実験（化学）」も必修。毎回の予習・課題提出が必要で、実験の失敗などで長引けば帰宅が遅れることもある。

教えて！ 理Ⅰライフ

●1Sセメスターの時間割

杉《すぎ》田《た》太《た》郎《ろう》さん

	月	火	水	木	金
1	基礎統計	英語二列W（ALESS）	スペイン語二列		
2	身体運動・健康科学実習Ⅰ			熱力学	
3	人間行動基礎論（理科生）	スペイン語一列①	英語中級／英語一列①		数理科学基礎／線形代数学①
4	初年次ゼミナール理科	数理科学基礎／微分積分学①		情報	力学A
5		数理科学基礎演習／数学基礎理論演習			

自由に、そしてストイックに

興味のある分野が定まっていなかったので進学選択のある東大に魅力を感じ、特にコンピューターや情報系に興味があったので理Ⅰを選びました。

第２外国語はスペイン語を選びました。クラスの仲は良く、真面目な人が多いですが、理系科目は試験が大変で、成績はストイックな努力が必要な一面もありました。

履修登録はサークルやクラスの先輩を参考にしました。ＩＳセメスターは授業以外も充実させたかったので週14コマにしましたが、友達は15コマの人も多かったです。準必修や総合科目などの選択は自分の興味を優先し『逆評定』（学生が作成する授業の口コミが載った冊子）も参考にしながら、初回の授業を受けて受講を決めました。１限の授業も苦にはなりませんでしたし、空きコマは図書館で自習していました。

印象に残っている授業は総合科目の「人間行動基礎論（理科生）」です。人間とは何かというテーマのもと、人間の特殊な行動や反応を解明するという内容が面白く、受講人数も多かったです。ここから心理学に興味を持ち、今も心理学系の授業を受講しています。

授業を受けるなかで自分の興味が変わり、現在は工学部の精密工学科やシステム創成学科Ｃコースなど、いくつかの分野が融合した研究が行える学科への進学を考えていますが、まだ決めきれていません。将来的には海外の最先端技術を見るための留学も検討しています。

理Ⅰの初修外国語別学生数（22年度入学者、東大教養学部等総務課提供）

科類＼初修外国語	性別	韓国朝鮮語	中国語	スペイン語	ドイツ語	フランス語	ロシア語	イタリア語	合計
理Ⅰ	男	25	303	294	159	164	51	51	1047
	女	5	17	30	13	29	3	4	101

文転、医進……進学先いろいろ

主な進学先

・理学部
・農学部
・薬学部

多彩な進路

理Ⅰと比べて生命科学に重点を置いたカリキュラムとなっているため、大半が医学部に進学する理Ⅲと同じクラスに編成される。理Ⅱの主な進学先のうち薬学部は人気が高く、80点以上の高得点が必要な年も。理Ⅲ以外で唯一、医学部への指定科類での進学枠もあるが、要求される成績は例年90点前後で全科類枠と大差ない。医学部進学のためにサークルやアルバイトのような「普通の大学生活」を犠牲にして勉学に注ぎ込む場合も多く、医学への思いが強いなら理Ⅲに入り直した方が楽だという説も。文学部や経済学部などに文転する学生も珍しくない。

女子が2割以上と他の理科類に比べて多いのも特徴。男女分け隔てなく仲の良い雰囲気で、五月祭や駒場祭での出店の時も企画がまとまりやすいという。

実は少ない生物選択

クラスは理Ⅲ生と合同だが、クラスによって理Ⅱと理Ⅲの関わりはさまざまだ。同じ科類同士で固まっていることもあれば、分け隔てなく仲が良いこともある。クラスメイトの交流は長く続きやすい傾向にあるという。

カリキュラムは数学がハードな理Ⅰと似ているため、数学弱者には厳しいようだ。ただ、理Ⅰよりも数理科学の必修が2単位少なく、生命科学の必修が3単位多い。生物選択は理Ⅱでも少数派で、力学や電磁気学は物理初学者向けの科目が用意される。生命科学系の講義や実験は、生物選択者にとっては高校で習ったことの連続だそう。ただし高校の学習内容と比べ分量は多いので、油断は禁物。

教えて！　理Ⅱライフ

●１Ｓセメスターの時間割

井上若名《いのうえわかな》さん

	月	火	水	木	金
1	基礎統計		数理科学基礎／線形代数学①		英語中級
2	数理科学基礎／微分積分学①			化学熱力学	
3	数理科学基礎演習／数学基礎理論演習	英語一列①／英語二列Ｓ（FLOW）	中国語二列	身体運動・健康科学実習Ⅰ	初年次ゼミナール理科
4	生命科学Ⅰ			中国語一列①	力学Ｂ
5		情報			基礎化学

必修が多くても自分の興味を深掘りできる

生物に興味があったので、研究が盛んな東大の理Ⅱを受験しました。中国語のクラスメイトとは、仲は良いけれど必要以上に干渉しない心地よい関係性です。

理Ⅱとはいっても受験で生物を選択した人はクラスに４人だけで、必修の「生命科学Ⅰ」が高校生物と重なる初学者向けの内容だったのは、少し物足りなく感じました。１Ｓセメスターでは必修だけで12コマが埋まってしまうので、履修の自由度は低かったです。「基礎化学」では、１Ａセメスターの必修科目である「構造化学」の導入として量子力学を学べたので、履修したのは物理選択ではない自分にとって良い選択でした。

印象に残っているのは「初年次ゼミナール理科」ですね。個人的に教授に連絡を取って、夏休みに研究室を訪問したのはとても貴重な経験でした。授業内で植物から菌を採取して培養し、研究室ではDNA配列を読み取って、サンプル植物に植え付けるところまでやらせてもらいました。

後期課程では理学部の生物化学科か工学部の化学生命工学科に進もうと考えています。将来は修士、博士課程まで進んで研究職に就きたいです。研究者である両親の影響もあり、アカデミアへの憧れを強く持っています。小学生の時、親が買ってきてくれた子供向けの科学雑誌を読んでいたことをきっかけに科学に興味を持ったので、その時から親に導かれていたのかもしれません（笑）。

理Ⅱの初修外国語別学生数（22年度入学者、東大教養学部等総務課提供）

科類＼初修外国語	性別	韓国朝鮮語	中国語	スペイン語	ドイツ語	フランス語	ロシア語	イタリア語	合計
理Ⅱ	男	10	101	143	56	70	15	28	423
	女	11	25	47	17	31	3	4	138

理科Ⅲ類

なかなか出会えないエリートたち

主な進学先

・医学部

秀才たちの意外な一面

全科類1学年約3000人のうち理Ⅲ生は100人前後しかいない。人数が少ない上に理Ⅲ・医学部限定の部活・サークルに参加している学生も多いため、共に授業を受ける理Ⅱ生でない限りキャンパスで出会うことはめったにない。塾や家庭教師のアルバイトをしても待遇は別格で、他の科類では時給2000円程度なところ理Ⅲ生は時給4000円を超えることもある。

ただし、理Ⅲ生全員が入学後も真面目に勉強し続けるかといえば、必ずしもそうではないようだ。理Ⅲ生は単位をそろえれば基本的には医学部医学科へ進学できるため、理Ⅰ・理Ⅱ生のように点数を心配する必要はない。そのため、授業にほとんど出席しない理Ⅲ生もちらほら。もちろん、1・2年生のうちからゼミで医学に触れる熱心な理Ⅲ生も多い。シケタイとして特定の科目を真面目に勉強し、過去問の解答を作成する人などもいる。

医学部までのモラトリアム

医学部医学科に進学すると、必修科目が増えて勉強が忙しくなる。月曜日から金曜日までほとんど必修の講義や実習で埋まってしまい、これらの授業のために、帰宅後には毎日復習と翌日に向けた予習が必要。他の大学ならば6年間かけて習得する医学の知識を、東大では4年間で習得しなければならないといえば、その大変さは伝わるだろう。理Ⅲ生にとって、前期教養課程は息抜きができる貴重な時期なのかもしれない。その中には、根っからの数学好きが理学部数学科へ進学するなど、駒場での2年間で自分を見つめ直して医学部以外に進学する学生も時折いる。

教えて！　理Ⅲライフ

●１Ｓセメスターの時間割

川上雄大《かわかみゆうだい》さん

	月	火	水	木	金
1			数理科学基礎／線形代数学①		
2	数理科学基礎／微分積分学①	生体医工学基礎Ⅰ	情報	フランス語二列	先進科学Ⅲα
3		科学熱力学		身体運動・健康科学実習Ⅰ	英語二列W（ALESS）
4	生命科学Ⅰ	英語一列①／英語中級	力学A		初年次ゼミナール理科
5	分子化学概論	フランス語一列①	現代教育論		

点数よりも興味を重視した履修

医学に加えて物理学や化学にも興味があり、見識の浅い高校生の時点で学部を決めるのはリスキーなことに思えたので、進学選択の制度がある東大を選びました。

履修登録可能な単位数の範囲内で取れるものを取ろうと考えた結果、ⅠＳセメスターもⅠＡセメスターも集中講義を除いて週16コマに。理Ⅲはあまり進学選択の競争が激しくないということもあり、必修以外の授業は単位取得の難易度を気にせず、自分の興味に基づいて選びました。

生物物理という高校では扱わない分野をディスカッション中心で学べる「先進科学Ⅲα」や、文系科目の思考法を学べる貴重な機会だった佐々木英和先生（東大教養学部）の「現代教育論」（教育・学校心理学）などの授業がとても面白かったです。必修では、「線型代数学」の授業で「中高で得た知識がこうつながるのか！」といった驚きがありました。

大学の勉強は、本格的な学問に突入するので、各授業で異なる内容を全力で勉強しなければならず、独学で予習をするのも困難です。大事なのは、自分が理解できないものに対して恐れずに立ち向かう姿勢です。無知をかみ締めながら手を動かし、本を読みあさり、論文を調べる過程にこそ理解の礎があります。先生との距離も遠くなるので、周りの学生との助け合いも重要になります。私は数学や物理の質問に答えたり、逆に生物選択の人に生命科学を助けてもらったりしていました。

理Ⅲの初修外国語別学生数（22年度入学者、東大教養学部等総務課提供）

科類＼初修外国語	性別	韓国朝鮮語	中国語	スペイン語	ドイツ語	フランス語	ロシア語	イタリア語	合計
理Ⅲ	男	2	19	13	14	27	2	2	79
	女	1	7	3	3	9	0	0	23

仮面浪人のすゝめ

**東大にはさまざまな経験を経て入学する人がいる。
現役で合格すれば高校から直接大学に、不合格なら予備校を経て、
もしくは特段どこかに所属しない宅浪で大学に入る。
しかし他の大学に通いながら東大を受験する仮面浪人を経て入学する
人もいることはご存じだろうか？　今回は仮面浪人のその一端を述べたい。**

2020年３月、合格発表日。東大不合格が分かり他大学に入学を決めた。すごく悔しかったが、受験自体は終わりを迎えたことに少しほっとした。時間が経つと、サークルや新しい交流関係など新天地への期待が膨らんだ。

しかし新型コロナウイルスがそれを打ち砕いた。感染拡大防止のため全授業のオンライン化が確定。サークル活動も対面では完全に停止した。

はっきり言ってすごく暇だった。当初は授業資料を配布するだけの授業が大半で、授業時間の半分もかからず消化できるものばかりだった。

バイトやオンラインのサークル活動以外にやることがないまま秋になった。浪人している友達から「再受験しないの？」と誘われ「絶対にしないよ」と返したが正直心が動いた。期待していた大学生活からは程遠く、金銭面でも国からの一律給付金を当てれば負担がない。勢いで申し込んだ東大模試でＡ判定が出た。「行けるかもしれない」と再受験の気力が一気に湧いた。

進級はできるよう授業も受けながら、苦手な英語は過去問の解き直しを進めた。共通テストと時期が被る大学の期末試験はネックだったが、なぜかコロナの影響で12月末に前倒しに。大学にも応援されている気がした。期末試験を無事に終え、１月以降はサークルとバイトも休み、受験勉強に励んだ。

共通テスト当日。１度のみのリスニングの問題などセンター試験との違いに面食らいつつ「自分は大学生」という謎の余裕で大きなミスはなかった。

その後２次試験への最後の追い込み。１年前に学んだ内容を必死に思い出し、本番で最低限足掻《あが》けるように過去問演習で実戦を積んだ。大学生なのに大学の受験勉強をすることの中途半端さへの自覚はあったが、大学の友達もコロナ禍で派手には遊べておらず、精神的に気に病むこともなかった。

迎えた２次試験本番。「落ちても２年生」と思うと不思議と周りをよく観察できた。試験中にうつむく人、泣きそうになる人、猛然と書き進める人、さまざまな感情が会場を交錯する様子が鮮明に見えた。

2021年３月、合格発表日。試験以上に緊張した合格発表を終え、今に至る。2021年度は対面の授業・サークル活動が少しずつ再開していた。20代に２回大学１年生をするのは贅沢な時間の使い方だが、結果的に東大で活動的な学生生活を送ることができ、まさしく人間万事塞翁が馬だと思う。

初修外国語紹介

合格を勝ち取った新入生たちが
最初に行う手続きの一つが初修外国語の選択だ。
必修科目のため、慎重に決める必要がある。
新入生の中には、日本語・英語を含む
３カ国語を使いこなす学生を育てる
「トライリンガル・プログラム(TLP)」の
受講条件を満たす人もいるだろう。
初修外国語の授業を担当する教員に
それぞれの言語の魅力と特徴を語ってもらった。

フランス語

On échoue toujours à parler de ce qu'on aime.
人は愛するものについていつも語りそこなう。
（ロラン・バルト）

とりわけフランス語が他の言語よりも魅力的というわけではない。例えば、すべての名詞に男女の性別があり、人称ごとに動詞の活用があるため、暗記事項は少なくない。発音は美しいと思うが、習得にはやはり練習が必要となる。フランス語はカナダ、スイス、ベルギー、モロッコ、アルジェリアなど多くの国で使われ、多様なアクセントと響きをもつだけでなく、国際舞台に出るために有利な言語だ、と言われているが、南米諸国でも使われているスペイン語や、グローバル化の進む現代での中国語の存在感を持ち出されたら、説得力は半減する。

とは言え、敢えてフランス語を学ぶ利点を考えてみよう。まずフランス語と英語を併せて学ぶことは、両言語の能力を上げるのに効率が良い。中世イギリスにフランス語が流入した歴史的経緯から、フランス語由来の英単語は少なくないからだ。また、社会に出ても、モード、食、アートに関わる分野では思いのほか重宝される。衣食住のうち衣食の分野は今もなおフランスの力はかなり強い。最後に、フランスの大学への道が開かれる。英語圏はもちろん、日本の国立大学と比較しても、フランスの大学の学費は極めて安い。人生に迷ったとき、国際的なキャリアを積みたいとき、遊学したいとき、フランスはかなり良い留学先となるだろう。

カリキュラムに関しては、基礎文法の他、インテンシヴやTLPなど実用重視の授業、文献講読の授業などが用意されており、フランス研修も毎年計画されている。ネイティヴの先生との気軽な「しゃべランチ」も是非《ぜひ》活用してもらいたい。

（桑田光平・東大大学院総合文化研究科教授）

サッカー、ビール、ソーセージなど、ドイツについてはイメージがわくものの、ドイツ語となると何となく難しそう…そんな印象を抱いている方も多いでしょう。ですが、ドイツ語は、同じインド＝ゲルマン語族に属している英語と共通点が多く、みなさんにとって比較的学びやすい言語です。また、発音も基本的にほぼローマ字読みです。もっとも、名詞に性があったり、主語に合わせて動詞が微妙に変化したりと、はじめは英語との違いに戸惑うかもしれませんが、慣れていけば必ずマスターできます。

ドイツ語はドイツだけでなく、オーストリアやスイスなどで公用語として使用されています。ドイツ語圏からは、哲学、医学、化学、芸術などの幅広い分野ですぐれた業績が生み出されてきました。将来、カントの哲学書やカフカの小説に原文でチャレンジしても面白いかもしれません。また、今日のドイツは、ＥＵの主要国として、経済や政治、環境問題などで世界をリードする存在です。ヨーロッパの〈いま〉を知るためにも、ドイツ語の能力は必ず役に立つことでしょう。

前期課程では、初年次の必修科目で、基礎文法を中心に、読解・会話・ヒヤリングを総合的に学習します。1年間で日常的なドイツ語表現をきちんと理解し、用いる力を養うことが目標です。そのほか、会話や作文など、初級から上級まで、さまざまな選択授業が用意されています。また、ドイツでの国際研修のプログラムもあります。一緒に楽しく学んでいきましょう。Ｖｉｅｌ　Ｓｐａß！

（竹峰義和・東大大学院総合文化研究科教授）

ドイツ語

Wovon man nicht sprechen kann, darüber muss man schweigen.
語りえないことについては、沈黙しなければならない。
（ルートヴィヒ・ヴィトゲンシュタイン）

イタリア語

Considerate la vostra semenza: fatti non foste a viver come bruti,
ma per seguir virtute e canoscenza.

諸君の生まれを考えてみよ。
獣のごとく生きるために君らは造られてはいない。
徳と知を追求するために造られたのだ。

（ダンテ・アリギエーリ『神曲』より）

ローマ帝国の時代からヨーロッパ文化の中核を担ってきたイタリアでは、今日もさまざまな分野で世界が注目する「知」と「美」が生み出されています。そのため、言葉を知らないとアクセスできない情報を得ようとイタリア語を学ぶ人は多いのです。綴《つづ》りが規則的で読みやすいこと、言葉の響きが美しいことも人気を後押ししているでしょう。さらに、風光明媚《めいび》かつ文化遺産の宝庫ともいえるイタリアは語学留学するにも楽しい場所です。

駒場では、1年時に現代語の文法一通りを学習し、1年生のおわりには文章が読めるようになります。イタリア語は現代語と古い時代の言葉との隔たりが小さいので、駒場で1年頑張れば、ダンテやボッカッチョといった古典作家の文章もなんとか読解できるようになるでしょう。また、まだ日本に紹介されていない魅力的な文学作品が数多くありますが、それらを原語で読めるのもイタリア語を学ぶ楽しみのひとつです。

ＴＬＰプログラムは準備中ですが、現在でもＴＬＰに匹敵する授業を開講し、ネイティブの先生方の授業も豊富に用意されています。毎年恒例のペルージャ外国人大学での語学研修は、学年を問わずイタリア語の授業を受講するすべての人に開かれています。

イタリア語を学習することは、二千年以上にわたって培われてきたイタリアの「徳」や「知」と出会うことを意味しています。この出会いは皆さんの視野を広げ、その後の人生の宝となることでしょう。駒場でイタリア語を学んでみませんか。

（山崎彩・東大大学院総合文化研究科准教授）

スペイン語は、比較的学びやすい言語といえる。発音はいくつかの規則を覚えれば、あとはローマ字読みで通用する。単語の意味も英語から類推できるものが多い。人称や時制を表す動詞の活用はかなりの数にのぼり、覚えるのに少々骨が折れるが、これにも規則性があるので恐れるに足りない。

スペイン語はスペインやラテンアメリカ諸国の人々をはじめ、全世界で約5億人に日常的に使われている（使用人口は世界の言語の中で第4位）。スペイン語を知れば、これだけ多くの人々との意思の疎通が可能になる理屈だ。文学を研究する立場から、もうひとつこの言語を学ぶ利点を挙げれば、それはスペイン語圏の文学を原文で味わえるようになることだ。近代小説の元祖『ドン・キホーテ』の作者セルバンテスを筆頭とする「黄金世紀」（16〜17世紀）の巨星たち、ガルシア・マルケスやバルガス・リョサら、20世紀後半に世界的なブームを巻き起こしたラテンアメリカの作家たち――読み応えのある文豪が目白押しだ。

統一教材を用いる「初修」の授業は、「文法」、「講読」、「演習」（理科生は選択）の三本柱で構成され、辞書を片手に新聞や雑誌の記事などが読めるようになることを目指す。さらに深く学びたい人のためにはインテンシヴ・コースや「中級」、「上級」の授業が用意されており、そしてTLPも用意されている。

（竹村文彦・東大大学院総合文化研究科教授）

スペイン語

Nuestras vidas son los ríos que van a dar en la mar, que es el morir.

われらの人生は川であって、死という名の海にそそぐ。

（15世紀のスペイン詩人ホルヘ・マンリケ作『父の死を悼む詩』より）

ロシア語

Нет войне!

戦争に否《ノー》!

（2022年2月24日に始まったロシアによるウクライナ侵略への抗議として使われるスローガン）

ロシア抜きに世界は語れない時代となった今、ロシア語の知識は今後長期にわたり世界の動きを理解するための重要な手がかりとなります。一方、ロシア語が日本のすぐ隣に暮らす人々の重要な言葉であることは今後も変わりません。さらに、ロシア語が築いてきた文化、芸術の強靭《きょうじん》な力も圧政やプロパガンダに損なわれるものではありません。それどころか、革命に全体主義、国家崩壊、戦争という激動を生きた人々のメッセージに直接向き合うのを可能にするロシア語の知識は、一生を通じての財産となるはずです。

ロシア語が難しいかどうかについては学習者の間でも諸説あります。ただ「文字が難しい」というイメージは必要以上に強調されています。あの文字（キリル文字）には英語等でおなじみのラテン文字と共通する文字も多く、全てを一から覚える苦労はありません。また冠詞がない、名詞の性の多くは語尾で判別可能、語順が比較的自由、など英語や欧州の他の言語より楽な面もあります。覚えるべき文法事項が初めのほうに多くて集中力を要するのは確かですが、その分半ば強制的にモチベーションが与えられる「授業」という場を利用できる学生ならではのチャンスを活かす意義が大きい言語でもあります。

前期課程では文法や会話、作文の授業を通して基礎を固めます。特にＴＬＰでは高度な運用能力が育成され、2年目にはメディア記事や文学作品の読解も可能になります。またロシア語を習得すると別のスラヴ系言語を学ぶのが容易になるので、ポーランド語やセルビア・クロアチア語の授業を取ってみるのもよいでしょう。

（鳥山祐介・東大大学院総合文化研究科准教授）

現代中国語は、漢語の北京方言を母体として構築された言語で、正式には「普通話」と称します。国家語として使用しているのは中華人民共和国のみですが、今日では国際的に重要な言語の一つとなっています。世界中どこでも中国人を見かける時代になりましたが、今やグローバル経済を担う一翼となった彼らの言語を身につけておくことは、実社会に出たときに経済・金融分野などで大いなる強みとなります。

　現代中国語は発音・語彙《ごい》・文法とも漢文（古典中国語）とは異なりますが、習得したことで漢文をより合理的に理解できるようにもなるでしょう。発音面では、タイ語やベトナム語と同様に声調言語であり、音の高低が意味の弁別に関わる点が最大の特徴です。また、清音に強い呼気を伴う「有気音」と伴わない「無気音」の二種類が有ります。文字も中華人民共和国の言語政策による独自の筆画の簡略化を経た「簡体字」が正字体となっています。また、発音表記のためのローマ字「ピンイン」を覚える必要が有ります。

　本学教養学部には、初修外国語のみならず既修外国語にも現代中国語の授業が用意されています。また、インテンシヴやＴＬＰといった特訓型の授業も開講されています。勿論《もちろん》、第三外国語としても開講されています。本学には中国からの留学生が数百名在学していますが、現代中国語を履修することで、彼らとの相互理解を深めることができます。隣の中国人と如何《いか》に理解し合うか、その方法も会得されることを私たちは期待しています。

（吉川雅之・東大大学院総合文化研究科教授）

中国語

勿谓今年不学而有来年
Wù wèi jīnnián bù xué ér yǒu láinián
今年勉強しなくても来年が有るからなどと言ってはいけない。
（『古文真宝』「朱文公勧学文」より）

韓国朝鮮語

어둡던 세상이 평생 어두울 것이 아니요 무정할 것이 아니다.
우리는 우리 힘으로 밝게 하고, 유정하게 하고, 즐겁게 하고,
가멸케 하고, 굳세게 할 것이로다.

暗い世の中がいつまでも暗いはずはないし、無情なはずがない。
我らは我らの力で世の中を明るくし、情をあらしめ、楽しくし、豊かにし、
堅固にしていくのだ。

（李光洙『無情』より）

古来、日本と朝鮮半島との関係は深く、韓国朝鮮語学習の歴史も長いものがあります。それは、朝鮮半島との長い間の交流と葛藤の歴史のなかで韓国朝鮮語の知識が、隣国の政治や社会、文化などを知るための重要な手段であったからです。

今日、日本と大韓民国・朝鮮民主主義人民共和国との関係は交流ないしは葛藤の局面にあり、しかも、朝鮮半島情勢は世界規模の関心事となっています。また、朝鮮半島にルーツを持つ人々も、いまや世界に広がって存在しています。いまだなお韓国朝鮮語の知識の重要性は失われていません。

さて、韓国朝鮮語は、語彙《ごい》や文法面で日本語と似たところが多いという点で特徴的です。初めて学ぶ人でも1年間しっかり学べば、辞書を引きながら論説文の類《たぐい》ならある程度読めるようになります。もっとも最初は、日本語にはない子音や母音の発音に少し苦労させられるかもしれません。また、韓国朝鮮語を表す文字ハングルも初めて接する人にはとっつきにくいかもしれません。ただ、努力さえすれば十分身につけられます。

駒場の韓国朝鮮語教育では、初級から上級にいたるまで文法、会話、講読、作文の授業は言うまでもなく、より応用力をつけようという人向けにインテンシヴの授業が開設されています。この他、ＴＬＰやソウル大学での語学研修プログラムも開設されています。ぜひ韓国朝鮮語を学び、隣国と世界、そして日本を見つめなおすきっかけとしてみてください。

（三ツ井崇・東大大学院総合文化研究科教授）

リアルはどうなの？

初修外国語あれこれ

初修外国語。
それは東大の１年生にとって切っても切り離せない存在だ。
合格直後に希望の外国語を選択する。
クラス分けは言語選択に基づいて行われるだけでなく、
進学選択を左右する基本平均点にも初修外国語の成績は大きく関わってくる。
ここでは、初修外国語に関わるさまざまなトピックを
編集部員の声を交えつつ紹介していく。

まず、先輩たちはどのようなことを考えて初修外国語を選択したのだろうか。

編集部員A（文Ⅲ・1年、ロシア語）

今まで学習したことがなかったスラヴ系の言語に漠然とした興味があり、「NHKワールド・ラジオ日本」でさまざまな言語によるニュースを聞きあさっていたとき、ロシア語の響きに魅了されたことからロシア語を選択しました。

編集部員B（文Ⅲ・1年、スペイン語）

話者が多い言語を学んだ方が将来に役立つと考え、スペイン語と中国語に選択肢を絞りました。自身が将来南米でジャーナリストとして活動したいことと話者の分布域が広い点が決め手となりスペイン語を選びました。

さて、選択した言語によってクラス分けが行われる。クラスメートが東大で初めての友達、という人も少なくないだろう。ところで、フランス語やスペイン語のクラスは明るい人が多く、ドイツ語のクラスは真面目、などといったうわさを耳にすることがある。実際の雰囲気は想像と比べてどうだったか聞いてみよう。

編集部員C（文Ⅲ・1年、フランス語）

男女問わず仲が良く、行事への出店やクラス会を積極的に行っています。学習意欲も高く、授業中の発言や質問を気軽にできる雰囲気です。

編集部員の友人（文Ⅲ・1年、韓国朝鮮語）

60人超えの大所帯かつ男女比が1対1で東大の中でも特殊な感じがします。大半の人は何かしら韓流の趣味を持っていてクラス仲が非常に良いです。

★★★

ここからは、それぞれの言語を学習してみた感想だ。東大の初修外国語の授業

※○○語のクラス全てにここで紹介したものと同様の制度、雰囲気が当てはまるわけではないことにご注意ください。また、初修外国語と既習外国語（多くの学生が英語を選択）を各一つ選択する他に、既習外国語を二つ選択することもできます。

は、1年次に文科はSセメスターで週3コマ、Aセメスターで週2コマ、理科ならSセメスターで週2コマ、Aセメスターで週1コマが必修で開講されている。1年間の初修外国語の学びを振り返ってみると……？

編集部員D（文Ⅲ・2年、イタリア語）

Sセメスターから Aセメスターの前半までは文法をしっかりと学び、Aセメスターの後半からはイタリア語の文章の逐語訳や実践的なリスニングが中心になります。ほぼローマ字読みなので、発音はとても楽です（ただしrの巻き舌は難しく、最後までできませんでした）。単語も英単語に似た形のものが多く覚えやすいのですが、動詞は時制によってかなり変化するため覚えるのが一苦労でした。

編集部員E（文Ⅰ・2年、ドイツ語）

Aセメスターで初級作文を取りました。履修を決めたのは、中級などよりはついていけると思ったから。少人数で毎回指名されますが、「堂々と間違えましょう！」というおおらかな先生で委縮はしませんでした。基本的な文法も解説しつつ細かいところまで丁寧に教えてもらえるのでとても面白かったです。テストの作問の多さや採点の甘さなど楽しいエピソードも相まって印象に残っていますね。

編集部員F（文Ⅲ・2年、中国語）

2Sセメスターで中国語中級（読解）を履修し、論説体中国語の読解力を鍛えています。毎回の予習量が膨大で、ある週は一週間で短めのニュースを六つも和訳しましたが、中国の実際のニュースを読み解くことができたという達成感はひとしおです。

惜しむらくは、読解の授業のみを履修し、文語と隔たりがある口語の中国語を忘れかけていることです。2年次も第二外国語に力を入れたい人は、中級会話や中級インテンシヴの受講もおすすめします。

★★★★

2年次になると必修の外国語授業はない（TLP生を除く）。さらに初修外国語を極めたい場合は「〇〇語中級（演習）」で学んだり、その言語を扱う展開〇語初級（作文）」などの授業を選択すれば必修の他に学ぶこともできる。また、TLP（トライリンガル・プログラム、141ページ）を受講すれば、より集中的に初修外国語を鍛えられる。

「〇〇語初級（インテンシヴ）」や「〇科目などを履修したりできる。

★★★★

言語に興味があってもそうでなくても、東大に入ったら初修外国語と向き合うことが求められる。せっかく勉強するなら、最も興味を持てる言語の海に飛び込み、東大の豊富な授業を活用して深みを目指すのも面白いだろう。

東大から留学

オンラインでの授業体験から
１年間の長期留学まで、
さまざまな留学制度が提供されている東大。
入学後、東大に「留」まらず
より広い世界へ出ていく足掛かりとして、
留学を考えてみてはどうだろうか。

東大留学のススメ

**2023年度の新入生アンケートでは
「東大在学中に留学したい・ややしたい」が合計で７割を超えた。
東大生の留学への関心は増す一方だが、
東大の留学制度は種類の豊富さと煩雑なシステムゆえに
十分に利用されているとは言い難い。
それぞれの留学制度の長所と短所は何か。
実際に留学した学生へのインタビューとともに紹介する。**

学部在籍中に利用できる留学制度には以下のようなものがある。

・**グローバル教育センターが主催するプログラム…**全学交換留学、全学短期派遣プログラム、ＵＣ派遣プログラムなど

・**社会連携推進科の主催するプログラム**…体験活動プログラム、グローバル・インターンシッププログラムなど

・**各学部が募集する留学プログラム**

多種多様な制度のうち、今回は特に利用者の多い全学交換留学、全学短期派遣プログラム、体験活動プログラムについて詳しく取り上げる。

全学交換留学の特徴は1学期から1年間という留学期間の長さ、留学先での取得単位を東大の単位に互換できる可能性がある点、学費が東大に納める授業料のみで済む点だ。「全学」すなわち東大の正規課程に在籍する全ての学部生・院生が対象。留学先は欧米圏と東アジアを中心にイェール大学などの名門校が並ぶ。ただし手続きは数ある留学制度の中でも特に煩雑で、東大教員からの推薦状が必要な他、語学能力の審査もある。秋募集がメインで、３Ａセメスターからの留学がおすすめだ。

全学交換留学の前に経験しておくと良いかもしれないのが、全学短期派遣プログラムだ。サマー・ウィンタープログラムと通称され、長期休暇中に行われる。英語以外にも東南アジア諸言語に対応。オンラインのみなら費用が低くなる傾向があるが、対面プログラムはそれなりの料金がかかる。渡航費・食費など個人的費用を除き数十万円のものから数万円のものまである。オンラインも対面も、Ｇｏ Ｇｌｏｂａｌ Ｓｔａｔｅｍｅｎｔという書類をウェブで提出し、承認された後にＵＴＡＳを通じ応募可能だ。

体験活動プログラ

留学情報が載った
Go Global Website の
QR コード

ムは国内外合わせて１００件ほどのプログラムがある。23年度なら、全83件のうち18件が海外実施だ。応募は1人1件までで、他の留学制度に比べ目的が多様な点が特徴。現地の大学生との交流や文化体験活動を行うものもあり、安価な場合が多く比較的気軽に応募しやすい。プログラムによって条件は異なるが、基本的にフォームに回答すれば応募できる。

詳しい留学情報は各運営団体のウェブサイトや、駒場Ｉキャンパスにあるグローバリゼーションオフィスで得られる。長い長期休暇を有意義に過ごすためにも、目的に合わせて賢く制度を使ってみてはどうだろうか。

実際に全学交換留学でマギル大学に1年間留学し、留学情報を共有する団体「東大留学ＧｏＧｏ」を創設した高橋誠さん（工学部マテリアル工学科・３年）。複雑なシステムの中からどう必要な留学情報を集めたのか、留学先で得た知見などについてインタビューした。

——数ある制度の中で全学交換留学を選んだ理由は

留学期間の長さがあります。留学目的が人脈を作ることだったので1年間行ける全学交換留学にしました。というのも私は将来起業したいと考えていて、世界中に味方を作りたい、世界の大学生のレベルを知りたい、他の国の文化でも自分が通用するのか知りたいという思いがありました。

——留学情報はどう集めたか

東大のグローバル教育センターが運営する海外留学・国際交流情報ウェブサイトと、グローバリゼーションオフィスに相談することで集めました。ただウェブサイトは本当に複雑なので、何をどう見れば自分の欲しい情報が得られるかは「全学自由研究ゼミナール「問題解決のための思考法」（通称宇野ゼミ）」で知りました。講師の宇野賢司先生が留学を勧めていて、相談に乗ったり全学交換留学の情報を提供したりしてくれました。全学交換留学に絞って情報を探すことですべきことが明確になりましたね。

——具体的なスケジュール感は

３Ａセメスターで留学する場合、２年次の夏までにＴＯＥＦＬかＩＥＬＴＳの点数を上げ、９～10月に応募します。翌年の初めに合格通知が届き、半年かけて準備して秋に留学という流れです。英語能力試験の結果や大学の成績、教員の推

薦状の他に、留学後の進路や留学計画、希望する理由など複数のエッセイが必要です。

――留学先の大学はどう決めたか

第一次募集では有名なトロント大学やUBC、宇野先生の薦める北欧の大学に出しましたが、人気が高く落ちてしまいました。周りの人を見ていると、英語能力試験やエッセイよりも東大での成績がより重視されていると感じます。私は平均で70点くらいだったので難しかったのでしょう。追加募集の中にあったマギル大学を調べてみて、日本では知名度がなくてもカナダではトップの大学の一つだと分かり、ここに決めました。日本で知名度のない世界のトップ大学は狙い目ですね。

――マギル大学での学びについて

大きいクラスでも教授が一方的に話すのではなく必ず議論の時間があり、知識の習得よりも参加を求められていると感じます。日本にいると海外の大学生はディスカッションがうまいのだろうと思いがちですが、実は英語さえある程度話せれば、東大生の考える力は海外でも十分通用するのだと分かりました。また、事前学習や宿題が多いのも特徴です。教養的側面の強い学問が多い日本と違い、カナダは大学で勉強させるため非常に忙しく、また学問も社会に出て働くことをより意識していると感じます。インターンも単位として認められ、面接や履歴書の書き方も授業で扱います。

――「東大留学GoGo」とは

留学に興味があっても、ウェブサイトは複雑だし、経験者や同期を探す手段もない状況を変えたくて作りました。元は後輩10人程度のグループだったのが今は500人ほどが参加するコミュニティーになっています。交流会やSNSを通じた情報発信や同じ留学先の先輩や同期をつなげ、留学のノウハウを伝えながら縦と横のつながりを作る活動をしています。

東大の交換留学の枠は約500人分ありますが、現状では年200人ほどしか利用していません。分からないことが多すぎて諦めてしまう人が多い。「めんどくさい」に打ち勝った先に得られるものは大きいです。合格後の次の目標として「留学」を視野に入れてほしいと思います。

東大留学 GoGo が行った交流会の様子。留学経験者・内定者・希望者総勢 100 人を超える交流会となった

駒場生活

徹底解説

東大に入学するとまず、
駒場Ｉキャンパスでの２年間が始まる。
この前期教養課程では、高校と違い
自分で計画を立てて履修を決められる。
興味のある授業を受けられる一方、
制度に関して注意することも少なくない。
先輩の生活や履修体験談とともに、
「未来」に役立つ駒場の基礎知識を紹介。

編集部員の駒場での1日を大解剖！

この章では、前期教養課程の履修のルールや、
授業の制度・内容を紹介する。
その前に、２人の編集部員の駒場での１日を見て
駒場の授業の様子を想像してみよう。
2023年度 S1タームの月・火曜日の時間割だ。

文III・２年
小原優輝

1	
2	**総合科目Ｂ系列**「日本文化論Ｉ」（聴講）
3	**基礎科目（社会科学）**「政治Ｉ」
4	**総合科目Ｄ系列**「社会生態学」（聴講）
5	**総合科目Ａ系列**「言語応用論」

10:00	キャンパスに到着。1222教室で中国語中級の課題と格闘。120問もの中文和訳だ。
10:25	２限。御伽草子の浦島太郎は現代に伝わる昔話とどう違うのか聞く。助けた亀が姫になったり、浦島が最後に鶴になったりするらしい。
11:55	２限終了。生協手作り弁当の豚玉丼（小）をいただく。小サイズだがボリューミー。
12:15	３限の1313教室へ。再び中国語の短文120個と向き合う。量は多いが和訳は楽しい。
13:30	３限。機材トラブルで遅れて開始。民主主義と代表制の話を粛々と聞く。あまり興味がなかった分野について聞けるのも前期教養課程の特長だ。
14:50	４限の1323教室へ。たまたまクラスの友達が４人も出席しており、おしゃべりしてクラスごとの必修科目がある１年生に戻った気分に浸る。
15:10	４限。沖縄の離島、多良間島の農業についての話。土地が狭い中、増える人口を農業で維持することの大変さを知る。
16:40	４限終了、1331教室へ。
17:05	５限。漢字音の歴史についての話。国際音声記号の発音練習もした。一番興味がある授業！　内容が専門的かつニッチで、後期課程の授業を受けているかのように錯覚。
18:35	５限終了。教員に質問をした後、オンラインで編集会議に出るため帰宅。

編集部員の駒場での1日を大解剖！

理Ⅱ・1年
岡部義文

1	**基礎科目(既修外国語)**「英語二列W(ALESS)」
2	**総合科目C系列**「ジェンダー論【人文学】」(聴講)
3	
4	**基礎科目(初修外国語)**「ドイツ語一列」
5	**総合科目E系列**「人類科学」

7:30	キャンパスに到着。その日の授業の予習を済ませ、生物学の本を読んで過ごす。朝のキャンパスは静かで落ち着く。
8:30	1限。英語で論文を書く授業。いつ質問されても英語で答えられるように備えつつ、少し緊張しながら先生の英語を聴く。
10:00	1限終了。ALESSが終わるとちょっとした解放感。13号館へ移動。
10:25	2限。フェミニズム運動の変遷についての授業。高校までは授業で触れなかった分野なので、毎週新鮮な気持ちで受講する。
11:40	早めに授業が終わる。持参した弁当を食べてから図書館で4限の予習をする。
15:10	4限。クラスで受けるので、にぎやかな雰囲気。ドイツ語の語形変化の多さに振り回される。
16:40	4限終了。クラスの人と別れて5限のある7号館へ。
17:05	5限。人類学に関連するオムニバス授業。今回はホモ・サピエンスの移動について。テレビで見たことのある先生だったので、直接授業を受けることができて感動。
18:35	5限終了。図書館で物理化学の本を読んでから、20時過ぎに帰宅する。

ドイツ語一列？　中国語中級？
その正体はページをめくって確認！

駒場の履修の手引き

東大に入学した学生は全員、２年間の教養学部前期教養課程に所属する。後期課程で専門的に学ぶ前に幅広い学問に触れ、豊かな知識と広い視野を身に付けることが狙いだ。まずは、前期教養課程の履修に関する基本情報を確認する。

▼Ｓ１って何？

前期教養課程では（図）のように1年がＳ1、Ｓ2、Ａ1、Ａ2の四つのタームに分かれ、各科目はターム型の授業もしくはセメスター型で授業が開講されている。ターム型の場合、各タームは2カ月ほどで、90分×6～7回の授業で構成される（※20年度Ａセメスターからオンライン授業の負担を考慮して従来の105分から短縮。22年度Ｓセメスター以降、原則として対面授業が復活したが、基本的に90分授業は継続されている）。セメスター型の場合、Ｓ1とＳ2を合わせてＳセメスター、Ａ1とＡ2を合わせてＡセメスターと呼び、各セメスターは13回の授業で構成される。科目ごとの学習時間確保のために基本的には1セメスター当たり30単位までしか履修できないというキャップ制も存在するが、18年度から1Ｓセメスターの成績優秀者に限り上限を解除する例外措置も設けられている。

（図）１年のスケジュール

４月	S1ターム	Ｓセメスター
５月		
６月	S2ターム	
７月		
８月		
９月		
10月	A1ターム	Ａセメスター
11月		
12月	A2ターム	
１月		
２月		
３月		

▼基礎科目？　総合科目？

前期教養課程で履修できる科目は大きく分けて4種類存在する。「基礎科目」「総合科目」「主題科目」「展開科目」だ。それぞれ次ページ以降で詳述する。

基礎科目はいわゆる「必修科目」だが、総合科目や主題科目、展開科目については、自分の興味に沿って比較的自由な選択が可能になっている（総合科目は単位取得が必須なものも含む）。ただし、完全に自分の好きな科目だけというわけにはいかない。前期教養課程から後期課程に進む際には、進学選択という制度がある（詳しくは１７７ページから）。学生からの人気が高い学部・学科に行くには前期教養課程で好成績を取らなければならないことが多い。前期教養課程修了に必要な単位数を確保し、また自分の進学選択に必要な点数を無理なく取れるよう意識しながら、好きな科目を履修しよう。

▼後期課程への進学には条件が

後期課程に進学するためには（表2）に示されている必要最低単位数以上の単位を、2年生のA2タームまでに取得しなければならない。単位数は、長期休暇などに開講される集中講義などを除き、（表1）のように定められている。文科生は全部で56単位、理科生は63単位が必要となる。

また、進学への前段階として2S2ターム末に進学先の学部・学科を選択する進学選択が行われる。進学選択に参加するためには、文科生は46単位以上、理科生は53単位以上を取得する必要がある。

（表1）

		授業形態	
		講義・演習	実験・実習
開講形態	ターム制	1単位	0.5単位
	セメスター制	2単位	1単位
	セメスター制（隔週）	1単位	0.5単位

（注）週2コマの場合、単位数も2倍になる
『履修の手引き』を基に東京大学新聞社が作成

（表2）前期教養課程修了要件（2023年度入学の場合）

理科			科目		文科		
理III	理II	理I			文I	文II	文III
			基礎科目				
			（文理共通）				
5	5	5	既修外国語		5	5	5
6	6	6	初修外国語		6	6	6
2	2	2	情報		2	2	2
2	2	2	身体運動・健康科学実習		2	2	2
2	2	2	初年次ゼミナール		2	2	2
			（理科）	（文科）			
3	3	3	基礎実験	社会科学	8	8	4
10	10	12	数理科学	人文科学	4	4	4
10	10	10	物質科学				
4	4	1	生命科学				
			総合科目				
3			L　言語・コミュニケーション		9		3系列以上にわたり、Lから9を含め17
2系列以上にわたり6			A　思想・芸術		2系列以上にわたり6		
			B　国際・地域				
			C　社会・制度				
			D　人間・環境		2系列以上にわたり6		2系列以上にわたり8
2系列にわたり6			E　物質・生命				
			F　数理・情報				
2			**主題科目**		2		
2	2	3	**その他に取得しなければならない単位**		4	4	4
63	63	63	合計		56	56	56

（注）一部学生は例外あり

基礎科目

**前期教養課程で最低限身に付けておくべきとされる
基本的な知識・技能などを習得するための
いわゆる「必修科目」。
科類ごとに定められた基礎科目は必ず
履修しなければならない。
以下、各授業の概要を見てみよう。**

文理共通

既修外国語

既修外国語は多くの学生が英語を選択するので、ここでは英語を既修外国語とした場合について説明する。もちろん、既修外国語は英語以外の言語も選択できる。

前期教養課程で必修の英語の授業には基礎科目の「英語一列」「英語二列」、総合科目L系列（144ページ）がある。

英語一列

英語一列の授業は、東大教養学部英語部会が作成した教科書の読解を基本とする。クラスは習熟度別に3段階に分けられ、1S1・S2タームは入試英語の点数、それ以降は英語一列の期末試験の成績が基準として用いられる。成績上位者のグループ1は全体の10％、次のグループ2は30％、グループ3は60％となるようにクラスが振り分けられる。

英語二列W（ALESA、ALESS）

英語二列は2単位のW（アカデミック・ライティング）、1単位のS（アカデミック・ディスカッション）により構成される。Wでは英語で学術論文を執筆する方法を学ぶ、文科生用のALESA（Active Learning of English for Students of the Arts）、理科生用のALESS（Active Learning of English for Science Students）が開講される。ALESAでは、人文・社会学系を中心とするさまざまな学術テーマで実際に論文執筆・発表を行う。ALESSは各自実験を行い、英語で論文にまとめ、発表・討論する。

英語二列S（FLOW）

英語二列SのFLOW（Fluency-Oriented Workshop）は授業が全て英語で行われる少人数制の授業で、討論、個人やグループ単位での発表、自身の英語スピーチのビデオ撮影などが行われる。担当の教員は外国人教員が主で、授業では原則日本語は使われない。学生のスピーキング力を鍛えることを目的とする。

初修外国語

新入生が入学手続き時に決めなければならない初修外国語。ドイツ語、フランス語、中国語、ロシア語、スペイン語、韓国朝鮮語、イタリア語の七つから選択できる（各言語の特徴については121ページからの「初修外国語紹介」を参照）。

文科生・理科生共に、主に文法などの内容を扱う「一列」「二列」を履修し、文科生はそれに加えて、総合科目L系列として会話練習などが中心の「演習」の授業を履修する。理科生は6単位、文科生は演習を含めて10単位が要求され、新入生はSセメスターに初修外国語を週に2～3コマ履修することになる。

加えて、入学時に上位1割程度の英語力を有すると認められた学生は、初修外国語を集中的に鍛えるトライリンガル・プログラム（TLP）に参加することができる。23年度は、イタリア語以外の言語でTLPが用意されている。

情報

高校の必修科目「情報」の延長となる科目。パソコン端末を利用した実習を交えて行われる。実際の授業の内容は担当教員によって異なるが、文科生は社会システムとの関わりを重視し、理科生はアルゴリズムなども扱う。

身体運動・健康科学実習

高校までの「体育」に相当する科目。運動による健康増進を目的としている。授業は種目ごとに分かれて実施。サッカー、ソフトボール、バドミントン、サイエンスなど複数の中から選択できる。運動が困難な学生向けには、要許可制のメディカルケアコースも開講されている。また応急手当ての仕方など「保健」のような実習形式の授業も何度か行われる。

学生の間では「スポ身」という略称で呼ばれているが、これはこの科目の旧称「スポーツ・身体運動実習」に由来する。

初年次ゼミナール

初年次ゼミナールは15年度から1年生を対象に始まった必修科目で、20人程度の少人数で行われる。担当教員によって扱う内容は異なり、年度はじめの抽選によって授業が決まる。文科生向けの「初年次ゼミナール文科」では担当教員の専門に近い分野についてテーマを設定し、最終的には小論文を執筆。理科生向けの「初年次ゼミナール理科」では各教員が自身の専門を生かした授業を展開し、問題発見・解決・論文読解・実験データ解析など複数の手法で科学的な研究を体験する。学生はグループワークによる討論を行い、最終的には論文やプレゼンテーションの形で研究内容を他人に伝える方法を学ぶ。

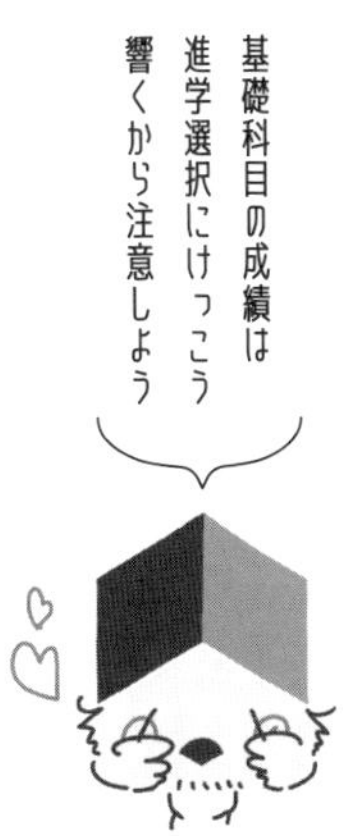
基礎科目の成績は
進学選択にけっこう
響くから注意しよう

文科生のみ

「社会科学」と「人文科学」はそれぞれ5分野に分かれる授業の総称で、同じ科目名でも担当教員や開講時期によって内容は異なる。分野の区分に基づき単位取得が必要な授業数などの条件が定められており「準必修」と呼ばれることもある。

社会科学

「法」「政治」「経済」「社会」「数学」の5分野の授業がある。文Ⅰは「法」二つか「政治」二つを含め四つ、文Ⅱは「経済」か「数学」の中から二つを含め四つ、文Ⅲは2分野以上にわたり二つ以上の授業を履修しなければならない。

23年度Sセメスター開講授業例：「理論と比較の政治学（政治Ｉ）」「経済Ｉ：発展途上国における経済と社会（経済Ｉ）」「社会学入門（社会Ｉ）」

人文科学

「哲学」「倫理」「歴史」「ことばと文学」「心理」の5分野の授業がある。文科生はこの中から2分野以上にわたり二つ以上の授業を履修しなければならない。

23年度Sセメスター開講授業例：「哲学の根本問題から哲学とは何かを考える（哲学Ｉ）」「文学からことばを考える（ことばと文学Ⅲ）」「心理学概論（心理Ｉ）」

理科生のみ

基礎実験

物理学、化学、生物科学についての基礎実験を行う。ターム制で実施され、計3単位が必修となる。

理Ⅰの「基礎実験Ⅰ（物理学）」、理Ⅱ・Ⅲの「基礎物理学実験」では実験の他に関数電卓を用いた複雑な計算を行ったり、データの処理などを行ったりする。理Ⅰの基礎実験Ⅰ（化学）」、理Ⅱ・Ⅲの「基礎化学実験」では無機化学、有機化学の両方について多岐にわたる実験を行う。どちらも基本的に2人1組で行うが、要領が悪いと実験が長引き、時間通りに終わらないこともある。

「基礎生命科学実験」では植物や動物の組織をスケッチしたり、カエルの解剖をしたりする。電気泳動を行ったり、大腸菌の遺伝子を改変させたりする実験もある。

通常の基礎実験の授業に代えて、最先端の科学研究を題材に双方向的な授業を行うアドバンスト基礎実験科目「基礎実験Ⅰ・Ⅱ（物理学）α」「基礎実験Ⅰ・Ⅱ（化学）α」などを選抜試験に合格した上で、履修することもできる。

数理科学

高校の「数学」の内容を発展させた科目。（表2）の授業が行われる。「数理科学基礎」「微分積分学」「線型代数学」「微分積分学演習」「線型代数学演習」が理科全科類で必修となっており、理Ⅰではさらに「数理科学基礎演習」「数学基礎理論演習」が必修となる。

物質科学

「力学」「熱力学」「電磁気学」という物理

科目と「構造化学」「物性化学」「化学熱力学」という化学科目に分かれる。「大学では化学は物理に、物理は数学になる」という言葉通り、物理科目では法則に基づいた微分積分などの計算が主となり、化学科目では量子論など高校では物理として扱う項目を学ぶ。なお、理Ⅰは「熱力学」を履修し、理Ⅱ、理Ⅲは「化学熱力学」を履修する。

入試の時に物理を受験していない学生については「力学」「電磁気学」の2科目で初歩から学べるBコースが用意されている。

生命科学

高校の「生物」の延長だ。理Ⅰは1単位のみが必修だが、理Ⅱ・Ⅲは計4単位が必修となる。分子生物学、遺伝学を中心に、幅広く生命現象について理解を深めていく。

基礎科目履修体験記

社会Ⅱ（21年度受講、社会科学）

21年度Aセメスターの授業では、政治思想史の入門として「公的なもの」が西洋の歴史でどのように扱われてきたかを学んだ。古代ギリシアにおける民主制や絶対主義の時代の公共性、その後の市民的公共性、全体主義的公共性などの特徴や移り変わりを考えるとともに、プラトンやキケロ、カント、マルクス、アーレントなどがそれぞれの時代の公共性の在り方をどう捉えていたかを読み解く。思想家たちの書いたテクストを読んだり受講者同士で議論したりする中で、なぜ・どのように政治の在り方や公共性の在り方が変わってきたのかが理解される。

半年の授業を通して、ほとんど名前だけしか知らない思想家の思想が部分的に分かったり、労働者階級の出現やメディアの誕生といった変化が西洋社会に与えた影響が立体的に見えてきたりした。高校世界史で学んだ内容がアップデートされていくのもこの授業の魅力の一つと言えるだろう。

東大のクラスって？

東大では入学時に、科類と履修する言語の選択に応じたクラス分けがある。それにより1年生は全員、合計110程度のクラスのいずれかに必ず所属する。「初修外国語」などはクラス単位で授業を受けるほか「情報」などは数クラス合同で受講する。

クラスでの交流は授業時だけではない。入学直後にオリ合宿（20、21年度は中止。22年度は「オリ旅行」。23年度は「オリ合宿」と「オリ旅行」の選択式となった。84ページ）での交流がある。その後も、小旅行をしたり誰かの家に泊まって遊んだりすることも見られる。学園祭ではクラス単位で企画を行うことも多い。

クラスで夏休みに花火

総合科目

基礎科目が入っていない時間に開講されている授業を履修することができ、学問分野ごとにL、A～Fの7系列に分かれている。科類ごとに各系列の取得すべき単位数が定められているが、何科目でも履修できる。L系列は言語・コミュニケーション。初級・中級・上級の区別や、リスニングや読解などの種類があり、学生が履修したい授業を選べるようになっている。ただし、例えば既修外国語が英語だと「英語中級」または「英語上級」から3単位の履修が必要なほか、文科生は初修外国語の「初級演習」4単位の取得が求められている。残るA～F系列の区分は下記のようになっている。

A系列…思想・芸術、B系列…国際・地域、C系列…社会・制度
D系列…人間・環境、E系列…物質・生命、F系列…数理・情報

授業科目名	講義題目
英語中級	History Today を読む
英語上級	Writing Myth, Reading Culture: An Introduction to Folklore Studies
フランス語中級(会話)	Expression et communication orale
中国語上級(読解)	香港文学
ドイツ語初級(演習)	ドイツ語初級 (TLPクラス指定科目)
古典語初級(サンスクリット語)Ⅰ	サンスクリット初級文法(Ⅰ)
ポーランド語初級(第三外国語)	ポーランド語初級
インドネシア語中級 (第三外国語)	インドネシア語中級 (Indonesian language for Intermediate Students)

『2023年度　Sセメスター 科目紹介(シラバス抜粋)・時間割表』を基に東京大学新聞社が抜粋

L系列 履修体験記

ポルトガル語初級(第三外国語)
(21年度受講、総合科目L系列)

1年間でポルトガル語の基本的な文法を学べる授業。一般に売られているテキストの多くはブラジルのポルトガル語を扱っているが、この授業では教員自作の授業資料でポルトガルのポルトガル語が学べる。成績評価は授業態度に加え、期末のポルトガル語訳や日本語訳の課題。授業内容を振り返りつつ辞書を引けば難なく解答できた。第二外国語が中国語の筆者には毎週の予習と復習が大変だったが、スペイン語学習者は文法も単語も似ている部分が多いため有利かもしれない。

クラスメートのブラジルからの留学生との会話や市販のテキストでの勉強の中で、ポルトガルとブラジル両国の発音や文法の違いを実感できたことも魅力的だった。特にAセメスターは履修人数が5人程度と少なく、発言の回数は多い分、自分の発音や作文に関する教員からのフィードバックを多く受けられたのは良かった。

A〜C系列 履修体験記

系列	授業科目名	講義題目
A	外国文学	アプレイウス『黄金のろば』を読む
	記号論理学Ⅰ（理科生）	現代形式論理学入門
	比較文化論	比較文学比較文化研究へようこそ
B	国際関係論	戦争と平和の国際政治学
	文化人類学Ⅰ	文化人類学入門（Introduction to Cultural Anthropology）
	歴史と文化	近現代のインド社会における宗教・信仰
C	ジェンダー論	セクシュアリティとジェンダーの社会学
	現代教育論	教育・学校心理学
	法と社会	法と社会―コロナ危機と法

『2023年度　Sセメスター 科目紹介（シラバス抜粋）・時間割表』を基に東京大学新聞社が抜粋

比較文化論（21年度受講、総合科目A系列）

近代の日本での新聞や雑誌が定着するまでの内容やレイアウト、販売方法などにどのような変遷があったかを実際に発行されていた雑誌や新聞を取り上げながら学ぶ。授業の序盤で印刷革命から始まる欧米の新聞や雑誌の歴史を扱った後に、日本の新聞や雑誌が欧米から影響を受けながら、独自に変化する様子を扱った。初めは知識人への啓蒙を目的に作られていたが大衆化を目指した結果、全文平仮名で書かれた新聞が明治初期に登場したこと、印刷技術の普及でレイアウトが進化する様子などが説明される。実際の雑誌や新聞の画像をふんだんに盛り込んで解説されるので視覚的にも楽しめる授業だ。

学生に対して教員が時折意見を求めることも授業に集中するための程よい緊張感となった。文学とは違った形で「本」を扱う「出版史」というニッチな学問に触れることは、知的好奇心が刺激される、前期教養課程ならではの経験だったと思う。

近現代史（21年度受講、総合科目B系列）

「近現代」はいつを指すのか。どの国の「近現代史」なのか。情報量の少ない授業タイトルに引かれた筆者を待ち受けていたのは、日本のアナキズム思想を専門とする政治学者、栗原康氏だった。授業ではまず、一般的に「無政府主義」と翻訳されることの多いアナキズムの本当の意味が受講者に告げられる。その後は毎回、明治から日中戦争の頃にかけて日本の歴史を彩ったアナキストたちが登場。彼らの書物を基に、アナキストたちが富国強兵を推し進めていた大日本帝国、そして天皇制や資本主義にどのように挑戦し、時に散っていったかが解説されていく。

もう一つの魅力は授業の本編の前に行われる栗原氏の雑談。波瀾万丈な半生の間で蓄えられてきた数々のエピソードトークの破壊力は、あまたの教員を誇る東大の中でも、他の追随を許さない。笑いあり、学びありであっという間の授業を体感してほしい。

D〜F系列履修体験記

系列	授業科目名	講義題目
D	社会生態学	熱帯・亜熱帯地域の人文地理学
	認知脳科学	神経・生理心理学
	環境と生物資源	生物多様性と保全
E	進化学	進化生物学
	宇宙科学Ⅰ（文科生）	天文学・宇宙物理学の基礎的内容
	応用動物科学Ⅰ	動物生命科学へのいざない
F	ベクトル解析	ベクトル解析
	解析学基礎	解析学基礎
	基礎統計	統計学入門

『2023年度　Sセメスター 科目紹介（シラバス抜粋）・時間割表』を基に東京大学新聞社が抜粋

適応行動論（21年度受講、総合科目D系列）

ヒトも進化の産物であるという視点から、他の動物との心の連続性を前提に、ヒトの心理や行動を理解しようとする進化心理学を扱う。筆者が受講した21年度Sセメスターの授業では、自然淘汰や遺伝といった進化生物学の基本となる概念を学んだ後、ヒトの進化史や特殊性を学んだ。毎回、授業の最後に学生同士で疑問点を共有する時間が設けられたのも特徴的だった。受講生には文科・理科どちらも多く、出てくる疑問点も多様。特に性淘汰を扱った授業の後の議論では、異性との価値観の違いにも気付く機会を得た。

毎回の授業内容は充実しているため、出てくる用語や概念の数は多い。期末試験対策で過去問をやる中で、授業内容が十分に定着していないことを感じた。Aセメスターで「進化学」（総合科目E系列）を履修し双方の授業内容を結びつけながら考えることで、理解が深まった。

アルゴリズム入門（文科生向け）（22年度受講、総合科目F系列）

Pythonの基本的な使い方を学ぶ授業。初心者向けで、演習・質疑応答の時間が長めに取られているので、機械が苦手な人でも大丈夫。質疑応答は教員に加えて、TAも対応してくれるので、困ったらすぐ助けてもらえる。成績評価は、課題と自由制作の二つによって行われた。課題は指定されたサイトに提出し、合格判定を受けること。この提出先のサイトには自動採点機能があり、合格になるまで何回でも挑戦できる。課題に関して時間制限は特にないので、意欲があれば最初の週に終えることも可能。自由制作は授業で学んだことを踏まえて、自分でプログラム文を書くというもの。特に制約はないので、自分の創造力が試される。出席が必須ではないので、自分のペースで勉強できるのも魅力の一つ。東大の授業では成績と意欲が結び付かないことがあるが、この授業は成績に意欲が比例しやすいので、進学選択のために点数を稼ぎたい人にとってもおすすめ。

主題科目

「学術フロンティア講義」「全学自由研究ゼミナール」「全学体験ゼミナール」「国際研修」の４種類があり、講義形式のものから実習形式のものまで、自由度の高い授業が展開される。全科類で２単位が必修だが、何科目でも履修することができる。夏休みの短期間で集中的に実施されるものなど、普段の授業とは別の時間帯にあることも多い。

【学術フロンティア講義】 最先端の研究動向や領域横断的なテーマについての講義が行われる。
【全学自由研究ゼミナール】 教員や学生が選んだ、学問分野にとらわれない幅広いテーマの下、少人数で演習や議論、講義を行う。
【全学体験ゼミナール】 より体験重視の授業が展開され、研究室に数日間体験入室して研究内容の一端を体験するというものから、作曲や指揮の指導まで、内容は実に多彩。
【国際研修】 国際交流、グローバルな視野の養成を目的とし、海外の大学との共同実習や短期の海外研修などさまざまな形で授業が行われる。

講義題目	
学術フロンティア講義	デジタル空間社会における研究と社会実装最前線
	30年後の世界へ――空気はいかに価値化されるべきか
全学自由研究ゼミナール	ナノマイクロ３Ｄアートを探求しよう
	「経済安全保障」とルール形成戦略
全学体験ゼミナール	東大の別荘「癒しの森」で心も体もリフレッシュ
	アイデアを形にするモノづくり体験～ロボットから家電まで～
国際研修	ソウル大学校韓国語研修サマープログラム
	イタリアで考古学を体験する

『2023年度　Ｓセメスター 科目紹介（シラバス抜粋）・時間割表』を基に東京大学新聞社が抜粋

主題科目 履修体験記

全学体験ゼミナール
図書館・文書館・博物館の裏側に迫る：制度・経営・資料の保存の実際
（22年度受講、主題科目）

東大の施設を中心に、図書館などのバックヤードを実際に見学する授業。前期教養課程の授業には珍しく、本郷キャンパスで実施される。総合図書館の自動書庫や、デジタルアーカイブ化のために資料を撮影する設備を見学した。それ以外にも中性紙でできた資料の保存箱を自ら作ったり「羊皮紙」を実際に触ったりして、毎回多様な形で各施設の運営について楽しみながら学べた。学外の施設に訪れる機会もあり、国立科学博物館では職員から特別展が開催されるまでの準備の様子や、資材搬入の様子などが説明され、特に印象に残った。

筆者はこの授業をきっかけに後期課程では学芸員資格取得に必要な授業を履修している。新たな興味につながる貴重な経験ができた。特に博物館巡りが好きなわけではないという人にもおすすめできる授業だ。

展開科目

基礎科目や初年次ゼミナールなどでの学びを主体的に展開させるための素地となる能力を身に付け、専門的な学びへの動機付けを図る。社会科学ゼミナール、人文科学ゼミナール(以上二つは「アドバンスト文科」と総称)、自然科学ゼミナール、文理融合ゼミナールの4種類があり、それぞれ以下の分野を扱う。いずれも必修科目ではなく、全科類が対象だ。

【社会科学ゼミナール】「法・政治」「経済・統計」「社会・社会思想史」「国際関係」
【人文科学ゼミナール】「哲学・科学史」「歴史学」「文化人類学」「ことばと文化」「データ分析」
【自然科学ゼミナール】「身体運動科学」「生命科学」「化学」「物理学」「数理科学」「情報科学」「基礎工学」「医学」
【文理融合ゼミナール】「認知と芸術」「身体と芸術」「メディアと芸術」「研究入門」

授業科目名		講義題目
社会科学	法・政治	ひと味ふた味ちがう☆憲法学入門
	社会・社会思想史	尊厳の社会学
人文科学	歴史学	考古資料から過去を読む
	データ分析	統計とフィールドワークから探る農業産地の構造変化
	ことばと文化	アルメニア語入門
自然科学	数理科学	自然科学に現れる微分方程式
	情報科学	今日の音楽の自然哲学・・・物理の響き・こころのひびき
文理融合	研究入門	副産物ラボ/Side Effects Laboratory
	認知と芸術	『芸術と感性の認知神経科学』
	メディアと芸術	(偽)実験音楽史/Fake History of Experimental Music

『2023年度 Sセメスター 科目紹介(シラバス抜粋)・時間割表』を基に東京大学新聞社が抜粋

展開科目履修体験記

文理融合ゼミナール(身体と芸術) 楽器としての身体:声楽の実践と科学(21年度受講、展開科目)

一言で言えば「歌う」授業だ。とはいえただ漫然と歌うのではなく、まず楽器としての身体の使い方について、講義形式の授業を4回受けて学ぶ。筆者の受講時はそれらを踏まえ、2月に3日間連続で実施される対面授業に臨んだ。

何よりの魅力は、受講している学生全員が、担当教員の一人であるプロのオペラ歌手から直接個人指導を受けられることだろう。座学でもスポーツでもない、身体をめいっぱい使って受ける授業はとても新鮮だ。さらに、最終日の発表会では全員でそれぞれ工夫して練習した歌を披露し合う。複数人で合唱曲を披露している学生たちもいれば、筆者と同じ曲を同じく一人で発表した学生もいたが、歌が好きな人同士で歌い合い、鑑賞し合えるのはとても楽しい経験だった。歌や音楽が好きな人であれば、まず受講して損はしないはずだ。

履修失敗談

選択の授業も必修の授業も、実際に受けていると思わぬハプニングに遭遇してしまうことがある。先輩たちの失敗談や実体験を聞いて、自分で授業を履修する大学の制度を体感してみよう

人文科学ゼミナール（ことばと文化）
中国語の新聞記事を用いて中国農村研究の小論文を書くためのゼミナール
（22年度受講、展開科目）

初修外国語などで中国語を履修した学生向けに開講されたゼミ形式の授業。中華人民共和国の農民・農村・農業などの動向をまとめた機関紙『農民日報』を中国語のまま読み、中国農村について小論文を執筆する。

筆者の中国語習熟度は中級程度だったが、辞書やオンライン百科を駆使し記事の内容は理解できた。しかし、小論文を書くには十数件の記事と二次資料に目を通す必要があり、他の授業やサークル活動にも圧迫され、提出期限がすぎた。小論文は夏季休暇中に完成させ、教員の厚意で履修者の文集に載せてもらえた。単位取得は諦めたが、入手の難しい『農民日報』のバックナンバーを読めたり研究室に訪問したりと得るものは多かった。

全学自由研究ゼミナール
考える力を養う／コントラクトブリッジ
（21年度受講、主題科目）

コントラクトブリッジとは世界中でプレイされているトランプゲームのこと。「ゲームで単位が取れるとは何とすばらしい」。そんな甘い考えから履修することを決めた。ガイダンスで毎回の予習が必須なことや確認テストが実施されることなど厳しい授業だと説明されたが、何とかなるだろうと楽観的に考えていた。予習は無料のコントラクトブリッジ学習用のソフトウェアや教員が作成した動画を用いて行われる。はじめの数回は基本を学び、ある程度理解できたが、回を重ねるごとに予習動画も1時間近くに増え内容も高度に。気付いたときには何を言っているか全く分からない状況に陥り、出席をやめてしまった。「たかがゲーム」などと軽い気持ちで履修した結果、痛い目を見ることとなった。

計算の理論
（21年度受講、総合科目F系列）

「計算とは何か」という問いが投げ掛けられた初回授業。文系の筆者にも魅力的だった。しかし、コンピューターの仕組みや「計算」の難しさについて語られる授業の講義資料は、途中から英語になった上、初見の記号や数式のパレードに。講義内容が全く頭に入らなくなった。当時はオンライン授業のため他の受講者と相談することは難しく、文系のクラスメートに助けを求めたが答えは出ず。教員へメールすることも考えたが、何を質問すべきかも分からず、履修登録をしながら単位取得を諦める「撤退」を決意した。

アルゴリズムについて理解が多少深まったものの、レポートを出さなかったので点数は0。基本平均点（179ページ）には痛手となる。文系が理系の授業を取るときは、興味だけで飛びつかない態度も必要かもしれない。

COLUMN

基本平均点はどう算出？ 進学可能な最低値に挑戦！

**進学選択のために基本平均点UPを試みる人は多い。
しかし、実はさほど高い点数が必要ないことがある。
受け入れ枠以下の志望者しかいない時
「進学選択が可能となる条件（以下、進学選択可能条件）」さえ満たせば
進学選択に参加でき、「前期課程修了要件」を満たせば進学可能だ。
諸手続で配られる『履修の手引き』を駆使して、進学可能な基本平均点の
最低値に挑戦する（本文ではセメスター・タームを省略して記載）。**

２Ｓ・２Ｓ２終了時点の取得単位数と成績で行う進学選択。運命の基本平均点はそれまでの成績から以下の式で算出される。

$$\frac{\text{各科目の(評点×単位数×重率)の総計}}{\text{各科目の(単位数×重率)の総計}}$$

重率とは算出の際につけられる単位当たりの重みで、１または0.1だ。重率0.1の科目の方が重率１の科目より基本平均点への影響が少なくなる。最低点を狙うには、０点を取れる科目を重率１に、単位取得の下限50点を取らざるを得ない科目を重率0.1にすることが要となる。

「０点を取れる科目」とは？　例えば「身体運動・健康科学実習」はⅠ・Ⅱの２科目（各１単位）からなり、この２単位が重率１で参入される。通常は１ＳでⅠを１ＡでⅡを履修するが、１年次に単位を取得できなくてもⅠを２Ｓで、Ⅱを２Ｓか２Ａで再履修できる。前期課程修了要件は２単位のため、

$$\frac{\text{Ⅰ(１Ｓで取得)50点×１単位×重率１＋Ⅱ(２Ａで取得、２Ｓ時点では０点)×１単位×重率１}}{\text{２単位×重率１}}=\text{25点}$$

これが「０点を取れる科目」のカラクリだが、まだ最低値ではない。この科目には「平均合格」が存在し、ⅠとⅡの平均点が50点以上なら両方の単位が認められる。２AにⅡで100点を取れば、Ⅰが０点でも平均合格できる。

$$\frac{\text{Ⅰ(未取得)０点×１単位×重率１＋Ⅱ(２Ａで100点、２Ｓ時点では０点)×１単位×重率１}}{\text{２単位×重率１}}=\text{０点}$$

科類ごとに参入の重率設定や進学選択可能条件は異なる。記者の試算では、文Ⅱで志望者数が定員を下回る学科に進学する場合の26.08点が最低値となった。ただし、この挑戦には一切のメリットがない上、２Ａで一歩間違えると留年なので決して真似はおすすめしない。

部活・サークル紹介

東大には数多くの部活・サークルがあり、
学生はオンラインの活動も交えるなど
工夫しながらさまざまな活動に取り組んでいる。
部活・サークルの紹介や一覧を見て、
活動の様子を想像してみよう！

部活・サークル紹介

東大にはどのような部活・サークルがあり、
どのような活動を行っているのだろうか？
本格的なカレッジスポーツからディープな趣味の世界まで、
部活・サークル九つに寄稿してもらった。
気になった部活・サークルがあれば、
最後に記したSNSアカウントから詳細を調べてみよう。

東京大学運動会 ラクロス部女子

女子ラクロス部には、65人のメンバーが所属しています。私たちは「関東リーグ一部昇格」を目標に掲げています。昨年は一部との入れ替え戦に進むも、接戦で敗れ、二部残留となりました。あと少しのところで負けた悔しさを胸に、今年こそ一部昇格を達成するという強い気持ちを持って活動しています。大学から始める人が多いラクロスだからこそ、本気で一部昇格、そしてその先の日本一をチーム一丸となり目指すことができます。

東京大学運動会 ア式蹴球部

ア式蹴球部は、各学年15～20人の選手とマネージャー２～５人テクニカル３～５人で構成されています。週６日の活動で、Aチームと育成チームに分かれて練習を行い、より高いレベルのサッカーを目指しています。チームメンバーは全力でサッカーをプレーし、その情熱と努力は一見の価値があります。サッカーを大学でも全力でやりたい人、その選手をサポートして一緒に高みを目指したい人はぜひこの部活で４年間の青春を注ぎませんか。

東京大学運動会合気道部

「経験ゼロから黒帯、目指しませんか？」70年の伝統を誇る合気道部には、真面目に、でも楽しく成長できる環境があります。合気道は体全体を合理的に用いた技を追究しているため、腕力のみでは敵わない相手に対しても有効に技を掛けられるのが特徴です。未経験から始める部員がほとんどで、体格差や性別も関係なく続けることができます。試合がないのがもう一つの特徴で、「型稽古」を通して自分の技を洗練させることができます！

東大トマトテニスクラブ

東大トマトは東大生のみで構成されている、学内最大のテニスサークルです。正規練は週４回あり、先輩が優しくアドバイスをしてくれるので、初心者の人も経験者の人もどんどん上達することができます！テニス以外にもBBQ、花火大会、クリスマスパーティー、中華街企画などイベントが充実しており、全員がサークル活動を楽しめます。
新入生のみなさん、トマトで私たちと一緒に大学生活を楽しみましょう！

東京大学運動会
応援部吹奏楽団

私たち応援部吹奏楽団は東大生36名で構成され、東大で唯一演奏、マーチングドリル、応援の３つの活動に取り組んでいます。初心者にはサポート体制が整っていて始めやすいですし、経験者にとってもドリルなど新しい音楽表現を知る絶好の機会です。加えて入部の決め手は雰囲気だったという部員が多く、居心地の良さは自負しています！リーダーやチア、運動会、全国応援団と交流があり、学内外問わず仲間ができるのも魅力です。

RoboTech

RoboTechはNHK学生ロボコンとその世界大会であるABUでの優勝を目指して活動しているサークルです。NHKで6度、ABUでは1度優勝しています。80名程の部員が所属し、設計加工や電子回路、制御など各自の興味のある分野に分かれて開発しています。初心者でも、先輩からの丁寧な指導を受けて、長期休暇に開催される一年生大会に出場すれば、一年後にはあなたも立派なロボコニストです。共に世界一を目指しましょう！

東京大学 UNiTe

UNiTeは、「国連と東大を結びつける」というコンセプトのもと、約30名で活動しています。五月祭や駒場祭で文化・芸術に関するイベントを行うほか、マゼンタ・スターを広げる「EMPOWER Project」、若者の声を届ける「ボイス・オブ・ユース JAPAN」、難民問題に関心がある若者が集まった「Youth UNHCR」という3つのプロジェクトに携わっています。国連や文化・芸術に関心のある方大歓迎！

polaris
ー東大を目指す女子の道しるべー

polarisは女子高校生の東大進学を応援するため、年5回程度のイベントの開催、SNS・HPでの情報発信をしています。2022年度のイベントには、合計約320人の女子高校生が参加しました！1年生から院生まで約45人が所属し、普段の活動は月1、2回のミーティングなので、多くが兼サーしています。polarisでは、等身大の東大生を伝えることで東大の女子比率是正に貢献できます。一緒に女子高校生の「道しるべ」となりましょう！

私たちは大学２～３年生を中心に、約70名で活動しています。基本オンラインでの活動のため、他の活動と併存することができます。また、学習スタッフとしての活動時間は週に一回、１時間のため、負担が大きくありません。運営への所属は任意となりますが、保護者との面談や、スタッフ研修や広報など、幅広い活動に携わることができます。教育問題や貧困、格差に興味があるという方がいましたら、弊団体を覗いてみませんか？

SNS アカウント一覧

**東京大学運動会
ラクロス部女子**
Twitter：@CelesteTokyolax
Instagram：@tokyo_girls_lax

東京大学運動会ア式蹴球部
Twitter：@todai_ashiki
Instagram：@todai_soccer

東京大学運動会合気道部
Twitter：@Todai_aiki_club
Instagram：@todai_aikidobu

東大トマトテニスクラブ
SNSアカウントなし

**東京大学運動会応援部
吹奏楽団**
Twitter：@ut_bandshinkan
Instagram：@ut_bandshinkan

RoboTech
Twitter：@UTRoboTech
Insagram：@utrobotech

東京大学UNiTe
Twitter：@utokyo_unite
Instagram：@utokyo_unite

**polaris
ー東大を目指す女子の道しるべー**
Twitter：@ut_polaris
Instagram：@ut.polaris

**オンライン学習広場
「かしの木」**
Twitter：@kashinokionline

部活・サークル一覧

運動系

アメフト・ラグビー

東京大学運動会
アメリカンフットボール部
東京大学運動会ラグビー部
東大VIKINGS

ゴルフ

東京大学運動会ゴルフ部
東大BOGEYS
東大Eagles

サッカー・フットサル

東京大学運動会ア式蹴球部
東京大学運動会ア式蹴球部女子
東京大学スポーツ愛好会
サッカーパート
東京大学バブルサッカークラブ
東京大学運動会フットサル部
東京大学FITTY626
東京大学PASSERS
Speranza FC
東大COSMOS
東京大学Group Flates
東大S.A.S.
東大SunFriend
東大WEEKEND

テニス

東大アプリコットT.C
東大アムレット
東大エルピラータテニスチーム
東大シグマテニスサークル
東京大学運動会女子硬式庭球部
東京大学スポーツ愛好会
硬式テニスパート
東京大学スポーツ愛好会
軟式テニスパート
東京大学運動会男子硬式庭球部
東大トマトテニスクラブ
東京大学運動会軟式庭球部
東大レモンスマッシュ
東大A-DASHテニスクラブ
東大ALLDC
BESTER

バスケ

ありうーぷ
東京大学運動会
女子バスケットボール部
東大スポーツ愛好会
バスケットボールパート
東京大学
男子バスケットボール部
PACERS

バドミントン

東京大学スペースシャトル
東京大学スポーツ愛好会
バドミントンパート
東京大学運動会バドミントン部
ひこうせん
TBA

バレー

東京大学サンセット
東京大学運動会
女子バレーボール部
東京大学スポーツ愛好
会バレーボールパート
東京大学運動会
男子バレーボール部
東京大学バレーボールサークル
maru
東京大学ユーフォリア

野球・ソフトボール

東京大学運動会硬式野球部
東京大学運動会準硬式野球部
東京大学運動会ソフトボール部
東大タクティクス
東大丁友会硬式野球部
東京大学軟式野球サークル
セローリ
東京大学運動会軟式野球部
東京大学ベルスターズ
東京大学BigBox's

その他の球技

東京大学キムワイプ卓球会
東京大学スカッシュサークル
東京大学運動会スケート部
アイスホッケー部門
東京大学スポーツ愛好会
卓球パート
東京大学セパタクロークラブ
東京大学運動会卓球部
東京大学ドッジボールサークル
VOLER
ハンドボールサークル
MEINZ

東京大学運動会ハンドボール部
ピンポン野球サークル
東京大学フロアボールクラブ
東京大学運動会ボウリング部
東京大学運動会ホッケー部女子
東京大学モルックサークル
NoMistake
東京大学運動会ラクロス部女子
東京大学運動会ラクロス部男子
BlueBullets

ウィンタースポーツ

東京大学運動会スキー部
東京大学運動会スケート部
フィギュア部門
東京大学ストークスキーチーム
東京大学Cloud9
東京大学LBJスキーチーム

山岳

東京大学
オリエンテーリングクラブ
山岳愛好会雷鳥
東京大学運動会スキー山岳部
東京大学運動会
ワンダーフォーゲル部
東大TECK TECK

自転車・乗り物

東京大学運動会航空部
東京大学運動会自転車部競技班
東京大学運動会自転車部旅行班
東京大学運動会自動車部
東京大学ハンググライダー
サークル falsada
東京大学モーター同好会

水上・水中

東京大学海洋研究会
東京大学海洋調査探検部
東大水泳サークル
coconuts
東京大学運動会水泳部競泳陣
東京大学運動会水泳部水球陣
東京大学運動会漕艇部
東京大学運動会ヨット部
クルーザー班
東京大学運動会ヨット部
ディンギー班

ダンス

東京大学運動会応援部
チアリーダーズ
東京大学運動会競技ダンス部
東京大学ジャズダンスサークル
FreeD
東京大学フラサークル
KaWelina

東京大学フラメンコ舞踏団
東京大学民族舞踊研究会
東京大学BOILED
東大KPOPダンスサークル
STEP
T.U.D.C WISH
東京大学WINGS

武道・格闘技

東京大学合気道気錬会
東京大学運動会合気道部
東京大学運動会空手部
東京大学運動会弓術部
東京大学弓道同好会
東京大学極真空手同好会
東京大学運動会剣道部
東大剣友会
東京大学護身武道空手部
東京大学古流武術鹿島神流
東京大学運動会柔道部
東京大学運動会少林寺拳法部
東大スポーツ合気道クラブ
東京大学運動会相撲部
東京大学運動会躰道部
東京大学運動会ボクシング部
東京大学ゆみの会
東京大学運動会レスリング部
東大ITFテコンドーサークル
東京大学WTF
テコンドーサークルてこん会

陸上

ホノルルマラソンを走る会
東京大学運動会陸上運動部
東京大学運動会陸上運動部
女子パート

その他

東京大学運動会応援部
東京大学キャップ投げサークル
東京大学クライミングサークル
Granite
東京大学運動会射撃部
東京大学スポーツチャンバラ
クラブ颯剣会
東京大学運動会総務部
東大ダーツサークル Burst
東京大学運動会体操部
東京大学ダブルダッチサークル
D-act
東大釣友会
撞友会
東京大学運動会馬術部
東京大学運動会フェンシング部
東京大学運動会洋弓部
東京大学運動会B&W部
Doo-Up東京大学トライア
スロンチーム
東大SASUKEサークル
東京大学skywalkers

鉄門

医学部鉄門アメフト部
SCORPIONS
医学部鉄門硬式庭球部
医学部鉄門ゴルフ部
医学部鉄門サークル委員
医学部鉄門サッカー部
医学部鉄門山岳部
医学部鉄門水泳部
医学部鉄門スキー部
医学部鉄門漕艇部
医学部鉄門卓球部
医学部鉄門バスケ部
医学部鉄門バドミントン部
医学部鉄門バレーボール部
医学部鉄門ハンドボール部
医学部鉄門野球部

音楽系

合唱・アカペラ

東京大学アカペラバンド
サークルLaVoce
東京大学音楽部合唱団
コールアカデミー
東京大学音楽部女声合唱団
コーロ・レティツィア
東京大学歌劇団
東京大学合唱団あらぐさ
東京大学コーロ・ソーノ合唱団
東京大学白ばら会合唱団
中世ルネサンス
無伴奏混声合唱団ムジカサクラ
東京大学柏葉会合唱団
東京大学
ベルカント研究ゼミナール
緑会合唱団

古典音楽

東京大学東京女子大学
古典ギター愛好会
室内楽の会
東京大学尺八部
東京大学三味線くらぶ
東京大学箏曲研究会
東京大学ピアノの会

吹奏楽・管弦楽

東京大学運動会応援部吹奏楽団
東京大学音楽部管弦楽団
東京大学クラリネット同好会
東京大学吹奏楽部
東京大学フィルハーモニー
管弦楽団
東京大学フィロムジカ交響楽団
東京大学フォイヤーヴェルク
管弦楽団
東京大学ブラスアカデミー
東京大学フルート同好会
東京大学マンドリンクラブ
東京大学ロープラス同好会

民族音楽

東京大学ベネズエラ音楽合奏団
エストゥディアンティーナ駒場
東京大学民族音楽愛好会

ロック・ポップス

東大アンプラグド
東大音感
東京大学ジャズ研究会
東京大学フォークソング研究会
British Rock研究会
東京大学FGA
東大POMP

その他

東京大学ウクレレ・ヒキナ
東大エレクトーンクラブ
東京大学音楽の集い
東京大学サクソフォン同好会
東京大学作曲研究会GCT
東京大学ビルボード研究会
東京大学
ぺるきゅしおんあんさんぶる
東大リコーダー同好会
東京大学Jazz Junk
Workshop

鉄門

医学部鉄門室内楽の会

文化系

アウトドア

東京大学狩人の会
旅屋
東京大学Agrlien
Tokyo SkyWalker

アニメ・ゲーム

東京大学アニメーション研究会
東京大学ゲーム研究会
ゲームサークル大都会
東大幻想郷
東大スマブラサークル
東大チェスサークル
東京大学テトリス研究会
同人サークルノンリニア
東京大学
ビジュアルノベル同好会
東京大学
ポケモンサークル ぽけっち
東大マイコンクラブ
東京大学百合愛好会
東大ラブライブ!
BEMANI 4 UT
東京大学eSportsサークル
SOS団東大支部

イベント・企画

東京大学広告研究会
コミックアカデミー実行委員会
東大生地方創生コンソーシアム
日本学生協会(JNSA)基金
乗鞍サマースクール
東京大学装い喫茶研究会
東京大学料理愛好会
りんご愛好会
AGESTOCK実行委員会
AnotherVision
TEDxUTokyo実行委員会

演劇・映画

東京大学映画研究会
東大映画制作スピカ-895
劇工舎プリズム
劇団綺畸
東京大学ミュージカルサークルClavis
Theatre MERCURY

起業・投資

起業クエストサークル
瀧本ゼミ企業分析パート
Study Peers

広報・出版

学生雑誌 吾輩
公益財団法人東京大学新聞社
合格サプリ編集部
時代錯誤社
出版甲子園実行委員会
東京大学書評誌「ひろば」
ビラ研究会
biscUiT
Newsdock
東大TeX愛好会
UT-BASE
東大UmeeT

国際交流

アイセック東京大学委員会
ウガンダ野球を支援する会
京論壇
茶話日和
特定非営利活動法人MIS
日仏学生フォーラム
AFPLA東大支部
Bizjapan
東京大学E.S.S.
FSF
GNLF
HCAP Tokyo
KIP 知日派国際人育成プログラム
MPJ Youth
TFT-UT
東京大学UNiTe

自然科学

東京大学愛鳥研究部
東京大学アマチュア無線クラブ
東大エンジニアリング研究会
環境三四郎
東京大学教養学部化学部
東京大学航空宇宙技術研究会
国際資源エネルギー学生会議
東京大学サイエンスコミュニケーションサークルCAST
東京大学生物学研究会
東大地質部
東京大学地文研究会気象部
東京大学地文研究会地理部
理論科学グループ
AI・ロボットサークル
TRAIL
iGEM UTokyo
RoboTech
UTaTané
ut.code();

社会奉仕

インカレサークル 学習支援STEP UP!
オンライン学習広場「かしの木」
学生団体GEIL
駒場子ども会
ずぼらのメガネ
東京大学点友会
東京大学届出学生団体FOS
東京大学復興ボランティア会議
東大ぼらんたす
若者団体komurado
FairWind
ichihime
NPO法人日本教育再興連盟
東大Moving Beyond Hate
STUDY FOR TWO 東大支部
UT RISE
UTokyo Sustainable Network
#YourChoiceProject

趣味・娯楽

東京大学アイドルマスター研究会
東大うどん部
東京大学きらら同好会
東京大学紅茶同好会KUREHA
東京大学珈琲同好会
東京大学珠算研究会
東大将棋部
東大スラィリー
東京大学戦史研究会
東京大学ちいかわ同好会
東大帝虎会
東大特撮映像研究会
東京大学ディズニーサークル
東京大学鉄道研究会
東大ハロプロ研究会'23
東大飛燕会
東京大学ベイスターズ応援サークル 瞬星会
東大ホースメンクラブ
東京大学漫画調査班TMR
東大みかん愛好会
東大模型部
東京大学ESSディスカッションセクション
東大Vtuber愛好会

人文社会学

宇宙開発フォーラム実行委員会
東京大学英語ディベート部
東京大学行政機構研究会
東京大学現代国際法研究会
高等教育無償化プロジェクトFREE駒場
国際化を読み解くゼミナール
駒外大仏語愛好会
東大三国志研究会
東京大学政治経済研究部
ゼロから学ぶDSと政策立案
瀧本ゼミ政策分析パート
日本の医療の光と影
馬路ゼミ
法と社会と人権ゼミ
真山ゼミ
東大民主青年同盟駒場班本郷班
模擬国連駒場研究会
東京大学読み破る政治学

創作活動・芸術

東京大学イラスト研究会
東京大学折紙サークルOrist
東京大学オルガン同好会
東大駒場すずかんゼミ『学藝饗宴』
東京大学写真文化会
東京大学手芸サークル あっとはんど
東京大学書道研究会
東京大学 ストリートカルチャー同好会
東大立て看同好会
東大美術サークル
東大服飾団体 Miss Catwalk
東京大学放送研究会
東京大学落語研究会
designing plus nine
東大LEGO部
東京大学Q短歌会
東大VRサークル
UT-virtual

伝統文化

東京大学裏千家茶道同好会
東大温泉サークルOKR
東大華道部
東京大学観世会
東京大学狂言研究会
東京大学薫風流煎茶同好会
東京大学茶道部
東京大学詩吟研究会
東京大学神社研究会
東大中国茶同好会
東京着物インカレサークル 和蒼会
東京大学能狂言研究会宝生会
東京大学百人一首同好会
東大襖クラブ
東大盆踊りサークル
東京大学盆栽クラブ
東京大学陵禅会
IMOPROJECT

文学

東京大学新月お茶の会
東京大学文学研究会
東大文芸部

パフォーマンス

東京大学お笑いサークル笑論法
東京大学奇術愛好会
東京大学日本舞踊研究会
マラバリスタ
まるきゅうproject

マインドスポーツ・パズル

東京大学囲碁部
東京大学オセロサークル GORO
東京大学クイズ研究会
東京大学 コントラクトブリッジ同好会
東大七盤サークル
東京大学ペンシルパズル同好会
東京大学 遊戯王デュエルサークル

その他

東大おかやま愛好会
学生団体 OVAL JAPAN
東京大学競技AIサークル灯
東大金融研究会
東大ストリートカルチャー 同好会
東大スパイス部
第一高等学校・東京大学弁論部
東京大学 フォーミュラファクトリー
東大むら塾
BeHive
Business Contest KING 実行委員会
polaris-東大を目指す女子の道しるべ-
東京大学TOPIA
UTFR
UTokyo Tech Club
UT-topos

自治団体

東京大学学生会館運営委員会
東京大学生協駒場学生委員会
東京大学第74期駒場祭委員会

鉄門

医学部鉄門AMS 学生プロジェクト

東大にある400以上の部活・サークルを、オリエンテーション委員会提供のデータからまとめた。この一覧を参考に大学入学後に加入する部活やサークルを決めてみてはいかがだろうか。(一覧は2023年度の登録団体。分類はオリエンテーション委員会のものによる)

サークル一覧の見方
各サークルの名称を「東大」「東京大学」などの冠称を除いた場合の五十音順・アルファベット順です。

特別企画

くまモンがつなげる研究と行政

東大先端科学技術研究センター
檜山敦特任教授

熊本県知事
蒲島郁夫さん

檜山《ひやま》 敦《あつし》 特任教授
（東大先端科学技術研究センター）

くまモンとの研究で得た気付き

成果の社会実装へこだわる

研究を志すきっかけとなったのは先端研で博士課程時に取り組んだ「デジモンＧＯ」ともいうべき実世界ロールプレイングゲームの研究成果。国立科学博物館の企画展で、石ころのような端末を鑑賞者に渡した。天井のあちこちに赤外線を発するＬＥＤを配置し、端末には受光素子を埋め込んで位置情報を得られるというカラクリだ。展示物や鑑賞動線に連動してクイズを出題し、同時にデジモンの育成を楽しめるという仕様にした。デジモンの声も声優に収録を依頼。端末を振る・傾ける、答えとなる展示物まで移動するといったクイズへの解答方法で、身体的に展示とゲームを楽しめるようにし、クイズに正解して獲得した得点に応じて最後にデジモンの進化した姿を見られる工夫をした。「20年ほど前の当時は思いもよらなかったですが、今思うとこの成果はシステムが『ポケモンＧＯ』に似ていて『デジモンＧＯ』といえるかもしれません。身体動作を伴うゲームとして展示物への記憶が向上したり、アプリ内のシナリオの作り方で展示を見る

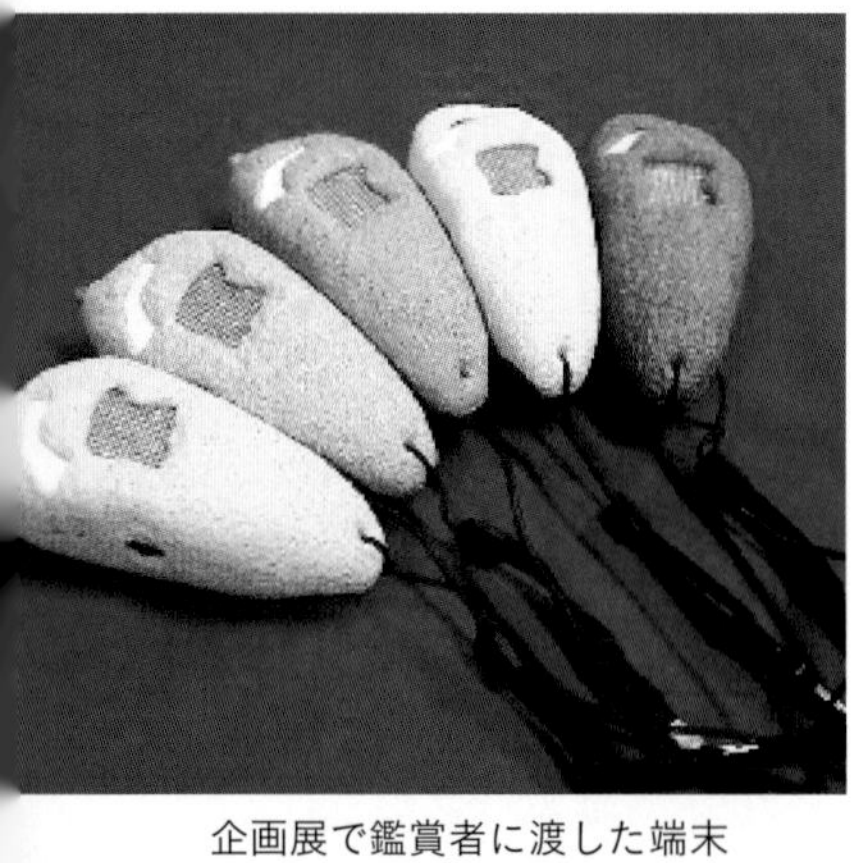

企画展で鑑賞者に渡した端末

順番など参加者の動きがどう変わるかも位置情報を元に分析しました」。「作ったシステムが多くの人の生活の基盤として活用されることはうれしいです。博士課程で社会実装を経験できたのは大きかったですね」

　学位取得後は、高齢者の生活支援ロボットに取り入れる位置情報基盤の構築に取り組んだ。「ここで高齢社会と出会ったことが大きかった」と檜山特任教授。一般に高齢者は「支えられる存在」だと思われているが、知れば知るほど「元気で強く、経験が豊富な人が多い」という印象に変わった。「支えられる存在だと思い込んでいること自体が問題だと思いました。簡単に言えば、少子高齢化社会の多数の高齢者が、少数の若者を支えるようになったら安定した人口ピラミッドの社会になります」

　そこで、働くという形だけでなく、ボランティア、趣味も含めた社会とのつながりを作る活動を通して高齢者の社会参加を促進するプラットフォームを作った。「Ｕｂｅｒではないですが「ＧＢＥＲ（ジーバー）」という名前で、熊本県、福井県、世田谷区、鎌倉市、和光市で自治体と協働して展開しています」

　他にＶＲ関連では、その性質を生かして時間や場所を選ばず、ゲーム感覚でリハビリや認知機能の向上につなげ、人とのつながりを保つサービスを見据えた研究開発に取り組んでいる。

ＶＲくまモンで働き方改革

　教員として先端研に着任して最初の仕事は２０１６年に起きた熊本地震の被災地訪問。ＧＢＥＲでの連携も含め、自身が熊本出身ということ以外にも、牧原学教授が震災アーカイブのプロジェクトに取り組んでいるなど、先端研と熊本との関わりは多くあった。震災の翌年には先端研と熊本県が県の復興をさらなる発展に生かす創造的復興を目指した包括連携協定を結んだ。「先端研教職員の懇親会で牧原先生らと何かくまモンとＶＲを結び付けて熊本県に関連するプロジェクトをやろうと話をしてもいました」。そんな折、熊本県から「くまモン共有空間拡大ラボ（くまラボ）」のフェローとして参画する話をもらったという。ＶＲくまモンの研究開発の本格始動のきっかけだ。

　くまモンに関する研究をするに当

たり、彼にも主体的に研究に関わってもらうことが重要だと考えた。教授会で彼に役職を与える有用性をプレゼンして新しい制度を作り、くまモンは「せんたん研究員」に任命された。同時に先端研の公認マスコットキャラクター「せんタン」が誕生。「くまモンを呼び込むのに、先端研にキャラクターがいないと彼が寂しいだろうと提案しました」

　そうしてくまモンと一緒に研究開発したのが「ＶＲくまモン」。くまモンは一人で世界中を飛び回るので活動に限界がある。「ＶＲくまモンがいれば、いつでも誰でもくまモンと触れ合える環境を作り、くまモンの働き方改革とも言える革新ができると思いました」。１２０台の一眼レフカメラを使ってくまモンを撮影、モーションキャプチャ技術を使ってくまモン体操をはじめとした多くの動きのパターンを３Ｄモデルに変換。この研究に関して熊本でセミナーを開いたり、蒲島知事と話したりする他、ＶＲ好きの集まった東大の学生団体である「ＵＴ－ｖｉｒｔｕａｌ」とＶＲくまモンを用いたコンテンツのデモンストレーションを行い「くまモン誕生祭」などに出席するといった活動をしてきた。新型コロナウイルスに関する規制が緩和された今、改めて研究開発の再開へ気合が入る。

　研究を進めるに当たり難しいのは、くまモンが公務で忙しい上に、先端研に長時間滞在できない点だ。ただ「彼を研究員に任命したことは大きい」と檜山特任教授。毎年6月に開かれる先端研が参加する駒場リサーチキャンパスの公開イベントにもくまモンは来場する。「東大を自分の職場として愛着を持ってくれているようです」。22年度のイベントではくまモンのみならず先端研と連携する自治体のゆるキャラの仲間が集まるなど、今後もイベントを盛り上げることが期待される。

檜山特任教授とくまモンに挟まれるせんタン

くまモンとの研究成果について共同でプレゼン

VRでのふれあいが「バリア」の意味を変える

「バーチャルもリアルなんです。VRコミュニティーは制約がある中でつながりを積極的に保てることに意味があります」。単なるオンラインよりつながっていると感じるだけではなく、リアルのコミュニケーションで人の属性によって生じるバイアスやステレオタイプを除いたり、ユーザー自身の人格もVR空間ではリアルを超えたものとなる可能性があるという。また、高齢者にとっては全てがリアルで行えるとは限らないことも多い。「VR空間という新しい環境に変われば、これまでの『バリア』の意味も変わっていきます」と世代によって異なるVRの立ち位置を踏まえたメリットが挙げられた。

VRの可能性は広い。「学校がVR空間で行われる時、生徒や先生がアバターとしてくまモンのようなキャラクターを選べたら授業での発言しやすさが変わったり、生徒の注目を集めやすくなったりする可能性があります」。他にも、マイノリティーの意見に耳を傾けやすくなったり、学習効果自体も上がったりと、VRくまモンの研究を通じてVRの可能性を広げることも期待される。

行政との連携で生まれる地域愛

熊本県との連携を「くまラボ」以前から取り組んできた檜山特任教授。「住んでいた時以上に熊本県との距離が縮まった気がします」。GBERのアップデートの手掛かりを得るために熊本のコミュニティーに訪問する機会から、くまモンとの共同研究まで「育った街に貢献できることはとてもうれしい」と語る。研究で連携していることで訪れる際も「その地域に受け入れてもらっている感覚がある」と述べる。地元熊本についても「住んでいた時は訪れなかったところに行くようになりましたし、水は豊かで、作物もおいしい、チャレンジする県の姿勢で、半導体工場拠点の建設が進行しているなど、どんどん変わっていく姿が魅力的」と再発見も多い。行政と連携して研究成果が世に広がることも重要だが、研究当事者が、連携する行政に対してどのような印象を作れるかという点も見落としてはならないポイント。心地よく研究ができることで、さらなるモチベーションにつながる。

「研究が社会実装されて新しい産業が増えていけば、日本はもっと元気になると思います。現在日本では、研究で生まれた成果があっても、実際のサービスにまで昇華させる機関が少ないです。学生がベンチャーを立ち上げるのでも良いと思います」。組織の枠に収まるよりは新しいものを生み出すことを重視する。「新しいものを作るスキルは東大生にはあるはずなんです」。檜山特任教授のこれまでの研究での連携を踏まえても、行政とのコラボレーションはその希望となる。「一人で研究はできません。世の中を変えられる研究を真剣にやっていれば、連携する提案を企業や行政の方から提案されるかもしれない」と語る。

受験生には「大学に入って自分がすることを見てくれている誰かがいることを信じて、新しいものを生み出すチャレンジをしてほしい」と述べる。「蒲島知事はよく『皿を割れ』とチャレンジする大切さを訴えています。これまでひたすら取り組んできたことと何が結び付くかは分かりませんが、結果は思いがけない次につながるものです。興味を持ったことを信じて探求してほしいですね」。また、大学という環境について「自分のビジョンを持ってアイデアを伝えられれば、誰かしら見てくれている人がいて、サポートを受けられたりする環境です。理屈抜きにただ『面白い』と盛り上がれるものがあればそれが新しい研究になるかもしれません」とメッセージを届けた。

檜山《ひやま》敦《あつし》 特任教授（東京大学先端科学技術研究センター）

06年東大大学院工学系研究科博士課程修了。博士（工学）。東大大学院情報理工学系研究科特任講師、東大先端科学技術研究センター講師、特任准教授などを経て、22年から現職。先端研の稲見・門内研究室でVRや人間の身体拡張を研究。16年より「くまラボ」のフェローとしても研究をしている。

INTERVIEW

無償でつくる共有空間が生む自発性 夢が叶ったその先で目指すもの

熊本県知事
蒲島郁夫さん

常にくまモンのそばで県政を引っ張っていたのが蒲島郁夫熊本県知事。本特集の締めくくりとして、くまモンを起点に、思い描く社会を蒲島知事がいかに実現しているかについて知ろう。くまモンが県政にもたらした変化、「くまラボ」や「くまモン、帰省中。」といった現行の取り組みで目指す先とは何か。また、現職に至るまで回り道の多い人生を歩み、前職は東大大学院法学政治学研究科教授を務めるなど多様な経験をしてきた蒲島知事に未来の東大生である受験生に期待することを聞いた。

PROFILE ＞ 蒲島《かばしま》郁夫《いくお》 熊本県知事／東大名誉教授
79年米ハーバード大学大学院政治経済学専攻博士課程修了。Ph.D.（政治経済学）。97年より08年まで東大大学院法学政治学研究科教授。08年４月の熊本県知事選に当選、現在４期目。

県政の象徴「くまモン共有空間拡大ラボ」

——くまモンは知事にとってどのような存在ですか。彼は県政にどのような影響を与えましたか

くまモンは成功したキャラクターであると同時に、行政や政治経済学の視点で見てもとてもユニークです。その活躍は経済効果に大きく表れていて、くまモン利用商品の売り上げは2011年からの調査開始から累計で1兆2932億円に上ります。

成功した理由は楽市楽座に基づく、無償の自発的な参加を核とした「くまモンの共有空間」の形成とその無限の膨張を可能にしたことにあると思います。くまモンは国内のイラストの利用許諾でロイヤルティーを一切取りません。これが楽市楽座として起点になります。くまモンを使用した商品やくまモン自身を県内外問わず見かけた時、それをSNSなどで自由に発信できます。それに乗じてファンは増え、最終的に海外のメディアが注目するまでにもなり、結果として、熊本県には多くの幸せと利益が生まれました。くまモンを巡って多くの主体が無償で自発的に参加の連鎖を作り、そこから幸せや利益を得る「場」としてくまモンの共有空間は現実・仮想世界両方に展開しています。もし有償だと、県と使用者で取引は終わり、我々が新たに動かない限りは第三者が主体的に参加して広がることはありません。

くまモンの共有空間には「分権的・開放的・互酬的」という三つの要素があります。この空間は誰の支配も受けず、主体が自由に参加している点で「分権的」です。参加に必要な属性は無く、主体のある誰にでも参加できる「開放性」があります。そして、共有空間の参加者はくまモンを通して何らかの幸せや利益を得ており、それが波及して熊本県にもメリットがある点で「互酬的」です。これは従来の行政が重視していた「指導・管理・規制」という要素よりも、県民の幸福を追求する体制へのパラダイムシフトの可能性を示しています。民間にできないことをするのが行政の役割だとすると「無償で自発的な参加の輪」を作ることこそ行政の果たすべき役割だと考えます。私が掲げる県政の最大目標「県民総幸福量の最大化」においてもくまモンの共有空間は象徴的です。

――**「くまラボ」とはどのような政策ですか。アカデミアと行政の連携の目的は何ですか**

くまラボは「くまモン共有空間拡大ラボ」という正式名称で、民間企業や学府の知見と自由なアイデアを取り入れ、くまモンの共有空間を世界中に広げるために設置しました。2017年度から始まり、企業、大学から21名の研究員がフェローとなっています。

その一つとして先端研によるくまモンの精緻な3Dモデル化、活躍の場をVR空間まで広げるくまモンのVR化の開発があります。成果の3Dくまモンは民間企業の技術と組み合わせ、新しいサービスでの実証実験を県で実施しています。具体的には阿蘇くまもと空港でのくまモンのアバターによるおもてなしや、商店街にくまモンが出現するARコンテンツの体験などですね。

産学官の連携では、それぞれの強みを生かすことで、それぞれ単体では実現できない新しいサービスを生み出すことができます。その連携を結ぶ存在としてくまモンは重要な役割を担っています。

――**「くまモン、帰省中。」は熊本地震からの復興の進行がきっかけとなりましたか。政策の概要とこれまでの経緯や今後の展望を教えてください**

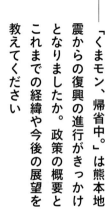

夢で進んだ半生 夢で進む熊本

新しい熊本のイメージを、くまモンを通して全国に発信する動画コンテンツが「くまモン、帰省中。」です。現在も7年前の震災や3年前の球磨川流域での豪雨災害からの復興に取り組む中、単に災害前の姿に戻すのではなく、新たな魅力が生まれる「創造的復興」を進める熊本の姿を発信するために制作しました。天守閣の復旧が完了した熊本城や阿蘇など、被災した地域を中心にデジタル技術を駆使して新しい熊本の魅力を発信しています。熊本を訪れる一つのきっかけになればと考えています。

創造的復興のシンボルである阿蘇くまもと空港の新旅客ターミナルは２０２３年3月に開業しました。これまでの熊本駅、くまモンポート八代の完成と合わせて熊本の陸海空の玄関口が任期中に新しくなりました。県内各地で創造的復興は進んでいますが、災害の記憶や経験、教訓を後世に伝えていくことも、震度7の地震が2回連続で襲った熊本地震を経験した私たちの責務です。県内に点在する震災遺構などを活用した回廊形式の震災ミュージアムの中核拠点として２０２３年5月に県防災センター展示・学習室が、7月に体験・展示施設ＫＩＯＫＵがオープンします。教育旅行や防災研修などで活用し、一人でも多くの方に熊本地震の記憶を伝えていきたいです。

動画は全部で7つ。創造的復興に取り組む熊本に、全国のグッズやポスターから飛び出たくまモンたちが帰省するという内容。

――青年期はどのように過ごしましたか

私は名門高校から東大に一直線に進むようなエリートの人生ではなく、大変な回り道をしてきました。それから得た教訓は、人間の可能性は本当に無限だということです。

生まれたのは熊本県内の稲田村（現山鹿市）という小さな村で、高校を出るまで一度も勉強した記憶はありません。落ちこぼれで、220人中200番台の成績でした。ただ、本は誰よりもたくさん読みました。これが後になって大きな影響を与えました。本を読んで自分の経験していないこと、知らない世界を想像することが自分の夢につながったのではないかと思います。少年時代「小説家になる」「政治家になる」「阿蘇の大平原で牧場を経営する」という3つの夢がありました。

落第すれすれで高校を卒業した後は地元の農協に勤めました。農家に肥料やプロパンガスを配達したり、米の収穫期には俵を担いで、倉庫に搬入するのが仕事でした。ただ、1、2年もすると農協の仕事に向いていないと思うようになり、牧場経営の夢に向け、21歳から2年間派米農業研修生として渡米しました。日本に逃げ帰ることもできず、苦しい仕事内容ではあったのですが、良かったのは、3カ月間、米ネブラスカ大学で学科研修があったことでした。畜産学を学び、生まれて初めて学問の喜びと面白さを実感しました。「大学に入ってもっと勉強したい」と思い、研修が終わったら再渡米してネブラスカ大学に入学しようと考えました。ただ、再渡米に必要な旅費などありません。名古屋の義兄の牛乳販売の配達を半年ほど手伝い旅費を稼ぎました。航空運賃を払うと50ドルだけが手元に残り、後がない中、SATを受験するものの数学や英語はあまりできませんでした。ただ、農業研修の担当教授の強力な推薦を頂き、1学期分の仮入学が認められ、その後はそれ次第で決めるという条件付きで入学を許可されました。これが24歳の時です。仕送りもないので自分が参加したような研修プログラムの通訳や、大学の農場での労働、教授の研究の手伝いなどいろいろなアルバイトをしました。成績が全てAを取れたため、授業料が免除され、奨学金ももらえる上に、学部生のうちから研究をさせてもらえる権利を得ました。繁殖生理学を専攻し、豚の精子の保存の研究をしました。指導教授はこの分野の権威のジーママン教授。豚を何百頭も使って実験をし、学会発表も行いました。教授から大学院に残るように言われ、それが一番楽かもしれないと思いましたが、私にはもう一つの夢がありました。政治を勉強したかったのです。

政治をやるならハーバード大学と決めていた私のために、誘いを断られたにも関わらずジーママン教授は強力な推薦状を書いてくれました。ただ大きな問題として、私は一度も政治学のコースに通ったことがなく、4人家族で大学側の負担が極めて大きかったのです。それでも大学は授業料を免除し、奨学金も給付してくれました。

――ハーバード大学ではどのような勉強をしましたか

最初に履修したのはS・ヴァーバ教授の「民主主義と政治参加」の講義で、これはいつまでも私の主要な研究テーマです。『文明の衝突』で有名なS・ハンティントン教授との出会いは博士論文を全て書き直すほどの衝撃でした。彼の理論を批判する論文をセミナーで提出したところ、投稿するように言われ『ワールド・ポリティクス』という有名な雑誌に掲載されました。教授に認められたことは大変うれしく、政治学者として生きる勇気をもらいました。

当時5、6年はかかると言われていた博士課程を3年9カ月で修了して、これは優秀だったという意味でなく、3年目の奨学金をもらった時に日本へ帰国するチケットを日付を決めて購入していたのです。帰国前日に博士論文を無事提出でき、事なきを得ました。人生にはそういったプレッシャーの必要な時期があると思います。自分で自分にプレッシャーを掛けなければいけないんです。

――研究と行政の両方に携わった蒲島知事から、いろいろな目標を持つ未来の東大生である受験生にメッセージをお願いします

皆さんの中には進路選択で悩んでいる人、希望進路に進めず苦しんでいる人がいると思います。私は24歳で大学に入り、卒業する時にやりたいことが分かって方向転換をしました。人生は本当に何が起こるか分からないんです。可能性を信じ、失敗や方向転換を恐れることなく、夢を持って一生懸命に生きてください。

東大を散歩する

歴史と伝統あるキャンパスを写真で巡る

▼３年ぶりに飲食も解禁された駒場祭

▲駒場Ⅰキャンパスのシンボル１号館

フレッシュな

駒場キャンパス

▶駒場Ⅰキャンパスを東西に貫く銀杏並木

▼駒場Ⅱキャンパスの生産技術研究所

▲東大を象徴する建造物の一つ　赤門

◀参加者で賑わう五月祭

伝統の

本郷キャンパス

▲三四郎池の愛称で親しまれる学生の憩いの場

▲地下にある秘密基地のような中央食堂

▼約130万冊の蔵書を誇る総合図書館

◀広々とした遊歩道と国際的な研究施設群

最先端の

柏キャンパス

▼三四郎池にちなんで名付けられた五六郎池

▶東大、企業、研究施設のオフィスが同居する柏の葉キャンパス駅前サテライト

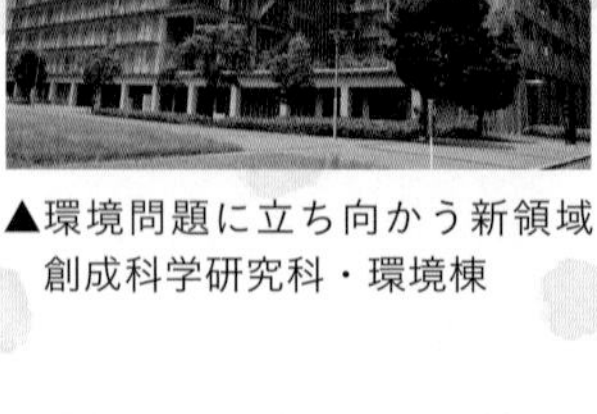

▲環境問題に立ち向かう新領域創成科学研究科・環境棟

進学選択制度紹介

リベラルアーツを重視する
東大ならではの制度「進学選択」。
最先端の授業や研究に触れることで
入学時には想像もしなかった
学部・学科に行く人も多くいる。
科類によって対応する
学部・学科が変わってくるため、
入学前に制度の詳細を知るのも重要な戦略だろう。

進学選択六箇条

東大には10の学部があるが、1~2年生（前期教養課程）は全員教養学部に所属し、3~4年生（後期課程）では多様な学部に分かれる。後期課程に進学する際、自分で後期課程で所属する学部・学科などを決める制度が「進学選択」だ（学部によっては学科の他に類、コースなどが存在するが、以下本文では「学部・学科」と略記する）。

進学先は2年生の8~9月に内定する。後期課程の各学部・学科が、どの科類から何人まで受け入れるかは決まっており、全員が希望通りに進学できるわけではなく、成績上位の人から順に内定する。ここからは進学選択を徹底解説していく。

其の一　指定科類・全科類

進学選択の際、各学部・学科には2種類の定員がある。

一つは「指定科類」。特定の科類（「文Ⅰ・Ⅱ」や「理科」など複数の科類を含むこともある）の人のみが対象となる。文Ⅰなら法学部の、理Ⅰなら工学部などの定員が多く設けられ、これらの学部に進みやすい。行きたい進学先が決まっている人は、そこに進学しやすい科類を受験すると良いだろう。

もう一つは「全科類」。全ての科類の人が対象で、指定科類に比べて受け入れる人数が少ない学部・学科が多い。

指定科類と全科類が両方ある学部・学科では、指定科類で志望して内定しなかった場合、自動的に全科類で振り分けられる。「文Ⅰ→工学部」「理Ⅱ→経済学部」のように、大学に入ってから文転・理転したい人は、主にこの全科類枠を使うことになる。

理転の際に要注意なのが「要求科目」だ。一部の学部・学科で設けられ、その科目の単位を取得していないとそこには進学できない。要求科目の多くは文科生が対象で、理科生にとっては必修であるような理系科目が大半。例えば薬学部の場合「物性化学」「熱力学か化学熱力学」「生命科学か生命科学Ⅰ」から2科目以上の単位取得を文科生に課している。要望科目というものも存在し、これは進学選択で志望する際の必須条件ではないが、進学後の学習のために単位取得が望ましい。

其の二　3段階方式

進学選択は3段階で行われ、まず第1段階で定員の約7割の進学内定者が決まる。残りの約3割は第2段階で決定する。第1段階で進学先が決まった場合、第2段階で志望することはできない。

第3段階は、第2段階までに定数を満たさなかった学部・学科の一部が独自の判断で実施する。第2・第3段階では成績以外の基準を設ける学部・学科もあり、一部の学科は学生の望む学習と実際の教育内容との食い違いを防ぐため、面接や志望理由書を評価に用いている。

其の三 内定者の決め方

第1段階では、第1志望のみ単願で登録。最初に指定科類の志望者のうち、成績上位の人から順に定数まで内定する。次に、指定科類で内定しなかった人と、指定科類以外の科類からの志望者を合わせた人を対象として、全科類で内定者を成績順で決定する。

第2段階では、志望できる学部・学科の数は無制限。学生は志望する進学先全てに順位を付けて登録する。まず指定科類、次に全科類という内定の順番は第1段階と同じ。成績の高い人から内定可能な学部・学科のうち最も志望順位が高いところに内定させる「受入保留アルゴリズム」が特徴だ（図1）。面接や志望理由書を条件とする学部・学科もある。

第3段階は、定数に満たなかった学部・学科が任意で実施。第3志望まで選択でき、面接や志望理由書が課される場合もある。

（図1）第2段階の受入保留アルゴリズムの仕組み

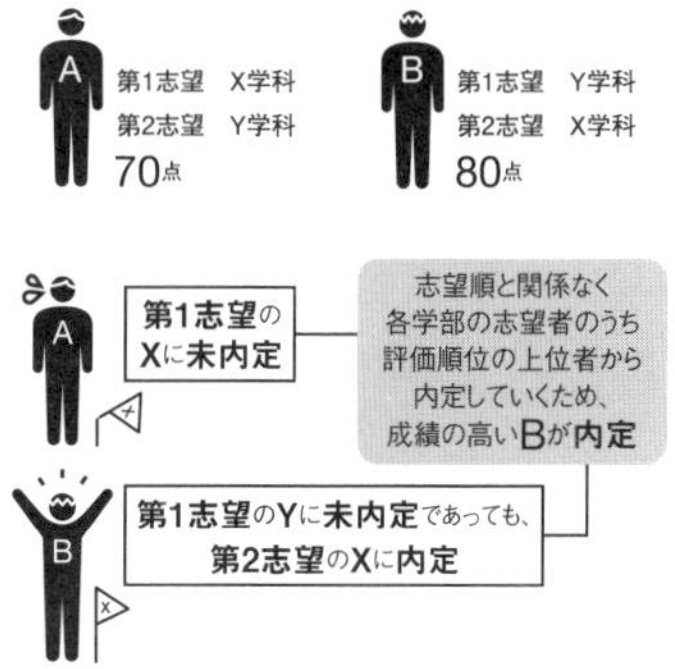

具体例（22年度実施の進学選択の法学部第1段階、188ページの表参照）

第1段階では、まず文Ⅰからの志望者の上位267人と、理科（理Ⅰ〜Ⅲ）からの志望者の上位4人が指定科類枠で内定する。その後、指定科類枠で内定しなかった文Ⅰ・理科からの志望者、指定科類枠のない文Ⅱ・Ⅲからの志望者を全て合わせ、上位12人が全科類枠で内定する。

其の四 成績の出し方

2022年度実施の進学選択（2023年度進学選択）では基本的に、2Sセメスター・S2タームまでに履修した科目の基本平均点が利用される。

基本平均点は、各科目について（単位数×点数）を算出し、その和を取得単位数で割ったもの。各科目の成績は学務システム上で確認することが可能で、優上・優・良・可・不可の5段階評価に応じて点数が付く（表）。

特定科目の点数の比重を重くしたり、上限を超えて取得した単位の科目の点数の比重を軽くしたりする「重率」を用いる学部・学科もある。他にも「指定平均点」という独自の得点計算を行う場合もある。

（表）成績と点数の対応

成績評価	対応する点数	判定
優上	90点以上	合格（単位取得）
優	89〜80点	
良	79〜65点	
可	64〜50点	
不可	49点以下	不合格
欠席	0点	

其の五　スケジュール

1年次

進学選択での成績に算入される科目の多くは、1年次に履修する。進学選択を有利に進める上で重要。進学選択に必要な手続きはないが、要求科目など履修計画には要注意だ。

2年次（図2）

1　4月上旬：『進学選択の手引き』の配布

この冊子上で、その年の進学選択の定員や条件、登録の日時など、詳細なルールが発表される。

2　4月下旬～5月：ガイダンス

各学部・学科のガイダンスが対面やオンライン形式で行われる。教員によるカリキュラムや卒業後の進路の説明、在学生による学生生活の紹介などがある。

3　6月下旬：第1段階定数発表・第1段階進学志望・不志望の登録

2年生は全員が、ウェブサイト上で第1段階の志望先を登録する（進学志望登録）。この段階での志望は後で変更可能。「（進学）不志望」を選択して、9月下旬から1年生のAセメスターに戻る「降年」（詳細は後述）も可能だ。登録を忘れてしまうと自動的に「不志望」扱いとなり、降年となる。

4　7月上旬：第1段階志望集計表発表

進学志望登録が終わると、学部・学科別の志望者数一覧が発表される。志望先、その他の学部・学科における自分の成績順位はウェブサイト上で確認できる。

5　8月下旬：成績確認・第1段階志望登録の変更

2Sセメスター・S2タームの成績が発表され、進学選択で利用する自分の成績が分かる。志望登録変更期間ではこの点数を受け、第1段階の志望登録を変更することが可能だ。進学選択に参加するには、それまでの取得単位数など科類ごとに設けられた条件を満たす必要がある。この条件を満たしていない場合、進学選択に参加できず自動的に降年となる。

6　8月末：第1段階進学内定者発表・第2段階定数発表・第2段階志望登録

第1段階で内定したかどうかが、ウェブサイト上で発表される。ここで内定することができれば進学選択は終了。第2段階は対象外となる。同時に第2段階定数が発表され、未内定者は第2段階の志望を登録する（登録自体は8月上旬から可能）。

7　9月中旬：第2段階進学内定者発表・第3段階定数発表・第3段階志望登録

第2段階で内定すればここで進学選択は終了。第2段階までに定員に達しない学部・学科の一部が第3段階の定数を発表するので、

(図2)進学選択の日程

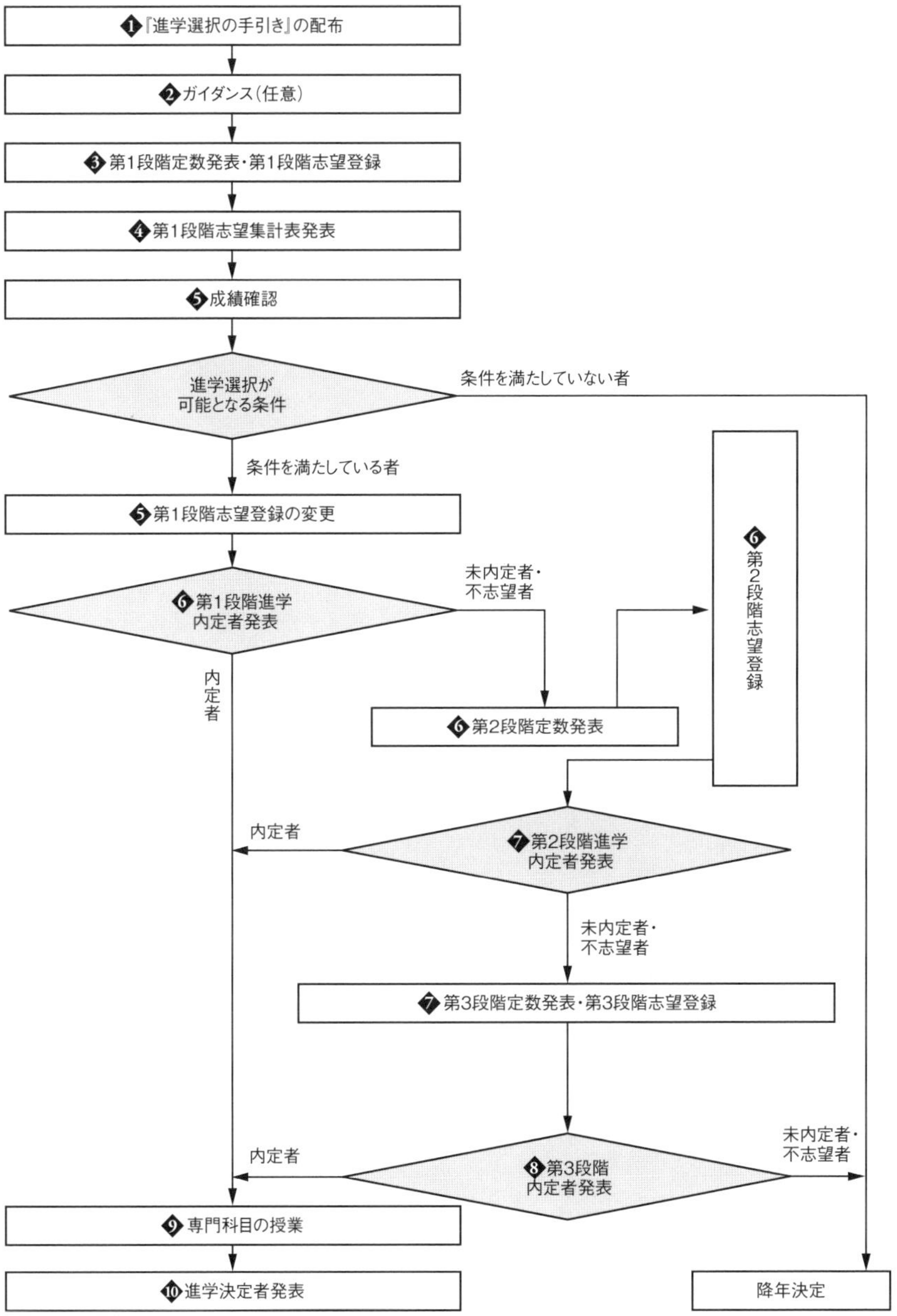

(注)❶〜❿は「其の五・スケジュール」と対応している

末内定者は翌日までに志望登録することになる。

8 9月下旬：第3段階内定者発表

第3段階では第1志望から第3志望まで登録でき、第1志望から順に内定の可否が判定される。第3段階までに内定できなかった場合は降年（詳細は後述）となり、1Aセメスターに戻る。

9 Aセメスター～：専門科目の授業

進学内定者は、それまでの前期教養課程ではなく、内定した後期の学部・学科が開講する「専門科目」を履修する（法学部など一部の学部・学科では4月から専門科目が始まる）。専門科目が本郷で開講される学部・学科もある。

10 3月中旬：進学決定者発表

前期教養課程の修了要件を満たせば、4月から晴れて内定先の学部の3年生になる。修了要件を満たしていない場合には留年することになり、内定も取り消される。

其の六 救済制度

追試験

試験欠席や、不可（100点満点中50点未満）の場合、願い出ることにより理科生の基礎科目を中心とした一部の科目で実施。与えられる点数の上限は原則50点で、医師の診断書などを提出し病気・事故などの不測の事態により試験を欠席したと認められる場合は75点となる。また、不測の事態と認められなければ追試験を受けられない科目もある。

平均合格

初修外国語や数学などの科目で不可があっても、同系統の科目を全て合わせた平均点が50点を超えていれば、全科目の単位を取得できる制度。例えばドイツ語選択の文科生の場合「ドイツ語一列①」「ドイツ語一列②」「ドイツ語二列」のうちどれかが不可でも、3科目の合計点の平均点が50点以上なら三つ全て単位を取得できる。

他クラス聴講・2Aセメスター特修クラス

他クラス聴講は2年生が1年次に単位を取得できなかった必修科目を履修すること。主にSセメスターに1年生のクラスに交じる形で実施される。成績には上限があり、単位が取れないと留年になる。2Aセメスター特修クラスは初修外国語と英語以外の既習外国語で平均合格していない進学内定者が対象。試験に合格することで平均合格したとみなす。

留年・降年

留年とは新年度に同じ学年を繰り返すこと。2Aセメスター終了時に前期教養課程の修了条件を満たしていない場合などがあり、後期課程への内定も取り消される。降年とは2Sセメスター終了時点で進学選択への参加条件を満たしていない場合や、進学先が最後まで決まらなかった場合に、1Aセメスターからやり直すこと。

志望進学先に必要な成績に達するのが厳しいと判断した学生が自主的に留年や降年し、来年度の進学選択に参加する例もある。

何を選ぶ？　何のために選ぶ？

進学選択体験記

（椎野麻悠《しいのまゆ》さん）アプローチを変えても軸は宇宙

文Ｉ→経済学部経営学科

中学の頃から興味のあった宇宙分野に携わる職業に就くのが夢でした。ただ世界史も得意だったので、理系よりは文系かなと。二つの軸を満たせる仕事として、宇宙法の知識を生かせるＪＡＸＡの文系職を見つけ、宇宙法を中心に学ぶべく文Ｉを志望しました。

ただ入学後、法系の基礎科目を受講するうちに自分と法律が合っていないのかなと思うようになりました。一方興味から履修した総合科目の「宇宙科学Ｉ」は宇宙開発などの分野を中心に興味深く、宇宙への憧れは一層強まりました。

転機となったのは宇宙開発フォーラム実行委員会（以下ＳＤＦ）での課外活動です。ＳＤＦで「ビジネス」という宇宙開発への新たなアプローチを知りました。近年の宇宙開発で民間企業が革新的な役割を果たしている現実を目の当たりにし、宇宙開発ベンチャーを起業することに興味が湧きました。

入学後は周りの東大生を「自分よりずっと頭が良い」と言い聞かせ、油断しないよう努めたため、点数面で大きな心配はありませんでした。進学選択の直前まで大変悩みましたが、最後は経営学を学び将来的な起業に生かしたいと経済学部を選択しました。

「やりたいこと」は意外と変化するものです。東大の進学選択制度は、そんな時に大きな助けになります。やりたいことが決まっていない高校生は、目の前の受験勉強を頑張ることが将来の自分に多大な選択肢を残してあげることになるのだと信じ、頑張ってみると良いのではないのでしょうか。

森田明日香《もりたあすか》 さん

椎野さんの志望変化	
1S	興味を軸に履修組む
1A	課外活動を経てビジネスに興味
2S	直前まで迷った進学先　法か経済

椎野麻悠《しいのまゆ》 さん

（森田明日香《もりたあすか》さん）どこに行ってもそこで楽しむ

理Ⅱ→医学部医学科

第1志望は他大学の医学部でしたが、入試当日に面接会場を間違えてしまい、不合格に。結局理Ⅱに進学しました。

医師を志したきっかけは、家族の病気や子供の頃観たドラマ、中高の解剖実習などいろいろです。人との触れ合いを求める気持ち、生命科学への興味、自分の手で何かを成し遂げたいという思いを叶えられるのが医師でした。

駒場で受けた授業の中では「生命科学実験」と「基礎統計」が印象深いです。どちらも現在役に立っています。

進学選択直前まで、医学の次に興味のあった工学部建築学科と迷っていました。第1段階では医学科に行けず、第2段階に進んだのですが、医学科の面接とTLPのメキシコ研修が被ってしまいました。研修へ行きたい気持ちも強かったですが、受験生時代の記憶がよみがえり。今逃げたら後悔すると、面接を受けることを決心しました。

医学科は100人程度でグループワークも多いので非常に仲が良いです。優秀で性格の良い人ばかりで、試験対策は皆で行います。授業も刺激的で、期待外れといったことは全くありません。強いて難点を言うなら教室が古くてコンセントが机にないことくらいですかね（笑）。

卒業後は外科の臨床医になりたいです。臨床だけでは限界があることや医師としての成長を考えると、研究に取り組む必要性も感じます。

点数の高い学科へは情報収集と後悔しないような努力が必要ですが、結局は運に左右されるので、どの学部に進んでも楽しもうという精神が大事です。

小井沼さんの志望変化	
1S	教養学部総合社会科学分科国際関係論コースを志望
1A	文学部言語学専修、教養学部地域文化研究分科アジア・日本研究コース、農学部国際開発農学専修の間で迷う
2S	工学部社会基盤学科か工学部システム創成学科に絞る

小井沼孔心《こいぬまよしむね》 さん

森田さんの志望変化	
1S	医学部志望。工学部建築学科にも興味が
1A	
2S	両者の間で直前まで揺れる

（小井沼孔心《こいぬまよしむね》さん）就職も見据えた選択を

文Ⅲ→工学部システム創成学科Bコース

工学部システム創成学科（以下、シス創）を志望するまでにはかなりの紆《う》余《よ》曲折がありました。元は国際関係論に関心があったのですが、授業を履修して理論の勉強ではなく実地で活動したいと考えるようになりました。

国連に行きたかったのでそのためにどうすれば良いかを考え、強みになる専門分野、つまり実践的な知識が必要だと思いました。そこで、実地のスキルを得られる農学部の国際開発農学や工学部社会基盤学科に興味を持ち、理転の選択肢が視野に入るようになりました。ただ言語への興味も捨てがたく文学部人文学科の言語学専修と、中国語選択だったので教養学部地域文化研究分科のアジア・日本研究コースも検討はしましたが、結局実学を選ぶことにしました。理系の学問だけでなく経済学も学べる対象分野の幅広い工学部のシス創が最も良いだろうと考えました。

シス創は3コースありBコースはとにかく広範囲のシステムを扱い、津波のシミュレーションから金融市場の分析まで行います。実験がない分、1セメスターに週3～6コマ分の必修があります。対象領域が広いので必修の内容も幅広く、どれもグループワークが多いです。

前期教養課程では数学を取っておけばよかったと後悔しています。苦手で避けていましたが、追い出しもできるので少しでも経済系や理系に関心があれば履修するべきです。進学後苦労します。

就職率は工学部にしては多く3割程度ですが、私は院も視野に入れています。専門はまだ未定です。

進学選択で文理の壁を越えられるか？
理転・文転した人にインタビュー

進学選択で理転・文転をするには高い成績が必要になるなど、通常より困難な条件を達成しなければならないことも多い。本記事では、理転・文転を経験した学生がどのような決断をし、進学後はどのように過ごしているのかを取材した。（学年は２０２２年３月取材当時）

気持ちに素直な選択を あとは突き進むだけ

文Ⅱ→工学部電子情報工学科

乗濵駿平《のりはましゅんぺい》 さん
工学部電子情報工学科
3年

——理転の理由は

当初は経営やマネジメントに興味があり、経済学部への進学に有利な文Ⅱに入学しました。しかし、東大の産学協創推進本部が行うSummer Founders Programに1年次の夏に参加して、聴覚障害者向けの文字起こしソフトの開発・改善に携わったときに、同世代の理系の学生の技術力に圧倒されて……。実行可能な課題解決手法をあまり持っていなかった私は、技術の力で目に見える形で社会に影響を与える理系の学生のことをかっこいいと思いました。そのプログラムを運営している先生の一人に「理転しなよ」と軽い感じで言われ、話を聞いてみたらその先生も文系から理転していたので「理転という選択肢も面白いかもしれない」という気になりました。

——実際に理転をした感想は

後悔を恐れる前に 一歩踏み出す勇気

理Ⅱ→法学部第Ⅰ類（法学総合コース）

石川皓大《いしかわこうだい》 さん
法学部第Ⅰ類
3年

——文転の理由は

数学が苦手ではなく、やりたいことが見つかった時に理転より文転の方がしやすいと考え、高校時代は理系を選びました。思えば当時から入学後に文転することも頭の片隅にあった気がします。東大では文Ⅰから理Ⅲまでいる既習外国語クラスに所属したことで、文系の学生ともクラスメートでした。1Aセメスターの時に、ある授業が休講になり、同じクラスの文Ⅰの学生が受ける法の授業に出たことがきっかけで法学部への興味が湧きました。そこから法学の本を読み、さらに関心を深め、文Ⅰの友人からも「理系から法学部に行っても大丈夫」というお墨付きをもらったので、進学する決意を固めました。

——文転をする上で大変だったことは

要求科目はなかったのですが、全科類枠が文Ⅲの学生に占められる勢いで理転を決めた部分もあり、勉強面で苦しんだことはもちろんありました。物理など理系の学生が繰り返し学んできたことを自分は初めて学びますし、想像以上に予習や課題に時間はかかります。ただ覚悟は決まっていたので、理系の友人を頼りながら食らいついていきましたね。理転した同期が学科に5人いて、自分たちを対象に学科が大学院生による補習をしてくれたことも助かりました。

――文系の学生だった経験が生きる場面は

文理がどこまで関係あるのかは分かりませんが、例えば、学科の学生の多くはプログラミングをして指示をこなすことには長けていても、自身の持っている技術力をどう社会に応用させるかにはあまり興味がないように感じます。一方自分は、社会や人の在り方に強く関心があり、今ある技術をどのように社会に応用するかということに常にアンテナを張っているため、根本となる考え方は違うかもしれません。今後はエンジニアとしての自身の腕を磨きつつ、同期の優れた技術と社会問題をマッチングして解決に導くことを実践していきたいです。

――文理や科類決めを悩んでいる受験生にメッセージを

自分の気持ちに素直になってください。「大変そう」「周りがそっちに行くから」といった理由で進路を決めると、その道が好きで進んだ人には勝てません。逆に挑戦する覚悟が一度決まれば、あとはひたすら突き進むことができます。ですから、将来の進路を決めることは勉強する手を一度止めてでもやった方がいいと思います。ぜひ具体的な研究室や研究内容も調べながら、自分の進む道を決断してください。

傾向があることや、理科から法学部への指定科類枠が6人分しかなく、通る人数が少ないため志望する個々人の成績がもろに底点に影響を与え、過去のデータが信用できないという悩みがありました。そのためどれだけ点数を取っても法学部に行けない可能性があるという不安から2Sセメスターは落ち着いて勉強ができなかったです。

――文転後に自身の想定と異なることは

意外と予想通りですね。法学部の授業だけで法律の体系を網羅することが可能なカリキュラムが組まれていて、大学受験での文系の知識が法学を学ぶ上で必須というわけでもないので、文転してもすぐに授業に順応できました。

――理系の学生だった経験が生きる場面は

直接理系の知識が生きる場面はあまりないです。法学の授業では微分・積分しないですし(笑)。間接的なことでしたら、例えば「集合と論理」や「演繹と帰納」といった考え方を受験生時代から常に使っていたので、そういった点が法学的な思考に生きているかもしれません。

――文理や科類決めを悩んでいる受験生にメッセージを

自分のやりたいことが簡単に見つからないのは意外と普通のことだと思います。ただどこかで決断する必要はありますし、どのような進路を選ぼうと、進んだ先で楽しいことは必ずあります。「この決断で後悔しないだろうか」とずっと思い悩んでいるなら、勇気を持って一歩踏み出してみるのも良いかもしれませんよ。

2023年度 進学選択データ（2022年度実施）

(1) 定数内の人数、志望登録した人数を表示している。
定数内の人数の内、最低点が同点の場合は定数を超えて内定する。

《定数内の人数の見方（例）》

100	←その学部・学科等を志望登録した人数。
65　2	←その学部・学科等の定数内の人数。

この例の場合、その学部・学科等の内定の人数が65人、最低点が同点の内定の人数が２人であることを示す。

(2) 外国人留学生《日本政府（文部科学省）奨学金留学生、外国政府派遣留学生、日韓共同理工系学部留学生、外国学校卒業学生特別選考第一種、公益財団法人日本台湾交流協会学部留学生》、PEAK 生及び推薦入学者は集計には算入していない。

(3) 経済学部の進学選択準則に記載されている「文Ⅱ以外からの進学内定者は、各科類の基本科類定数の６％を上限とする」にあたる数は次のとおり。
文Ⅰ25名、文Ⅲ30名、理Ⅰ69名、理Ⅱ34名、理Ⅲ６名。

第Ⅰ段階 進学内定者数

法学部	定数			内定者数											
	第Ⅰ段階定数			指定科類						全科類					
	指定科類		全科類	文科			理科			文科			理科		
	文Ⅰ	理科		文Ⅰ	文Ⅱ	文Ⅲ	理Ⅰ	理Ⅱ	理Ⅲ	文Ⅰ	文Ⅱ	文Ⅲ	理Ⅰ	理Ⅱ	理Ⅲ
	267	4	12	310 267			5 3	5 1		43	4	37 12	2	4	

経済学部 ※【注記】(3)を参照	定数			内定者数											
	第Ⅰ段階定数			指定科類						全科類					
	指定科類		全科類	文科			理科			文科			理科		
	文Ⅱ	理科		文Ⅰ	文Ⅱ	文Ⅲ	理Ⅰ	理Ⅱ	理Ⅲ	文Ⅰ	文Ⅱ	文Ⅲ	理Ⅰ	理Ⅱ	理Ⅲ
	187	7	42		282 187		9 2	13 5		20 10	95	41 30	7 2	8	

文学部	定数		内定者数											
	第Ⅰ段階定数		指定科類						全科類					
	指定科類	全科類	文科			理科			文科			理科		
	文Ⅲ		文Ⅰ	文Ⅱ	文Ⅲ	理Ⅰ	理Ⅱ	理Ⅲ	文Ⅰ	文Ⅱ	文Ⅲ	理Ⅰ	理Ⅱ	理Ⅲ
A群(思想文化)	35	9			39 35				7 6	3 2	4	2	6 1	
B群(歴史文化・日本史学)	15	2			15 15				1 1					
C群(歴史文化・東洋史学)	13	2			7 7									
D群(歴史文化・西洋史学)	16	2			8 8					1 1			1 1	
E群(歴史文化・考古学)	4	1			4 4									
F群(歴史文化・美術史学)	8	2			7 7					1 1				
G群(言語文化)	59	14			54 54				3 3	4 4		5 5	3 2	
H群(心理学)	15	2			22 15				1 1	1	7		4 1	
I群(社会心理学)	12	2			18 12					6 1	6 1			
J群(社会学)	25	8			40 25				1 1	3 3	15 4	2	2	
	文学部合計		0	0	182	0	0	0	12	12	5	5	5	0

教育学部	定数			内定者数											
	第1段階定数			指定科類						全科類					
	指定科類		全科類	文科			理科			文科			理科		
	文III	理科		文I	文II	文III	理I	理II	理III	文I	文II	文III	理I	理II	理III
基礎教育学	9		3			8 8				1 1	1 1		2 	1 1	
比較教育社会学	7		3			17 7					1 	10 2	1 1		
教育実践・政策学	11		5			14 11				2 2		3 1		2 2	
教育心理学	9	2	3			15 9	4 2	1 		3 2		6 1	2 	1 	
身体教育学			11									2 2		1 1	
		教育学部合計		0	0	35	2	0	0	5	1	6	1	4	0

教養学部	定数				内定者数											
	第1段階定数				指定科類						全科類					
	指定科類			全科類	文科			理科			文科			理科		
	文I・II	文III	理科		文I	文II	文III	理I	理II	理III	文I	文II	文III	理I	理II	理III
超域文化科学	6	12		5	9 6	7 	25 12				3 	7 	13 3	2 1		1 1
地域文化研究	8	12		2	3 3	6 5	27 12					1 	15 	1 1	1 1	
総合社会科学	11	10		1	15 9	7 2	9 9				6 1	5 				
数理自然科学			6	1				7 4	2 2				1 1	3 		
物質基礎科学			12					5 5	4 4							
統合生命科学			11	3				2 2	5 5				2 2			
認知行動科学	3		3		1 		4 3	3 1	3 2							
スポーツ科学			2					1 1	3 1							
学際科学科A群 (科学技術論、地理・空間)	5		3		3 	2 	11 5	2 2	1 1							
学際科学科B群 (総合情報学、広域システム)	2		5	2	1 	4 1	3 1	3 2	4 3		1 	3 1	2 1	1 	1 	
国際日本研究コース				3								1 	3 2		2 1	
国際環境学コース				3							1 1			2 1	2 1	
			教養学部合計		18	8	42	17	18	0	2	1	9	3	3	1

工学部	定数			内定者数											
	第Ⅰ段階定数			指定科類						全科類					
	指定科類		全科類	文科			理科			文科			理科		
	理Ⅰ	理Ⅱ・Ⅲ		文Ⅰ	文Ⅱ	文Ⅲ	理Ⅰ	理Ⅱ	理Ⅲ	文Ⅰ	文Ⅱ	文Ⅲ	理Ⅰ	理Ⅱ	理Ⅲ
社会基盤学A	11	1	1				23 11	5 1					12	4 1	
社会基盤学B	10		3				18 10			3 2	1 1		8		
社会基盤学C	3		3				2 2				1 1			1 1	
建築学	34		6				48 34			2 2	2	1	14	8 4	
都市環境工学	6	3	3				5 5	8 3				2 1		5 2	
都市計画	15		6				26 15			5 3	2 1	6 1	11	3 1	
機械工学A	56	2	2				94 56	5 2			1 1		38	3 1	
機械工学B	26		1				43 26						17	1 1	
航空宇宙学	34	1					64 34	3 1							
精密工学	24	3	3				53 25 2	16 3					28	13 3	
電子情報工学	29		8				63 29				3 2	1	34 1 1	8 6 1	
電気電子工学	30		9				61 32 4				1 1	2	29	11 8	
応用物理・物理工学	32		3				46 32						14	5 3	
計数工学・数理／システム情報	32	3	2				51 32	10 3		2 2	1	1	19	7	
マテリアル工学A	6	10	3				3 3	6 4						2	
マテリアル工学B	16						6 6	4 1			1 1			3 1	
マテリアル工学C	16						3 3	9 5				1 1		4	
応用化学	29	5					25 25	9 5							
化学システム工学	22	6	3				30 22	12 6			1 1		8	6 2	
化学生命工学	19	13	1				29 19	21 13		1 1			10	8	
システム創成A	19	4	4				27 19	13 4	1		1 1	1	8	9 3	1
システム創成B	21		5				57 22 2			1	2 2	1 1	35	9 2	
システム創成C	23	2	4				43 23	4 2		1 1	4 2		20	2 1	
		工学部合計		0	0	0	485	53	0	11	14	4	1	40	0

理学部	定数			内定者数											
	第1段階定数			指定科類						全科類					
	指定科類		全科類	文科			理科			文科			理科		
	理Ⅰ	理Ⅱ・Ⅲ		文Ⅰ	文Ⅱ	文Ⅲ	理Ⅰ	理Ⅱ	理Ⅲ	文Ⅰ	文Ⅱ	文Ⅲ	理Ⅰ	理Ⅱ	理Ⅲ
数学	28		3				55 28						27 1	6 2	1
情報科学	15		4				25 15						10 2	2 2	
物理学	39		5				59 39						20 3	7 2	
天文学	5		1				11 5						6 1	3	
地球惑星物理学	17		5				28 17				1 1	1	11	13 4	
地球惑星環境学	10		3				11 9	5 1					2 2	4 1	
化学	17	10	5				23 17	16 10					6 3	6 2	
生物化学	13		1				7 2	16 11					5 1	5	
生物情報科学	5		1				5 3	5 2					2	3 1	
生物学	10		2				1	18 10					1	8 2	
	理学部合計			0	0	0	136	34	0	0	1	0	13	16	0

農学部	定数				内定者数											
	第1段階定数				指定科類						全科類					
	指定科類			全科類	文科			理科			文科			理科		
	理Ⅱ	理Ⅰ・Ⅲ	文科		文Ⅰ	文Ⅱ	文Ⅲ	理Ⅰ	理Ⅱ	理Ⅲ	文Ⅰ	文Ⅱ	文Ⅲ	理Ⅰ	理Ⅱ	理Ⅲ
生命化学・工学	42			12					32 32					4 4		
応用生物学	10			9					8 8				1 1	1 1		
森林生物科学	4			2					2 2					1 1		
水圏生物科学	7			3					9 7					2 1	2 2	
動物生命システム科学	4			3					6 4				1 1		2 2	
生物素材化学	7							2 2	6 5							
緑地環境学	2			2					5 2		1 1	1			3 1	
森林環境資源科学	6			4					4 4			1 1	4 3	2 2		
木質構造科学	5							2 2	6 3							
生物・環境工学	11	5		2					5 5							
農業・資源経済学		15	7			3 1	6 6	5 4	15 11							
フィールド科学	4			2					7 4				1 1		3 1	
国際開発農学	9			4				1 1	6 6			2 1	6 5			
獣医学課程獣医学	19			3					28 19				3 2	1 1	9	
			農学部合計		0	1	6	9	112	0	1	2	13	10	6	0

薬学部	定数			内定者数											
	第Ⅰ段階定数			指定科類						全科類					
	指定科類		全科類	文科			理科			文科			理科		
	理Ⅰ・Ⅲ	理Ⅱ		文Ⅰ	文Ⅱ	文Ⅲ	理Ⅰ	理Ⅱ	理Ⅲ	文Ⅰ	文Ⅱ	文Ⅲ	理Ⅰ	理Ⅱ	理Ⅲ
	16	30	8				20 16	64 30			1 1	1 1	4	34 6	

医学部	定数				内定者数											
	第Ⅰ段階定数				指定科類						全科類					
	指定科類			全科類	文科			理科			文科			理科		
	理Ⅱ	理Ⅲ	理科		文Ⅰ	文Ⅱ	文Ⅲ	理Ⅰ	理Ⅱ	理Ⅲ	文Ⅰ	文Ⅱ	文Ⅲ	理Ⅰ	理Ⅱ	理Ⅲ
医学科	6	67		1					18 7 2	92 67	4 1			3	11	25
健康総合科学科			11	18				2 2	3 3		1 1	1 1	5 5			
				医学部合計	0	0	0	2	10	67	2	1	5	0	0	0

第2段階 進学内定者数

法学部	定数				内定者数											
	第2段階定数				指定科類						全科類					
	指定科類			全科類	文科			理科			文科			理科		
	文Ⅰ	文Ⅱ・Ⅲ	理科		文Ⅰ	文Ⅱ	文Ⅲ	理Ⅰ	理Ⅱ	理Ⅲ	文Ⅰ	文Ⅱ	文Ⅲ	理Ⅰ	理Ⅱ	理Ⅲ
	80	2	2	43	77 58	43	70 2	28 1	38 1		19	43 5	68 33	27 1	37 4	

経済学部	定数			内定者数											
	第2段階定数			指定科類						全科類					
	指定科類		全科類	文科			理科			文科			理科		
	文Ⅱ	理科		文Ⅰ	文Ⅱ	文Ⅲ	理Ⅰ	理Ⅱ	理Ⅲ	文Ⅰ	文Ⅱ	文Ⅲ	理Ⅰ	理Ⅱ	理Ⅲ
	85	3	18		132 85		73 1	70 2		32 8	47		72 4	68 6	

文学部	定数		内定者数											
	第2段階定数		指定科類						全科類					
	指定科類	全科類	文科			理科			文科			理科		
	文Ⅲ		文Ⅰ	文Ⅱ	文Ⅲ	理Ⅰ	理Ⅱ	理Ⅲ	文Ⅰ	文Ⅱ	文Ⅲ	理Ⅰ	理Ⅱ	理Ⅲ
A群 (思想文化)	9	12			60 8				7 1	32 3	52	17 3	13 5	
B群 (歴史文化・日本史学)	3	5			26 1				4 1	21 1	25	9 1	5	
C群 (歴史文化・東洋史学)	10	6			29 2				3	16	27	6 1	3	
D群 (歴史文化・西洋史学)	11	4			37 2				6	22 3	35	7 1	6	
E群 (歴史文化・考古学)	3	3			22				7	8	22	6	6	
F群 (歴史文化・美術史学)	3	3			20 1				3	10	19	4	5 1	
G群 (言語文化)	20	15			66 5				12	36 8	61	25 4	17 3	
H群 (心理学)	2	4			73 2				8 1	45	71 1	22 1	24 1	
I群 (社会心理学)	3	3			62 3				9	45 3	59	17	16	
J群 (社会学)	9	7			90 9				17 1	55 1	81 3	17 1	17 1	
		文学部合計	0	0	33	0	0	0	4	19	4	12	11	0

教育学部	定数			内定者数											
	第2段階定数			指定科類						全科類					
	指定科類		全科類	文科			理科			文科			理科		
	文Ⅲ	理科		文Ⅰ	文Ⅱ	文Ⅲ	理Ⅰ	理Ⅱ	理Ⅲ	文Ⅰ	文Ⅱ	文Ⅲ	理Ⅰ	理Ⅱ	理Ⅲ
基礎教育学	5		3			15 4					1	11	2	2	
比較教育社会学	3		2			15 3					5 1	12 1	1	1	
教育実践・政策学	4		4			21 4				1	2	17 2	2	4 1	
教育心理学	4	2	1			20 4	5 2	5			1	16 1	3	5	
身体教育学			13							1	5 1	5	1 1	1	
		教育学部合計		0	0	15	2	0	0	0	2	4	1	1	0

教養学部	定数				内定者数											
	第2段階定数				指定科類						全科類					
	指定科類			全科類	文科			理科			文科			理科		
	文Ⅰ・Ⅱ	文Ⅲ	理科		文Ⅰ	文Ⅱ	文Ⅲ	理Ⅰ	理Ⅱ	理Ⅲ	文Ⅰ	文Ⅱ	文Ⅲ	理Ⅰ	理Ⅱ	理Ⅲ
超域文化科学	2	9		1	9	24 2	46 9				9	22 1	37	8	10	
地域文化研究	3	6		2	8 2	23 1	42 6				6	22	36 2	5	6	
総合社会科学	8	2		1	15 4	26 4	37 2				11 1	22	35	7	8	
数理自然科学			2					60	12 2							
物質基礎科学			10					59 8	23 2							
統合生命科学			8	1				22 2	24 4		3 1		5	20	20	
認知行動科学	1		1		5	11	12 1	29 1	17							
スポーツ科学			1					8 1	5							
学際科学科A群 (科学技術論、地理・空間)	4		1		8 2	9	25 2	16	12 1							
学際科学科B群 (総合情報学、広域システム)	1		3		4	7	11 1	38 2	16 1							
国際日本研究コース				2							1	2	11 2	2	4	
国際環境学コース				2								4 1	4 1	5	3	
		教養学部合計			8	7	21	14	10	0	2	2	5	0	0	0

工学部	定数			内定者数											
	第２段階定数			指定科類						全科類					
	指定科類		全科類	文科			理科			文科			理科		
	理Ⅰ	理Ⅱ・Ⅲ		文Ⅰ	文Ⅱ	文Ⅲ	理Ⅰ	理Ⅱ	理Ⅲ	文Ⅰ	文Ⅱ	文Ⅲ	理Ⅰ	理Ⅱ	理Ⅲ
社会基盤学A	7	0	0				92 7								
社会基盤学B	6		0				79 6								
社会基盤学C	4		1				56 4			2 1	3	3	52	17	
建築学	13		4				104 13				5 1	6 1	91	37 2	
都市環境工学	4	0	3				58 4			1	7	9	54	30 3	
都市計画	8		4				91 8			4	5 1	9 3	83	32	
機械工学A	31	0	0				206 31								
機械工学B	13		0				172 13								
航空宇宙学	18	0					117 18								
精密工学	11	0	3				200 11				4 1	3	189	43 2	
電子情報工学	20		2				161 20				3	3 1	141	31 1	1
電気電子工学	20		2				190 20				3 1	4	170	42 1	1
応用物理・物理工学	14		3				114 14				1		100	30 3	
計数工学・数理／システム情報	18	0	3				120 18			1	3 1	3 1	102	25 1	
マテリアル工学A	9						87 9	47 1			1	2	78	46	
マテリアル工学B	17	2	2				107 17	33			4	2	90	33 1	
マテリアル工学C	21						129 21	40 1			1	3	108	39 1	
応用化学	14	4	3				70 14	43 4					56	39 3	
化学システム工学	11	3	0				89 11	56 3							
化学生命工学	5	7	4				53 5	54 7		1	1	1	48 3	47 1	
システム創成A	12	2					153 12	50 2			1	6	141	48	
システム創成B	11		3				170 11				4	5	159	37 1	
システム創成C	12	2					166 12	34 2		2	6 2	4	154	32	
		工学部合計		0	0	0	299	20	0	1	7	6	3	20	0

<table>
<tr><th rowspan="4">理学部</th><th colspan="2">定数</th><th colspan="12">内定者数</th></tr>
<tr><th colspan="2">第2段階定数</th><th colspan="6">指定科類</th><th colspan="6">全科類</th></tr>
<tr><th>指定科類</th><th rowspan="2">全科類</th><th colspan="3">文科</th><th colspan="3">理科</th><th colspan="3">文科</th><th colspan="3">理科</th></tr>
<tr><th>理科</th><th>文Ⅰ</th><th>文Ⅱ</th><th>文Ⅲ</th><th>理Ⅰ</th><th>理Ⅱ</th><th>理Ⅲ</th><th>文Ⅰ</th><th>文Ⅱ</th><th>文Ⅲ</th><th>理Ⅰ</th><th>理Ⅱ</th><th>理Ⅲ</th></tr>
<tr><td>数学</td><td>0</td><td>13</td><td></td><td></td><td></td><td></td><td></td><td></td><td></td><td></td><td></td><td>68
12</td><td>17
1</td><td>1</td></tr>
<tr><td>情報科学</td><td>0</td><td>10</td><td></td><td></td><td></td><td></td><td></td><td></td><td></td><td></td><td></td><td>74
8</td><td>25
2</td><td>1</td></tr>
<tr><td>物理学</td><td>0</td><td>21</td><td></td><td></td><td></td><td></td><td></td><td></td><td></td><td></td><td></td><td>95
18</td><td>32
3</td><td></td></tr>
<tr><td>天文学</td><td>0</td><td>4</td><td></td><td></td><td></td><td></td><td></td><td></td><td></td><td></td><td></td><td>46
2</td><td>20
2</td><td></td></tr>
<tr><td>地球惑星物理学</td><td>0</td><td>10</td><td></td><td></td><td></td><td></td><td></td><td></td><td></td><td></td><td>1</td><td>74
3</td><td>41
7</td><td></td></tr>
<tr><td>地球惑星環境学</td><td>3</td><td>2</td><td></td><td></td><td></td><td>44</td><td>42
3</td><td></td><td>1</td><td></td><td>1</td><td>44</td><td>39
2</td><td></td></tr>
<tr><td>化学</td><td>13</td><td></td><td></td><td></td><td></td><td>54
6</td><td>59
7</td><td></td><td></td><td></td><td></td><td></td><td></td><td></td></tr>
<tr><td>生物化学</td><td>6</td><td></td><td></td><td></td><td></td><td>27
1</td><td>42
5</td><td></td><td></td><td></td><td></td><td></td><td></td><td></td></tr>
<tr><td>生物情報科学</td><td>5</td><td></td><td></td><td></td><td></td><td>29
3</td><td>26
2</td><td></td><td></td><td></td><td></td><td></td><td></td><td></td></tr>
<tr><td>生物学</td><td>0</td><td>10</td><td></td><td></td><td></td><td></td><td></td><td></td><td></td><td></td><td></td><td>15
2</td><td>37
8</td><td></td></tr>
<tr><td></td><td></td><td>理学部合計</td><td>0</td><td>0</td><td>0</td><td>10</td><td>17</td><td>0</td><td>0</td><td>0</td><td>0</td><td>45</td><td>25</td><td>0</td></tr>
</table>

<table>
<tr><th rowspan="4">農学部</th><th colspan="3">定数</th><th colspan="12">内定者数</th></tr>
<tr><th colspan="3">第2段階定数</th><th colspan="6">指定科類</th><th colspan="6">全科類</th></tr>
<tr><th colspan="2">指定科類</th><th rowspan="2">全科類</th><th colspan="3">文科</th><th colspan="3">理科</th><th colspan="3">文科</th><th colspan="3">理科</th></tr>
<tr><th>理科</th><th>文科</th><th>文Ⅰ</th><th>文Ⅱ</th><th>文Ⅲ</th><th>理Ⅰ</th><th>理Ⅱ</th><th>理Ⅲ</th><th>文Ⅰ</th><th>文Ⅱ</th><th>文Ⅲ</th><th>理Ⅰ</th><th>理Ⅱ</th><th>理Ⅲ</th></tr>
<tr><td>生命化学・工学</td><td>38</td><td></td><td>4</td><td></td><td></td><td></td><td>29
3</td><td>64
13</td><td></td><td>1</td><td></td><td></td><td>26</td><td>51</td><td></td></tr>
<tr><td>応用生物学</td><td>8</td><td></td><td>9</td><td></td><td></td><td></td><td>14</td><td>36
2</td><td></td><td>1</td><td>2</td><td>4</td><td>14</td><td>34</td><td></td></tr>
<tr><td>森林生物科学</td><td>2</td><td></td><td>5</td><td></td><td></td><td></td><td>9
1</td><td>23
1</td><td></td><td>1</td><td>3
1</td><td>4
1</td><td>8</td><td>22</td><td></td></tr>
<tr><td>水圏生物科学</td><td>3</td><td></td><td>3</td><td></td><td></td><td></td><td>15
1</td><td>38
2</td><td></td><td>2</td><td>4
1</td><td>3</td><td>14
1</td><td>36</td><td></td></tr>
<tr><td>動物生命システム科学</td><td>2</td><td></td><td></td><td></td><td></td><td></td><td>12
1</td><td>32
1</td><td></td><td></td><td></td><td></td><td></td><td></td><td></td></tr>
<tr><td>生物素材化学</td><td>4</td><td></td><td></td><td></td><td></td><td></td><td>13</td><td>35
2</td><td></td><td></td><td></td><td></td><td></td><td></td><td></td></tr>
<tr><td>緑地環境学</td><td>2</td><td></td><td>0</td><td></td><td></td><td></td><td>11</td><td>22
2</td><td></td><td></td><td></td><td></td><td></td><td></td><td></td></tr>
<tr><td>森林環境資源科学</td><td>1</td><td></td><td>3</td><td></td><td></td><td></td><td>13</td><td>23
1</td><td></td><td>1</td><td>8
1</td><td>5</td><td>13</td><td>22
2</td><td></td></tr>
<tr><td>木質構造科学</td><td>2</td><td></td><td>1</td><td></td><td></td><td></td><td>20</td><td>28
2</td><td></td><td></td><td></td><td></td><td>20</td><td>26
1</td><td></td></tr>
<tr><td>生物・環境工学</td><td>5</td><td>1</td><td>15</td><td>1</td><td>6</td><td>3</td><td>18
1</td><td>37
4</td><td></td><td>1</td><td>6</td><td>3</td><td>17</td><td>33
4</td><td></td></tr>
<tr><td>農業・資源経済学</td><td>7</td><td>4</td><td></td><td>6</td><td>53
2</td><td>27
2</td><td>25
1</td><td>64
6</td><td></td><td></td><td></td><td></td><td></td><td></td><td></td></tr>
<tr><td>フィールド科学</td><td>2</td><td></td><td>1</td><td></td><td></td><td></td><td>14</td><td>36
2</td><td></td><td></td><td>2</td><td>7</td><td>14
1</td><td>34</td><td></td></tr>
<tr><td>国際開発農学</td><td>3</td><td></td><td>5</td><td></td><td></td><td></td><td>11</td><td>42
3</td><td></td><td>5</td><td>11</td><td>17
1</td><td>11
1</td><td>39
3</td><td></td></tr>
<tr><td>獣医学課程獣医学</td><td>8</td><td></td><td></td><td></td><td></td><td></td><td>9</td><td>27
8</td><td></td><td></td><td></td><td></td><td></td><td></td><td></td></tr>
<tr><td></td><td></td><td></td><td>農学部合計</td><td>0</td><td>2</td><td>2</td><td>8</td><td>49</td><td>0</td><td>0</td><td>3</td><td>2</td><td>3</td><td>10</td><td>0</td></tr>
</table>

薬学部	定数		内定者数											
	第２段階定数		指定科類						全科類					
	指定科類	全科類	文科			理科			文科			理科		
	理科		文Ⅰ	文Ⅱ	文Ⅲ	理Ⅰ	理Ⅱ	理Ⅲ	文Ⅰ	文Ⅱ	文Ⅲ	理Ⅰ	理Ⅱ	理Ⅲ
	29					39 2	80 27							

医学部	定数				内定者数											
	第２段階定数				指定科類						全科類					
	指定科類			全科類	文科			理科			文科			理科		
	理Ⅱ	理Ⅲ	理科		文Ⅰ	文Ⅱ	文Ⅲ	理Ⅰ	理Ⅱ	理Ⅲ	文Ⅰ	文Ⅱ	文Ⅲ	理Ⅰ	理Ⅱ	理Ⅲ
医学科	2	35		1					11 2	28 28	3			3	9 1	
健康総合科学科			11	19				2 1	7 1		2	1 1	3 1	1	6	
				医学部合計	0	0	0	1	3	28	0	1	1	0	1	0

第３段階 進学内定者数

文学部	第３段階定数		内定者数	
	指定科類	全科類	指定科類	全科類
	文Ⅲ		文Ⅲ	
A群（思想文化）	1		0	
B群（歴史文化・日本史学）	2	2	0	0
C群（歴史文化・東洋史学）	3	1	0	0
D群（歴史文化・西洋史学）	9		0	
E群（歴史文化・考古学）	3	3	0	1
F群（歴史文化・美術史学）	2	2	1	0
G群（言語文化）	15		0	
		文学部合計	1	1

教育学部	第３段階定数			内定者数		
	指定科類		全科類	指定科類		全科類
	文Ⅲ	理科		文Ⅲ	理科	
身体教育学			9			1
		教育学部合計		0	0	1

教養学部	第３段階定数			内定者数		
	指定科類		全科類	指定科類		全科類
	理科	文科		理科	文科	
統合生命科学	2			2		
		教養学部合計		2	0	0

農学部	第３段階定数			内定者数		
	指定科類		全科類	指定科類		全科類
	理科	文科		理科	文科	
生命化学・工学	22		4	22		0
応用生物学	6		9	0		0
森林生物科学			3			1
水圏生物科学			1			1
生物素材化学	2			2		
生物・環境工学		1	11		1	6
	農学部合計			24	1	8

医学部	第３段階定数				内定者数			
	指定科類			全科類	指定科類			全科類
	理Ⅲ	理Ⅱ	理科		理Ⅲ	理Ⅱ	理科	
健康総合科学科			9	18			1	1
			医学部合計		0	0	1	1

PEAK紹介

東大には全授業が英語で開講される
PEAKというコースがある。
国際化の推進のために開設されたPEAK。
ここではその概要を説明するとともに、
１学年約30人のPEAK生が
何を学び、どのような学生生活を
過ごしているのかを紹介する。

グローバルなキャンパスを目指して

国際性と学際性のある学びを

教養学部英語コース（ＰＥＡＫ）は、全授業が英語で行われるコースだ。各国から集まった1学年約30人の学生が学んでいる。1学年約３０００人の学部生の中では小さなコースだが、かけられる期待は大きい。

東大ではキャンパスの国際化が長年の課題だった。ＰＥＡＫが開設された２０１２年当時、ＴＨＥ世界大学ランキングの総合評価で27位（国内首位）となった一方、国際性の概況では３００位以下（国内5位）になるなど、外部からも国際性の低さが指摘されていた。

濱田純一元総長は「タフでグローバルな東大生であれ」というスローガンを掲げ、キャンパスの国際化を推進。その中で、留学生受け入れの拡大として開設が決まったのがＰＥＡＫだ。

ＰＥＡＫ生として東大に入学する場合、書類選考と面接からなる「学部英語コース特別選考」の受験が必要だ。書類選考では高校や各国の共通試験の成績のみならず、受賞歴やボランティア経験など課題活動での実績なども評価の対象になる。また高校教員からの推薦書や与えられたテーマに基づいたエッセイも必要。一般入試のような数学の難問は出題されないが、難関であることは変わりない。

入学試験に合格したＰＥＡＫ生は文Ⅲおよび理Ⅱに該当する「国際教養コース」の学生として9月に入学する。入学に際して日本語能力は必要ではないが、入学後、日本語能力に合わせて日本語の授業を必修で受講する。学部英語コース特別選考以外の入試で入学した学生は国際教養コースに入ることはできないものの、ＰＥＡＫの授業を履修することができる。

後期課程では、原則として「国際日本

PEAK（2023年9月入学）の国・地域別入学許可者数

国・地域	入学許可者数（人）
日本	17
中国	17
韓国	10
その他アジア	12
ヨーロッパ	6
北米	2
オセアニア	1

（PEAK公式ウェブサイトを基に東京大学新聞社が作成）
注 2023年4月3日時点における入学許可者の数

2023年度Sセメスターに開講されたPEAK科目（一部）

Introduction to Qualitative Research
Tokugawa Cities
Mathematics Ⅱ②
Introduction to Classical Mechanics
Introductory Chemistry
Decision Analysis Practice

文理さまざまな授業を英語で履修できる

研究コース」「国際環境学コース」のいずれか入学時に選択した方に進学する。これら2コースは一般選抜や学校推薦型選抜など4月入学の学生でも進学選択で進学することができる。

　国際日本研究コースでは社会科学から人文科学にわたる幅広い学問分野を通じて日本および東アジアの政治や経済、社会そして文化への深い理解をグローバルな文脈で養うことを目指す。一方国際環境学コースでは、社会科学的な分野から自然科学的な分野まで、分野横断的な学びを通して環境という複雑な問題を多面的に研究する文理融合系のコースだ。これら二つのコースは国際性と学際性という教養学部の理念の下運営されており、分野横断的に学べるのが特徴だ。

世界に広がる卒業生の活躍

　卒業後は、約半数が大学院に進学、約4割が就職する。大学院進学者のうち約7割が日本国外の大学院に入学する。東大大学院総合文化研究科に開設されており、英語による授業のみで学位取得可能な国際人材養成プログラムや国際環境学プログラムに進学する卒業生もいる。大学院での専攻は地域研究や国際関係論、哲学、メディア論などから公衆衛生学や都市設計論、数理科学などまでさまざまだ。一方、就職者は約8割が日本で就職する。就職者の業種としては、コンサルティングや金融業界が人気だ。

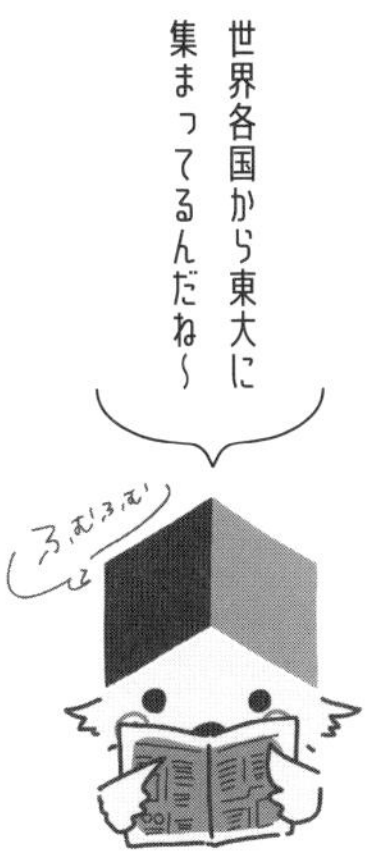
世界各国から東大に集まってるんだね〜
ふむふむ

ＰＥＡＫで幅広い学問に触れる日本と繋がった仕事を目指して

ペイン・ハンナさん
イギリス出身
ＰＥＡＫ国際日本研究コース

３歳の頃からイギリスに住んでいたハンナさん。母親が日本人だったこともあり「日本の大学に行ってみたい」「日本についてしっかり学んでみたい」と、母語の英語で日本について学べる東大のＰＥＡＫプログラムを志望した。

ＰＥＡＫは小規模なプログラムのため、選抜対策の情報を集めるのに苦労した。評価対象となる面接、エッセイなどの対策に特に力を入れた。エッセイは問題をしっかり分析した上で自分の解釈を入れるのがポイントと語る。

現在は国際研究コースで、国際関係や法律、政治など、幅広く文系科目を履修している。今学期では、日本の国際関係の歴史に関する授業がとても面白いそうだ。「法律と歴史と国際関係に関心があるので、卒業論文は歴史と法律を重ねた学際的な内容にしてみたいです」。幅広い分野の授業があり、興味がある分野の科目を選んで履修できるところがＰＥＡＫの魅力だと語る。

ＰＥＡＫ生は国際色豊かで、皆いろいろなバックグラウンドを持っている。「日本のインターナショナルスクールに通っていた人もいますし、ヨーロッパやアメリカ、インドやアジアの各国から来ているので、今までで一番国際的な環境にいると思います」。ＰＥＡＫは１学年30～40人程度と小規模のため、ＰＥＡＫ生はとても仲が良く、共に過ごす時間が本当に楽しいと語る。

ＰＥＡＫに入る以前は、まだ自分の将来について迷っていた。教養学部でいろいろな授業を履修したことで自分の将来について考え直すことができ、将来的にイギリスの大学院に行って法律を学び、弁護士になりたいと思い始めた。「日本の大学で日本語や日本の政治について学んだ経験を生かし、日本と繋がった弁護士の仕事をしてみたいと思っています」

PEAKでの学びを糧に東アジアの平和を願って

ジヒョン・リーさん
韓国出身
PEAK国際日本研究コース

韓国で生まれ、マレーシアや中国で育ったジヒョンさん。「東アジアの国々で生活しているうちに、東アジアの国々を結び付ける仕事がしたいと思うようになりました」。東アジアの国々を結び付けるには日本についてもっと知る必要があると思い、日本への留学を決意。東大のＰＥＡＫプログラムの国際日本研究コースは東アジアについて学ぶことに特化しており、自分にピッタリだと思った。ＰＥＡＫが入学基準として認めている試験の一つであるＳＡＴ（アメリカの一般的な大学進学適性試験）の勉強をし、その点数を使って入学した。

ＰＥＡＫのカリキュラムでは、東大の他のプログラムと同様、最初の2年間はリベラルアーツが中心だ。「日本について学びたいと決めて留学しましたが、何を専門にするかは決めていませんでした」。ＰＥＡＫでは、文学や歴史から、国際関係学に至るまで、日本についてさまざまな角度から学ぶことができた。当初は東アジアの国際関係を中心に学びたいと思っていたが、最近は、法律や国際人道法など法学にも関心が芽生えている。国際人道法に関するコンテストに参加し、日本代表になった。また、さまざまなバックグラウンドを持つ学生たちと出会えることもＰＥＡＫの魅力の一つだ。世界中から集まった、熱意ある優秀な人々と共に学ぶことができる。

ＰＥＡＫでの学びを通じて、ジヒョンさんは自分の関心が国際関係や法律にあることに気が付いた。「日本だけでなく東アジアについても深く学び、将来的には国連のような政府間組織で東アジアを代表できるようになりたいです」。東アジアの国々が互いに学び合い、繁栄と平和を得られるような世界。ＰＥＡＫで得た知識、そして多様なＰＥＡＫ生たちとの関わりで得た視点を用いて、その実現を目指したい。

課程

前期教養課程を終えると、
いよいよ後期課程での専門的な学問が始まる。
本格的な学問の世界をのぞき見して、
自分の興味がどこにあるのか、
未来に思いをはせてみよう。

第3章

後期

CONTENTS

２０２３年度 東大生にアンケート（学生生活編②）

学部・学科選びで重視するもの

９割越えの95％の新入生が「自分の興味」を選んだ。「就職の強さ」が29％、「研究成果」と「教員」が11％と続いた。

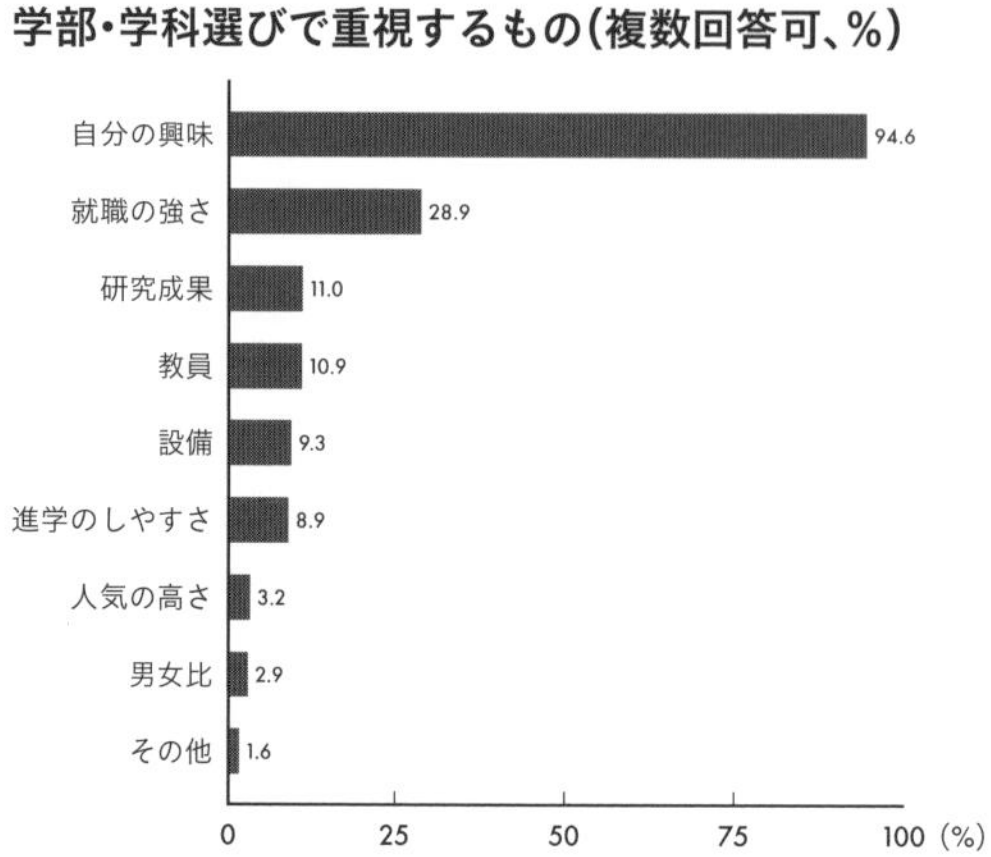

大学院

修士・博士課程いずれかまでの進学を考えている新入生は47％となった。文系は20％、理系は66％が修士・博士課程いずれかを考えていると回答した。

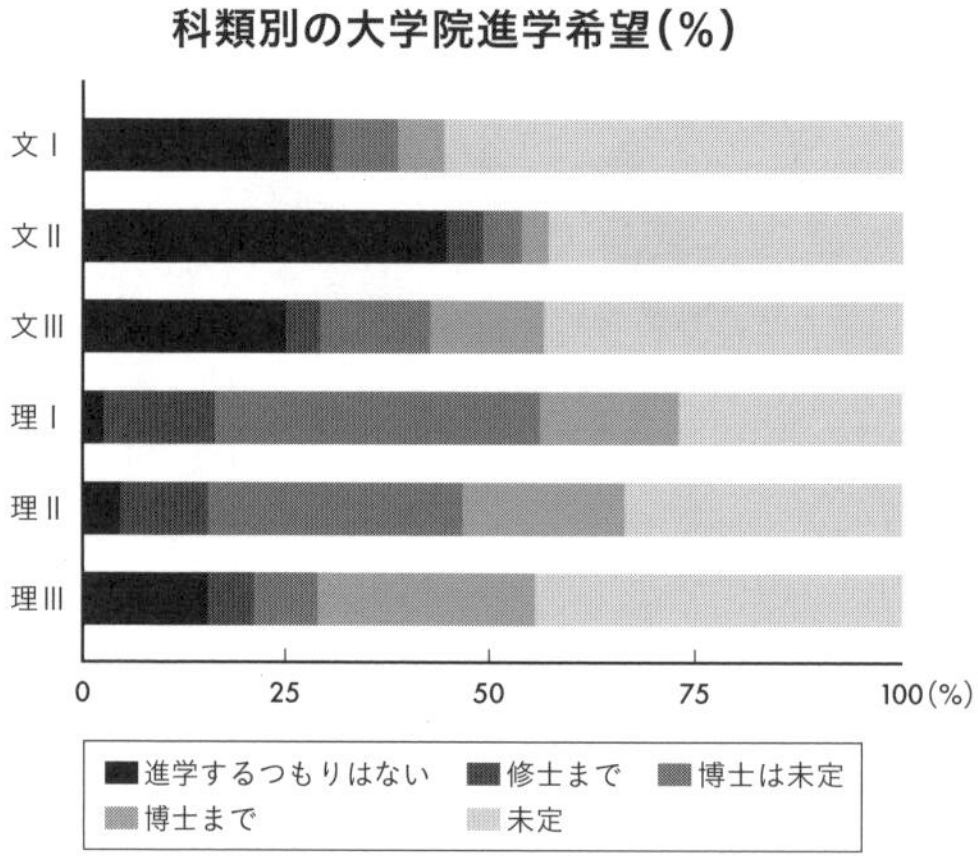

将来への不安

「就職」が50％と最多となった。「後期課程への進学」が34％、「収入」が33％、「結婚」が29％と続いた。「不安はない」は16％だった。

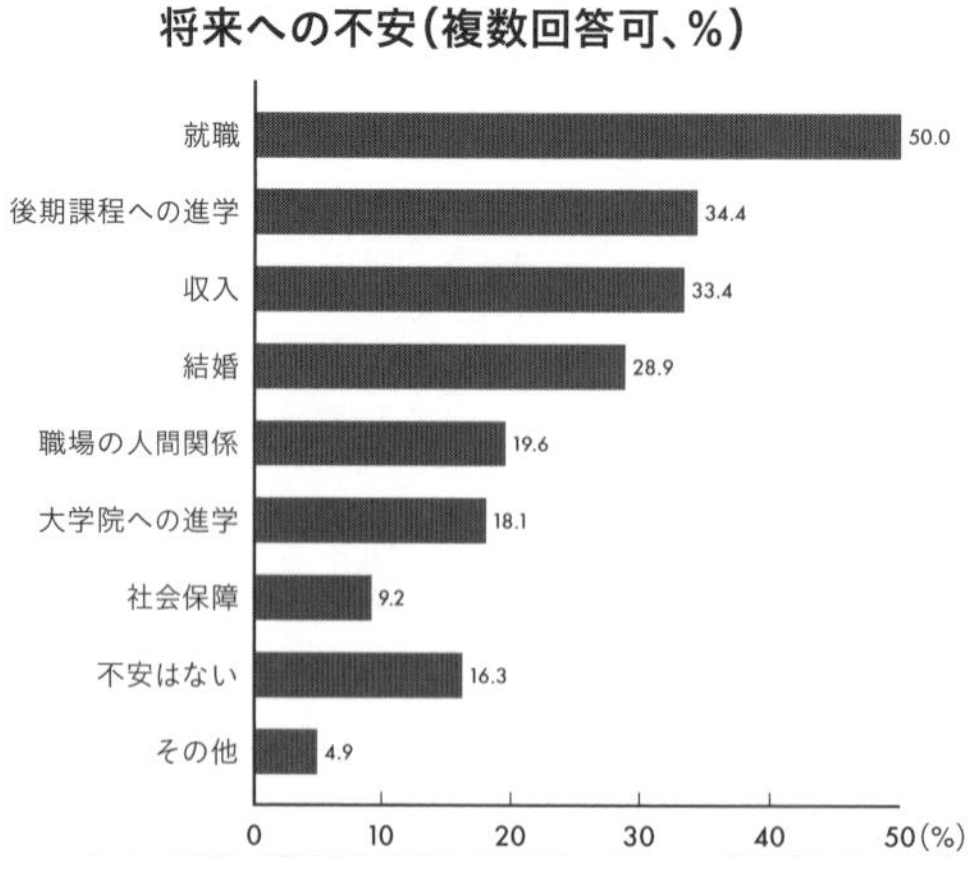

後期 学部紹介

社会科学・人文科学系編

２年間の前期教養課程を経て、
専門的な内容を学ぶ後期課程へ進学する。
後期学部ではどのような授業や生活が
待っているのだろうか。
ここでは主に文Ⅰ～Ⅲ生が進学する
法学部・経済学部・文学部・教育学部と、
文理融合型の教養学部を紹介する。
（紹介する学生は全て４年生。時間割は全て３Ｓ１タームの各学生のもの）

進学

文一の学生は単位がそろっていれば、ほぼ成績に関係なく進学できる。18年度から全科類枠が35人増え47人に。以前ほど高い成績は必要ではなくなった。

カリキュラム

法学部の講義の大半は、大教室での一方通行的な講義だが、演習という必修のゼミ形式の授業も行われる。演習では教員と学生が少人数で、特定の資料や課題を巡る報告や討論を展開する。

卒業後

司法関係の職に就く人や公務員になる人が多い。他の学部に比べ、特に官公庁へ就職する人の割合が高いことが特徴だ。法曹を目指す人は東大や他大学の法科大学院に進学する人が多く、公務員志望者では公共政策大学院に進学する人もいる。企業就職先は多岐にわたるが、金融機関・商社に進む人が多い。

法学部

学部構成

- 第1類（法学総合コース）
- 第2類（法律プロフェッション・コース）
- 第3類（政治コース）

公務員志望の人は第1類に、法曹を目指す人は第2類に進学することが多い。類ごとに必修科目が異なり、第2類が実定法科目の必修単位数が多いのに対し、第1類・第3類は比較的自由に履修を組める。進学後の転類は可能だ。
20年度より法科大学院との接続が重視された法科大学院進学プログラムが設置されている。

文Ⅲ→法学部第２類

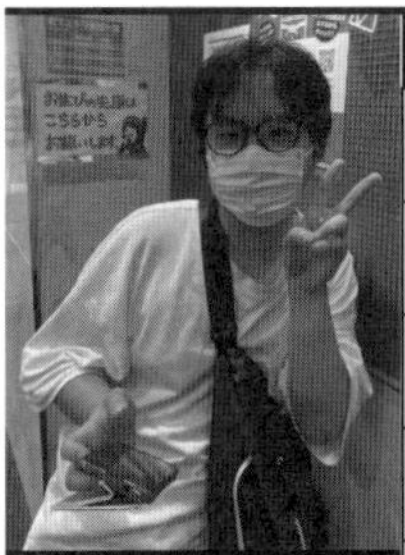

中島《なかじま》 丈《じょう》さん

SI	月	火	水	木	金
1	民法第２部	商法第１部	刑法第２部		
2		民法第４部	行政法第１部	商法第１部	
3	行政法第１部		特別講義 現代中国の政治	民法基礎演習	刑法第２部
4			民法第２部		民法第４部
5					

学んだことを現実の事柄に結び付けていく喜び

進学選択において「文系の学部はほぼ全部候補だった」中島さん。結果的には、２年次に持ち出し科目を多く履修したことが法学部への進学の決め手となった。

魅力は教員陣の「癖の強さ」。研究者としての意識が強いためか「授業の進め方や話し方、振る舞いにそれぞれの先生の個性が現れます」と楽しそうに話す。

平常授業時の課題がほぼなく、成績は試験一発勝負で決まる法学部。このため、学生の間では勉強の進め方が二極化しやすい。俗にいう「楽単」は比較的少ないが、授業より司法予備試験の対策などを優先し、シケプリや授業の書き起こしを生かして試験対策をする人もいる。「ペーパー試験を通じてある程度知識が付いてきたら、現実の訴訟や事件と知識を結び付けて理解でき、より楽しめる」「リサーチペイパーを履修すると学問的アウトプットができる」というのが、中島さんの考える法学部の勉強の魅力だ。

法学部では少人数の授業が少なく、自然と知り合いができることはない。が、このように「法学部砂漠」の印象と違わないからこそ、人間関係の形成に対して意識的な人が多い側面も。「頑張れば比較的つながりを見出しやすい学部だと感じます」。法学部生のみで構成され、それぞれ100人以上が所属する学生団体やサークルは関係性作りに一役買っているという。

多くの法学部生は３年次への進学時点で進路が固まっているが、後期課程で勉強していくうちに志望が変わることは珍しくないという。法学部は法曹・国家公務員総合職・民間企業のいずれかを志望する学生が大半だ。中島さん自身も現在は法曹を目指しているが、他の進路にも魅力を感じていると語った。

進学

文Ⅲ生でも成績次第で進学できない状況が続いていたため、18年度文Ⅲからの進学枠が増加した。全科類枠でも人気のため、成績が重要になる。

カリキュラム

授業は「専門科目1」「専門科目2」「専門科目3」「専門科目4」「選択科目」で構成される。「専門科目1」は経済学部での学習の入門である総論的な科目。「専門科目2」は経済学科、「専門科目3」は経営学科、「専門科目4」は金融学科の選択必修科目。「選択科目」には、発展的内容を含む大学院との合併授業が数多くある。特徴的なのがゼミ形式の授業で、教員から直接指導を受けることができる貴重な機会。各ゼミには人数制限があり参加者の選抜が行われるが、大半の学生が一つ以上に参加している。

卒業後

学部生の約3分の2が銀行、証券、シンクタンクなどの民間企業に就職。国家公務員や公認会計士になる人も多い。大学院進学者は10分の1以下と少ない。

経済学部

学部構成

- 経済学科
- 経営学科
- 金融学科

経済学科は、財政・金融・産業・労働などさまざまな経済現象を、統計的・数理的・制度的・歴史的な分析手法を用いて把握・分析することを目指す。経営学科の目標は、企業の諸活動や経営組織における人間活動を多様な分析手法で把握・分析すること。金融学科では金融工学、マクロ金融政策、企業財務、企業会計などを深く学べる。

文Ⅱ→経済学部経済学科

S1	月	火	水	木	金
1		アジア経済史			アジア経済史
2	開発経済Ⅰ	金融Ⅰ		開発経済Ⅰ	金融Ⅰ
3	近代日本経済史Ⅰ	財政Ⅰ		近代日本経済史Ⅰ	財政Ⅰ
4		少人数講義			
5		演習			

社会の課題解決に生きる経済学

経済学部を志したのは高3の4月。経済学部への進学を念頭に文Ⅱを受験した。

文Ⅱから経済学部への底点はあまり高くないため、成績を気にせず興味に沿った履修をしたという。印象に残ったのは「現代経済理論」。経済学部の教員が自身の研究内容をオムニバス形式で発表していく当科目は、基礎科目の「経済Ⅰ」に比べ経済学が社会にどう生かされるかがイメージしやすかった。「女性の社会進出や少子化などのテーマを扱った労働経済の回が特に興味深かったです」と振り返る。

経済学部は経済学科、経営学科、金融学科の3学科から成り、進学決定後の2年次の秋に学科選択を行う。最も人数が多いのは経済学科で、堀江さんもその一人だ。「友人も多く、幅広い内容を学べそうだったので選択しました」。学科間の大きな違いは18単位以上の選択必修の内容。「正直、経営学科の選択必修の方が興味深いと感じることもありました。事前に選択必修科目を見ておくのもおすすめです」

経済学部に進学後、交流の中心となるのはゼミ。堀江さんはマクロ経済学系のゼミに所属し、4月からはゼミ長も務めている。活動内容は論文紹介とテキストの輪読。教員も積極的に議論に参加するのが所属ゼミ独自の良さだと語る。ゼミ長としては議論のファシリテーターを果たすとともに、コロナ禍の影響で減りつつある学年間の交流を復活させていくのが目標だ。

卒業後はほとんどの学部生が一般企業に就職。多くは3年生の6月に選考が解禁されるサマーインターンに照準を合わせる。最近の人気業界として挙げたのは、コンサルティング、デベロッパー、金融の三つ。堀江さん自身はＩＴ業界への就職を予定している。

進学

文Ⅲから進学しやすい。かつてはほとんどの専修が定員に達していなかったものの、17年度からA群～J群の10群を進学単位として進学選択が行われるようになった影響で、定員を満たす専修が増加した。全ての専修に全科類枠がある。

カリキュラム

所属外の専修課程や学部の単位取得は広く認められている。大人数でのマスプロ型の講義がほとんどないのが特徴。各専修課程には必ず演習（ゼミ）が設けられ、学生が少人数授業に参加する。

卒業後

文学部全体の4分の1程度が大学院に進学し、残りはマスコミなどの情報・通信業、官公庁など各分野に就職する。

文学部

学部構成

人文学科

- 哲学専修
- 倫理学専修
- イスラム学専修
- 西洋史学専修
- 言語学専修
- インド語インド文学専修
- フランス語フランス文学専修
- 現代文芸論専修
- 社会心理学専修
- 中国思想文化学専修
- 宗教学宗教史学専修
- 日本史学専修
- 考古学専修
- 日本語日本文学専修
- 英語英米文学専修
- スラヴ語スラヴ文学専修
- 西洋古典学専修
- 社会学専修
- インド哲学仏教学専修
- 美学芸術学専修
- 東洋史学専修
- 美術史学専修
- 中国語中国文学専修
- ドイツ語ドイツ文学専修
- 南欧語南欧文学専修
- 心理学専修

文Ⅲ→文学部人文学科社会学専修課程

松島《まつしま》 龍宏《たつひろ》さん

S1	月	火	水	木	金
1					教育心理Ⅱ
2		社会学演習Ⅴ	社会学演習Ⅲ		
3	社会学史概説	社会学特殊講義Ⅳ		ダイバーシティと社会	
4		社会学特殊講義Ⅵ	アメリカ現代史	社会学特殊講義Ⅻ	教育と社会
5	応用倫理特殊講義Ⅴ		ジェンダー論［人文学］（聴講）	教育原理Ⅰ	社会学特殊講義Ⅷ

何でもできるからこそテーマを明確に

「社会が関わっているすべてが対象」の社会学専修で松島さんが専門とするのは、入学前から関心のあったジェンダー論だ。前期教養課程で瀬地山角教授や清水晶子教授（ともに東大大学院総合文化研究科）、鮎川ぱて講師の授業を受けて研究への意欲が高まった。前者２人の下で学べる教養学部と、同じくジェンダー論も専門の赤川学教授のいる文学部社会学専修とで迷ったが、より関心のあるセクシュアリティの研究をしている赤川教授に学びたいと文学部を選んだ。

専修の特徴はその自由度の高さだ。教員の専門分野が非常に幅広く、全員が一緒に受ける必修は年に１授業だけ。自然と学生の関心領域も幅広くなる。「ケアや障がい者福祉に関心がある人がいたり、住宅社会学を志す人がいたりと未知の世界が開けて面白いです」。ただ「学科全体の交流は乏しい」といい、興味分野が全く違う人とは１年間話したこともないと振り返る。また、教員数に対して学生数が多く、扱うテーマも多岐にわたるため、必ずしも希望する領域がカバーされるわけではない。「分野が近い先生がいるかは調べたほうが良いです」

駒場で受けたジェンダー論の板書が最近ようやく理解できた、ということもしばしば。ジェンダー論のように教員の少ない分野で学びたい前期教養課程の学生には「もっと本を読むこと」を勧める。前提知識があって初めて理解できる学説は多く、自分で入門書や概説書を探して読むことが不可欠だからだ。

卒業後は就職する人が多いが、自身は研究職を目指すのと並行して教員免許を取得中だ。「人々のジェンダー意識を変えるためには、研究以外の道、つまり教員として高校生に授業をする道もありますから」

進学

全科類から進学可能だが、文Ⅲは進学枠が大きい。身体教育学コースを除いて75点前後の成績で進学できる。

カリキュラム

講義は概論・特殊講義など一部を除いて、調査・実験・演習・基礎演習・フィールドワークなど、少人数のゼミ形式のものが多い。各科目は、コースごとの卒業論文指導を除いて基本的にどのコースに所属していても受講可能。他学部聴講も自由度が高い。

学士（教育学）の学位に加え、必要単位をそろえることができれば、教員免許状、社会教育主事、司書、司書教諭、学芸員の免許状や資格を取得できる。

卒業後

教育・学習支援業やマスコミ、官公庁など各分野に就職する。大学院に進学するのは3分の1程度。

教育学部

学部構成

総合教育科学科

- 基礎教育学専修
  - 基礎教育コース
- 教育社会科学専修
  - 比較教育社会学コース
  - 教育心理学コース
- 心身発達科学専修
  - 教育実践・政策学コース
  - 身体教育学コース

基礎教育コースでは「教育とは何か」を哲学・歴史・人間・臨床の視点から捉える。教育社会科学専修の比較教育社会学コースは社会科学的手法で、教育実践・政策学コースは教育現場そのものへの実践的なアプローチで教育を研究する。心身発達科学専修の教育心理学コースは人間の学習行動やカウンセリング、身体教育学コースは身体トレーニングや心身の発達を研究している。学部は1学年100人前後と小規模で、アットホームな雰囲気がある。

文Ⅲ→教育学部教育心理学コース

小池《こいけ》 優希《ゆき》さん

S1	月	火	水	木	金
1					
2	発達心理学	心理学統計法Ⅱ		教授・学習心理学概論（教育・学校心理学）	
3	教育社会学概論			教育心理学実験演習Ⅱ（心理学実験）	質的心理学研究法Ⅰ
4	ことばの発達心理学（学習・言語心理学）				
5					

多様な履修、多様な進路

自身の経験から子どものメンタルケアに興味を持ち、子どもたちの問題に介入できる大人になることを目指している小池さん。教育と心理、両方のアプローチをとりたいと考え、高校時代から教育心理学コースを志望していた。

コースに在籍する学生の半分弱が公認心理師という国家資格取得を目指す。小池さんもその1人だ。前期教養課程在籍時から資格取得に必要な授業を受けられたため、前期教養課程では心理・教育関連の授業を中心に履修したという。

後期課程の授業は週10コマ程度が平均で、履修の自由度は高い。心理学の論文を書きつつ研究法を勉強する「教育心理学実験演習」や、学生自身でクライアント役、セラピスト役などを務めて多様な立場を体験する実践中心の授業もある。

教育心理学コースは、学生の興味の「多様さが魅力」で、医療や産業組織など教育以外の場での心理学に関心を持つ学生も多い。また学生同士の交流も盛んで、誕生日を祝い合ったり、授業が厳しいときは励まし合ったりするという。

一方で、コースのカリキュラムが研究者養成を目標としているため課題が多く、就活生には負担となるという難点もある。

卒業後、大学院へ進む学生と就職する学生はほぼ半々に分かれるが、就職の方が院進より若干多い。院進の目的としては、研究者を目指すことや、公認心理師の資格取得の必要要件になる修士課程修了が挙げられる。就職先としてはコースでの学びを生かす職もあるが、それ以外にも公務員から民間企業まで多種多様な選択肢があるようだ。

進学 → カリキュラム → 卒業後

文系的分野の教養学科、理系的分野の統合自然科学科、文理融合的分野の学際科学科に分かれるが、基本的に全科類からいずれの学科にも進学可能。

教養学部では数多くの教員がさまざまな分野で研究を展開していることから、授業の多くは少人数の環境で行われる。教養学科の各分科では、外国語が2つ必修化され、国際的発信力を持ち、既存の学問領域を横断する柔軟な発想力のある人材の育成を可能にしている。統合自然科学科では、既成の学問分野にとらわれない独自の教育プログラムが展開され、複数の分野にまたがる専門的な知識や見識を獲得するだけでなく、それらを基礎に先進的な学問分野への道を進める。学際科学科では、柔軟な思考と適切な方法論を用い、新しい課題に総合的な視点を持って対処できる人材の育成を目指す。

就職先は官公庁・メーカー・マスコミなどさまざま。文系、理系とも大学院へ進学する割合が高い。

教養学部

学部構成

教養学科
- 超域文化科学分科
- 地域文化研究分科
- 総合社会科学分科
- 国際日本研究コース(PEAK)

学際科学科
- 科学技術論コース
- 地理・空間コース
- 総合情報学コース
- 広域システムコース
- 国際環境学コース(PEAK)

統合自然科学科
- 数理自然科学コース
- 物理基礎科学コース
- 統合生命科学コース
- 認知行動科学コース
- スポーツ科学コース

教養学部には、1・2年の前期教養課程と3・4年の後期課程の2種類が存在し、ここでいう教養学部とは3・4年の後期課程を指す。上で示した学科・分科の下でさらにコースに分かれる。

文Ⅲ→教養学部教養学科総合社会科学分科国際関係論コース

吉田《よしだ》 莉々《りり》さん

S I	月	火	水	木	金
1					
2	国際政治理論演習	文科社会論演習［グローバル・エシックス］	現代哲学（Ⅰ）	国際機構演習	
3	ヨーロッパの自然と社会	国際関係史Ⅱ	国際法		
4	超域文化科学高度教養（文化人類学）	国際法	国際連携演習 S Ⅳ		
5	国際法				

熱心な仲間と議論して学ぶ

自身のルーツから、国際的なトピックに興味を持っていた吉田さん。岡田晃枝准教授（東大大学院総合文化研究科）の初年次ゼミナール文科「紛争と介入をめぐる諸問題」などを受けて国際関係論コースに行こうと決めた。

国際関係論コースでは、国際政治だけでなく国際法と国際経済も学ぶので、興味のある分野を見つけやすい。授業は論文の輪読や、ディスカッションが多く、課題などの負担が大きい。また、体系的な座学は少なく、自分で学ばないと体系的な知識は身に付かないという。履修の自由度は高く他学部履修は簡単で、本郷キャンパスだけで授業を受ける曜日を作る人もいるという。

議論する授業が多いため、コースの人と交流し仲良くなる機会が多い。「駒場に残る人は学問に対してモチベーションが高い人が多く、ただの友達との雑談もためになる。刺激的な関係を築けます」。留学する人が多いのも特徴だ。

また、駒場Ⅰキャンパスにいられるメリットも指摘する。「学科やコース間の垣根があまりなく、興味のあることに手を出せる雰囲気が良いと思います」

就職先は官僚や一般企業など多岐にわたる。就活への圧が弱く「みんな我が道を行く感じがする」という。「個人的にはもう少し駒場に残って勉強をしたいので、院進を予定しています」

国際関係論に興味がある学生には、それがどのような学問かを前期教養課程で学ぶことを勧める。「国際関係の理論と、今どうやってウクライナの戦争を止めるかという話にはつながらない部分があるので、前期教養課程で知っておかないと学問に対して失望してしまうかもしれません」

理Ⅱ→教養学部統合自然科学科統合生命科学コース

山本《やまもと》 風路《ふうろ》さん

S1	月	火	水	木	金
1	生化学 （統合生命科学コース）		統合生命科学 セミナーⅠ		
2		分子生物学	表象文化論特殊 研究演習Ⅰ	倫理学概論Ⅰ	
3	機能解剖学				表象文化基礎論 演習
4	スポーツ トレーニング 実習（Ⅰ）	統合生命科学 実験Ⅰ	統合生命科学 実験Ⅰ	統合生命科学 実験Ⅰ	
5	生物物理学Ⅰ （物質基礎科学コース）				

学際的かつ最先端の学び

教養学部の後期課程では学際的な内容を扱うことが多いが、統合自然科学科も例外ではない。多分野を横断する研究科には幅広い知識が要求される。前期教養課程で必修の化学・生物・物理を学んだ経験が後期課程に生きている。

生命科学コースでは主に生物の細胞を扱う。細胞内の物質の動きといったミクロな分野から、細胞そのものや組織といったマクロな分野までさまざまだ。基礎より発展的な内容に主眼が置かれており、予習して授業に臨む。扱われる内容は細胞を人間の目的に沿って操作する細胞工学、タンパク質をデザインして産業に応用する内容の授業など、学際的かつ最先端。オムニバス形式で指定された論文を事前に読み、各教員が内容を解説する講義が印象に残っているという。

学部の特徴の一つが教員の充実ぶりだ。学科では教員と学生がほぼ同数。4年次に研究室に配属される際は、研究室1つ、つまり教員1人に対し学生1人と決まっており、卒業論文の執筆を手厚くサポートする体制だ。学科の学生も少人数な分、互いに打ち解けるのも早く、皆で花見に出かけるなど深い交流がある。

もう一つの大きな特徴がサブメジャー・プログラムというシステム。自身の専攻の他にある分野の単位を一定数取得すると、副専攻として学位記に記載される。学際的な研究が強みの後期教養学部で、複数の分野に越境して学びたい学生にとってありがたい制度だ。山本さんは映画や演劇などの芸術を扱う教養学科超域文化科学分科の表象文化論コースでの取得を予定している。卒業後は他の理系学部学科と同様にほとんどの学生が院進を選択する。山本さんも修士課程に進み、その後は博士課程への進学と就職の両方を検討している。

後期 学部紹介

自然科学編

理Ⅰ～Ⅲ生が主に進学する
工学部・理学部・農学部・薬学部・医学部を紹介する。
工学部・理学部・薬学部は、専門分野ごとに
学科や専修が細かく分かれているのが特徴だ。
ここで紹介しているのはほんの一部ではあるが、
理系学生たちの生活を見てみよう。

（紹介する学生は全て４年生。時間割は全て３Ｓ１タームの各学生のもの）

進学

主に理I、理IIから進学する。物理・情報系の学科には理Iからの、生物系には理IIからの進学者が多い。特に人気の物理学科は80点以上ないと進学できない年も多い。

カリキュラム

I学年300人ほどの学生数に比べて教員の数が多い。特にI学年10人程度で少人数の天文学科では、きめ細かい指導がなされる。地球惑星環境学科や生物学科ではフィールドワークに力を入れている。化学科や生物化学科では3年次の午後に多くの実験がある。4年次の実験・実習・演習では、少数の学生と教員との緊密なやり取りが行われる。

卒業後

8割程度の学生が大学院の理学系研究科修士課程に進学する。大学院進学者の半数近くが博士課程に進学し、その後大学などの研究機関や民間企業の研究所などで専門知識を生かした職業に就く。数学科からは数理科学研究科への進学者が多い。学部卒での就職は少ないが、情報・通信業や銀行などへの就職が見られる。

理学部

学部構成

- 数学科
- 天文学科
- 化学科
- 生物情報科学科
- 情報科学科
- 地球惑星物理学科
- 生物化学科
- 物理学科
- 地球惑星環境学科
- 生物学科

数学科のみ駒場Iキャンパスに位置している。

理Ⅰ→理学部情報学科

藤野《ふじの》 将吾《しょうご》さん

SI	月	火	水	木	金
1					
2	オペレーティングシステム	離散数学	情報論理	言語処理系論	計算機構成論
3	システムプログラミング実験	関数・論理型プログラミング実験		ハードウエア実験	情報科学演習Ⅰ
4					
5					

自由度の高い実験が魅力

「成績が良いから、せっかくなら人気な学科に進学しよう」。パソコンを使うのはレポートを書くときくらいだったという藤野さん。何気ない理由で進学した情報科学科でプログラミングに出会い、夢中になった。

学科の授業は思いの外自由度が高かった。実験科目が多く、スライドは一気に配られ、30分〜1時間ほど実験内容や手順について説明されると授業は終了。分からないところは自分で調べたり先輩に質問したりしつつ、期限までに課題を仕上げる。課題の内容と期限は決まっていて、あとは自由に勉強に取り組める。当初はびっくりしたが、今となってはむしろそこが魅力だという。

３Ｓセメスターの「システムプログラム実験」の後半で「ベアメタルプログラミング」を行ったのが印象深いという。「ＯＳを利用せずに行うプログラミングのような感じです。ページテーブル（仮想アドレスと物理アドレスとの対応づけを行うテーブル）を利用するという内容にそんなに原始的なところからやるのか、とびっくりした記憶があります」。また、３Ａセメスターでは「CPU 実験」と呼ばれる、セメスターの終わりまでに３Ｄ映像を動かすコアやアセンブラ（プログラミング言語）などを作る授業があった。「説明を基に自分で考えて完成させるのは大変でしたが、楽しかったです」

前期教養課程で情報関連の授業をあまり履修していないが情報科学科に関心がある人は「アルゴリズム入門」などを履修しておくのがおすすめだという。

学科は30数人と少なめで仲が良い。学科の同期で学部卒業後就職予定の人は数人程度で、大方が院進予定。藤野さん自身も院進を目指し、現在勉強中だ。

進学

理科枠や全科類枠を含めると、理Ⅱからの進学者が全体の約8割を占める。文科からの進学枠もある。進学には単位数が重要になるため、志望者は多くの授業を受けることになる。

カリキュラム

2Aｰタームから広い視野で農学を解説するオムニバス形式の農学総合科目と、専門分野の基礎を学ぶ農学基礎科目を履修することになる。3年になると、各専修とも授業に実験や実習、演習が組み込まれる。また、所有する牧場や千葉・北海道・秩父演習林などの附属施設は、実習などに活用される。4年次には、学生の大半は研究室に配属されて卒業研究に取り組む。

卒業後

半数以上が大学院（主に農学生命科学研究科）に進学する。就職先は、官公庁をはじめ金融・保険・医薬品企業などさまざま。獣医学課程卒業者も一部は大学院へ進学する。

農学部

学部構成

応用生命科学課程

- 生命化学・工学専修
- 応用生物学専修
- 森林生物科学専修
- 水圏生物科学専修
- 動物生命システム科学専修
- 生物素材化学専修

環境資源科学課程

- 緑地環境学専修
- 森林環境資源科学専修
- 木質構造科学専修
- 生物・環境工学専修
- 農業・資源経済学専修
- フィールド科学専修
- 国際開発農学専修

獣医学課程

- 獣医学専修

獣医学課程のみ6年制が敷かれており、獣医学課程に進学する学生は後期課程で4年間学ぶ。本郷キャンパスに隣接する弥生キャンパスに所在。

理Ⅱ→農学部環境資源科学課程フィールド科学専修

山下《やました》 裕太郎《ゆうたろう》さん

SI	月	火	水	木	金
1		自然共生社会論			
2	ランドスケープエコロジー	森林植物学	沿岸環境動態論	生物環境物理学	森林動物学
3				地理情報分析基礎Ⅰ	生物多様性科学
4	森圏管理学	保全生態学実習	沿岸生態学実習		
5					

注：他にも夏休みなどに集中講義の実習あり

社会との関わりを主題に学ぶ

「入学当時から一貫して農学部志望だった」という山下さん。当初は微生物に興味があったものの、次第に化学や物理が関わる難しさを実感。揺れ動く中で進路の方向性を定めたきっかけは前期教養課程の「進化学」の授業だった。「進化のメカニズムの解説が面白いなと思って」。その後、２年次夏まで迷いつつ、少人数でコロナ禍でも屋外実習を行う点にも引かれて専修を絞り込んだと振り返る。

環境資源科学課程の特徴は、社会との関わりを主題にする授業や研究室が多いことだと語る。例えば、法や土地利用についても学ぶことで、生物多様性が経済発展と対立せずバランスを取る方法を考えるのだという。希望すれば屋外実習で地方にも行くことができる。「多摩川の実習で泥だらけになったのは一番インパクトがありましたね」

専修の仲間は少人数だが、ものすごく密接というわけではなく「付かず離れず」の関係性で、それが心地良いと山下さん。「生物に触れ合うために、山に登り海に潜る人もいる」。自分ではとてもかなわないほどの熱意の持ち主とも仲良くできることも気に入っている。

４年次の所属先選択の際には、研究室に加え演習林や水産実験所など多様な選択肢がある。山下さんは３年次の授業で興味を持った森林系の研究室に所属。森林での物質循環や生物の相互作用などを専門に研究している。「４年次のこの時期は、卒論に向けて論文を読んでいる人が多いですね」。学部卒業後は大半が院進した後、修士課程修了後に就職する。山下さんも修士課程後の就職を想定しているという。

進学 ← **カリキュラム** ← **卒業後**

進学

24年度は第1段階で理Ⅱから32人、理Ⅰ・Ⅲから16人進学でき、全科類枠は8人。第2段階では理科全科類から29人募集する。例年人気は高く、好成績がないと進学することは難しい。

カリキュラム

3年次に毎日行われる実習では、物質の取り扱い方や、得られた結果をどのようにまとめるかなどについて基本的な訓練が行われる。4年次の1年間は、各教室に所属して卒業実習を受ける。どの教室を選ぶかは自由だが、人数に偏りができた場合は希望者の話し合いによって決定する。

卒業後

9割近くが大学院へ進学し、修士課程から博士課程への進学率は約5割。東大の他研究科へ進学する学生も数人いる。就職では、化学・医薬品企業へ進む人が多い。

薬学部

学部構成

- **薬学科**
- **薬科学科**

6年制の薬学科と4年制の薬科学科から成る。進学選択は2学科を区別せずに行われ、4年進級時に薬学科と薬科学科に分かれる。薬学科の定員は全体の1割。薬学科は、病院と薬局での実務実習などを経て、専門性の高い薬剤師資格を有する人材の育成を目指す。薬科学科は創薬科学・基礎生命科学分野において高い能力を有する研究者を養成する。

理Ⅱ→薬学部薬科学科

滝川《たきがわ》 英《え》麻《ま》さん

S1	月	火	水	木	金
1					
2	インタラクティブ有機化学	薬理学Ⅱ	衛生化学		免疫学
3					
4	薬学実習Ⅰ	薬学実習Ⅰ	薬学実習Ⅰ	薬学実習Ⅰ	薬学実習Ⅰ
5					

注：時間割は週ごとに異なり、上記は一例

薬学の基礎から最新の研究まで、広く深く学ぶ

高校時代に池谷裕二教授（東大大学院薬学系研究科）の著書を読み、脳研究に興味を抱いた滝川さんは、入学前から薬学部への進学を考えていた。前期教養課程では、自分の興味関心に従って科目を選択したが、総合科目の「認知脳科学」や基礎科目の「生命科学Ⅰ」などは、薬学部での勉強でも役立ったと語る。進学選択では、同じく脳科学について研究できる後期教養学部の統合自然科学科認知行動科学コースとも迷ったが、学部の雰囲気に引かれ、薬学部への進学を決めた。

薬学部では、午前に授業、午後に毎日実習が行われる。座学は物理・化学・生物の基礎的な科目から最新の研究内容を扱う薬学系の科目まで幅広い。２Ａセメスターに履修する「病理学」では興味のある疾患について最新の研究を調べる課題が出るなど、好奇心を刺激する授業で面白かったと滝川さんは話す。実習の内容も多岐にわたり、ガラス細工から始まって１年かけて有機系・生物系・物理系の実験を行う。実習は薬学部の各研究室が持ち回りで担当する。研究室での研究内容を垣間見ることができ、薬学研究の切り口の広さを改めて実感したそうだ。

１学年80人ほどの薬学部は、和気あいあいとしていて日々の実習などを通じて同級生の仲も自然と深まっていく環境だ。また、毎年２回行われる研究室対抗の運動会では学年を越えた交流の機会もある。

薬学部生の多くは院進し、修士課程後の就職を考えるが、滝川さんは修士課程には進まず、就職を考えている。幅広い分野で活躍する卒業生の話を聞く機会に恵まれ、進路を考える際にたくさんの選択肢を持つことができるのも薬学部の大きな魅力だと語った。

進学

医学科は、理Ⅲからの志望者ほぼ全員と理Ⅱからの8人、全科類枠2人が進学可能。理Ⅲ以外からの進学には、高得点が要求される。健康総合科学科は、理Ⅱや文Ⅲからの進学者が多くなっている。

カリキュラム

医学科の基礎医学・社会医学関係の教育は、2年次後半より開始され、3年までにほぼ終了する。その全ての科目の試験に合格しないと5年に進級する資格が得られない。臨床医学系の講義・実習は、主に4年から6年まで行われる。5年次から本格的な臨床実習が始まる。健康総合科学科には3専修があり、3A1タームから希望専修の科目を履修する。

卒業後

医学科の卒業生のほとんどは医師国家試験を受け、臨床医として一般病院や大学付属病院などで研修を受ける。健康総合科学科卒業生の進路は、医療機関や民間企業など。

医学部

学部構成

医学科

健康総合科学科
- 環境生命科学専修
- 公共健康科学専修
- 看護科学専修

医学科は後期課程が4年間あり、基礎医学・社会医学系や臨床医学系の科目を学ぶ。健康総合科学科では、主に保健学・健康科学・看護学に関するさまざまな研究を学ぶ。

理Ⅱ→医学部医学科

横田《よこた》 あかりさん

<table>
<tr><th>SI</th><th>月</th><th>火</th><th>水</th><th>木</th><th>金</th></tr>
<tr><td>1</td><td rowspan="2">微生物学Ⅰ</td><td rowspan="2">微生物学Ⅰ</td><td rowspan="2">微生物学Ⅰ</td><td rowspan="2">微生物学Ⅰ</td><td rowspan="2">微生物学Ⅰ</td></tr>
<tr><td>2</td></tr>
<tr><td>3</td><td rowspan="2">解剖学第2
（マクロ）</td><td rowspan="2">解剖学第2
（マクロ）</td><td rowspan="2">解剖学第2
（マクロ）</td><td rowspan="2">解剖学第2
（マクロ）</td><td rowspan="2">解剖学第2
（マクロ）</td></tr>
<tr><td>4</td></tr>
<tr><td>5</td><td></td><td></td><td></td><td></td><td></td></tr>
</table>

注：時間割は週ごとに異なり、上記は一例

系統だったカリキュラムで理解深める

医師を志したのは幼少期。祖父のアルツハイマー病発症を機に神経系の疾患への関心が高まった。入学時の志望のまま医学科に進学。勉強量は他の学科と比べてもかなり多く負担は重いが、実習が多く少人数のため学科内の交流は盛んだ。過去には学科で遊園地に行ったりスノーボードを楽しんだりしたことも。「忙しいからこそ皆『戦友』のような感じ。一丸となって課題に取り組みます」

前期教養課程では「基礎統計」の履修と英語学習への注力を勧める。「基礎統計」は後期課程で受ける医療統計の授業の理解の助けとなる。英語力は後期課程で課される大量の医療文献を読破するのに欠かせない。時間のある1、2年生のうちに医学に関係のない授業を取り、視野を広げることもおすすめだ。「読めたら面白そうという理由でアラビア語や韓国語の授業を聴講していました（笑）」

医学科では、1年目は組織学、生化学といったミクロを扱い、2年目に薬理学などの総論を、3年目に内科、外科などに分かれた各論を学ぶ。細部から全体へと移る系統だったカリキュラムだ。特に印象深いのは解剖の授業。「半年近くかけて頭のてっぺんから足先まで、臓器の内部、神経や血管を含め全てを解剖します。初めてご遺体を前にしたときは厳粛な気持ちになりました」。3次元の構造を知ることで病気についての理解も深まるという。

制度や設備が他大学に比べ整っている東大では研究職を選ぶ学生も多いが、自身は臨床医を目指している。「人と触れ合うことが好きですし、ワークライフバランスも考えて診療科を選びたいです」

進学 ← カリキュラム ← 卒業後

進学

進学者の多くは理Ⅰ出身だが、理Ⅱ・Ⅲの指定科類枠や全科類枠もある。

カリキュラム

午前中に講義、午後は実験・演習・製図・見学などのある学科が多い。4年次後半は卒論の研究に大幅な時間を割く。休暇中には泊まり掛けの演習などもある。

多様な創造性の育成を目指し、専門性を深化させる講義だけでなく、自ら取り組む設計演習、課題解決型プロジェクト演習、見学、インターンシップなどに力を入れる。学生の国際化のために、学術論文を英語で書く授業や、英語で学術発表を行う練習となる授業も開講されている。

卒業後

大学院進学者が約8割。主に工学系研究科、情報理工学系研究科、新領域創成科学研究科などに進学する。学部卒の就職先は製造業、情報・通信業が多い。

工学部

学部構成

- 社会基盤学科
- 機械工学科
- 精密工学科
- 物理工学科
- 応用化学科
- システム創成学科
- 建築学科
- 機械情報工学科
- 電子情報工学科
- 計数工学科
- 化学システム工学科
- 都市工学科
- 航空宇宙工学科
- 電気電子工学科
- マテリアル工学科
- 化学生命工学科

文Ⅲ→工学部建築学科

金子《かねこ》 照由《てるよし》さん

SI	月	火	水	木	金
1			森林風景計画学		建築構法計画
2	建築設計理論第一	都市学	日本建築史	建築計画第一	都市学
3	建築設計製図第三			建築設計製図第三	
4		建築生産マネジメント概論	建築材料演習		造形第三
5		建築法規			

実習の中で学びを深める

高校では世界史が好きだったため文系を選択。一方で、生物学にも興味を持っており、理転が可能な東大を志望し、進学先が多様な文Ⅲに入学した。

しかし、大学の生物学の授業を受けて「違うな」と思い、生物学への道は断念した。結局、進学先は最後まで悩んだ。決断の契機となったのは、安藤忠雄氏が設計した地中美術館を訪れたことだった。「この美術館に感動し、建築学科で学びたいと思いました」

建築学科は、同じ部屋で設計課題に取り組むことが多く、学科生同士で過ごす時間は長い。同学年のみならず、学年を超えた交流も活発だそうだ。

建築学科のカリキュラムは座学より実習という傾向がある。実習が多く、セメントの調合や溶接体験をする授業もある。進学先での印象的な授業は「造形」で、画家などのさまざまなクリエイターの指導の下、ものづくりを体験する授業だ。「写真家のホンマタカシさんがいらっしゃって、ピンホールカメラを自作し写真を撮った、といったことも体験できました」

建築学科への進学を検討している学生へのアドバイスは、建築学系以外の授業をたくさんとること。専門外の知識が建築学科での勉強に結び付くことが多々あるそうだ。金子さんも社会学や政治学の知識が役に立ったことがあったという。

卒業後の進路は院進が多い。金子さん自身は米国やイタリアの大学院への進学を考えているという。かねてから留学したいという思いがあり、建築教育の姿勢に引かれたからだそうだ。大学院修了後は帰国し、国内の建築系の仕事に携わるつもりだ。

理Ⅰ→工学部都市工学科都市環境工学コース

五百藏《いおろい》 真聖《まさと》さん

SI	月	火	水	木	金
1	応用水理学		生態学・生態工学	地理学Ⅰ	水環境学
2	都市住宅論	広域計画	土地利用計画論	都市・まちづくりと法	
3	応用統計	都市工学演習B第二	環境反応論	環境工学実験演習第一	環境工学実験演習第一
4			都市交通システム計画		
5					

「水」という視点から都市を見る

都市工学科との最初の出会いは、高校時代に訪れた東大のオープンキャンパス。学科の企画に立ち寄ったのは偶然だったが、都市・インフラへの関心が高かった五百藏さんの心を引き付け、東大を志望することを決めた。入学後は地理部に所属するなど地理への関心もあった五百藏さんは、特に水・河川について学べることに引かれ都市工学科都市環境工学コースに進学した。

都市計画コースと進路を迷うこともあったが、実際に進学してみると、国際的な環境問題や上下水道といった分野が自分の関心と合致していて面白かったと語る。

学科の特徴的な授業は、必修の「都市工学演習」や「環境工学実験演習」だ。都市環境工学コースでは、他の建設系の学科・コースと異なり化学系の実験も多い。印象的だったのは、河川へ出向き、水質調査などの実験・解析を行ったことだという。実験の予習やレポートの負担は大きいが、達成感がある。演習では地球温暖化や大気汚染などの環境問題に関する文献調査・データ解析を行う。上下水道の設計や降雨と河川流量のモデル化など、水に関する演習も多い。都市に留まらない大きなスケールで対象を扱うのも、都市環境工学コースならではだ。

人数が少なく、グループワークも多いため、全員と仲良くなりやすい環境だ。有志で旅行に行ったり五月祭で企画を実施したりと、授業外での関わりも深い。

卒業後は院進する人が多いが、建設系の企業やコンサルティング、商社などに就職する人もいる。進学先は工学系研究科都市工学専攻のほか、学科内の一部の研究室が属する新領域創成科学研究科などだ。五百藏さんも院進し、下水道の研究をする予定とのことだ。

後期課程授業紹介

前期教養課程の授業の情報はあれこれ出回っているが、後期課程ではどの学科・専修・コースでどのような授業が開講されているのか知らない人も多いはず。知る人ぞ知る、後期課程の魅力的な授業をのぞき見してみよう。

人体解剖学(マクロ)

開講所属:理学部生物学科

理学部生物学科の3年生は人類学を学ぶA系と基礎生物学を学ぶB系に分かれます。A系の学生は3Sセメスターのほとんどを医学部で過ごし、医学科生と一緒に解剖実習にも参加します。

4~5人のグループに対して1人のご献体が割り振られます。約2カ月かけて、教科書と図鑑を頼りに、丁寧に全身(脳以外)の解剖を進めていきます。身体の中の構造は、きれいに教科書や図鑑で得たイメージ通りのことも、教科書に載っていない変異があることも。目で見て学ぶので深い理解ができ、日々感動することばかりです。

試験前には膨大な量の解剖学用語と全身の構造を頭に入れる必要があり大変です。しかし、実習を終えると、ヒトの身体の理解には欠かせない、全身の骨や筋肉の立体構造や機能、神経の分布などの知識を身に付けることができます。進化など、人類学ならではの視点を持って楽しめるのも生物学科に所属しながら解剖実習に参加する意義だと思います。

文化人類学特殊演習（南アジアの民族誌講読）／専門英語（76）

開講所属：教養学部教養学科
超域文化科学分科文化人類学

4枚看板の授業で、後期課程生と大学院生向けに開講されています。

教員の用意した論文に発表担当グループを決め、毎週1本ずつ議論する授業です。南アジアを中心に、ある地域の葬送儀礼が示す性役割や死の観念について、喪失や集合的暴力を前にした宗教的・習俗的実践についてなどを扱います。

文献は論文ながら民族誌的でもあり、科学的な論文のように構成立っていないことも。また民族誌のあり方として、描写する出来事に意味付けをしないことがあり、難解です。それでも時に涙する履修生もいるのは、教員や自身の専攻と引きつけて解釈を試みる発表担当者の努力のおかげです。

テクスト分析演習Ⅴ

開講所属：教養学部教養学科
超域文化科学文科言語態・
テクスト文化論コース

2021年度に芥川賞候補となった作品を一つずつ読み、芥川賞選評者による各作品への評価の妥当性などを考察する授業です。発表担当者は、筆者の経歴や他媒体のインタビューから分かる執筆背景、選評者のコメント、本文構成や表現の分析をレジュメにまとめて発表します。その発表を踏まえ、みんなでディスカッションする授業でした。

私はそれまで芥川賞を追っていたわけではなく、たくさん読んだのはこの時が初めてだったのですが、どの作品も純粋に面白くて毎週読むのが楽しかったです。先生や他学生のコメントを通して文学批評のやり方に初めて触れて、その難しさや解釈の多様性も体感しました。現代日本の文学を扱う授業はシラバスを見た限り、文学部などにも意外とないので、そういった意味でもユニークな授業だと思います。他学部履修者もかなり多かった印象です。

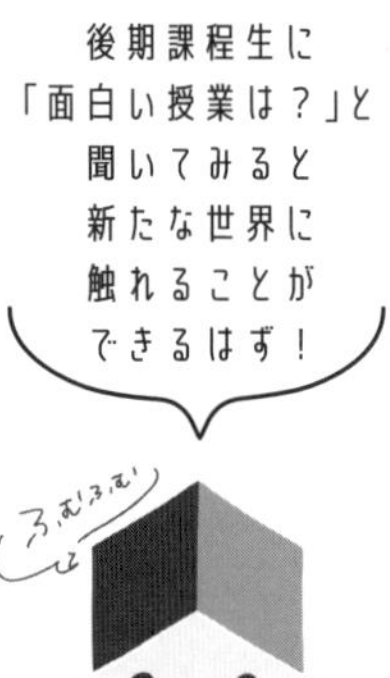
後期課程生に
「面白い授業は？」と
聞いてみると
新たな世界に
触れることが
できるはず！
ふむふむ

大学院生活紹介

外部の人にとっては想像がつきにくい、大学院。
漠然と進学を考えている学部生や、
他大学から受験を考えている人も多いだろう。
東大の大学院に通う学生たちは、何を学び、
どのような日々を送っているのか。
４人の大学院生に、大学院での生活や
学習・研究、大学院入試対策について話を聞いた。
加えて大学院入試の対策スケジュールと、
入試対策・大学院での生活・研究室選びについて
取材してまとめた。
（取材に基づく試験内容は今後実施されるものと異なる場合があります）

大学院生生活Q&Aと入試対策スケジュール

Q1 最も力を入れた院試対策

A 研究計画書を書くときには頑張ってたくさん論文を読みました。（理学系研究科・仲里さん）／授業資料の振り返りです。（工学系研究科・平田さん）／小論文対策です。出題テーマに近い内容の書籍を読んだり過去問を解いたりしました。（法学政治学研究科・中島さん）／卒論です。やっぱり研究で一番大事なのは論文だと思います。（人文社会系研究科・齋藤さん）

Q2 自分に合うゼミ・研究室の選び方

A 研究内容だけでなく、教員の教育方針も自分に合っているかどうかも重視しました。（理学系研究科・仲里さん）／教員や研究室・サークルの先輩など、自分より経験を積んでいる人たちに相談するのが良いと思います。（工学系研究科・平田さん）／一言でいうのは難しいですが、幅広く学んで視野を広げることで「ここぞ」という研究室などに出会えると思いますよ。（人文社会系研究科・齋藤さん）

Q3 学習・研究で楽しい瞬間

A 人と議論した後。（理学系研究科仲里さん）／それまでの学習・研究などで得たさまざまな情報が頭の中でつながる瞬間です。（工学系研究科・平田さん）／司法試験合格という大きな目標に向けて、仲間と共に励むことができる点です。（法学政治学研究科・中島さん）／知識の間に意外な結びつきを見つけた時ですね。（人文社会系研究科・齋藤さん）

院試対策スケジュール

審査対象：外国語、専門科目試験（計画・設計・論文／都市工学専門）、口述試験

東大工学部→工学系研究科都市工学専攻 平田さんの場合

・苦手な英語は東大で実施の講座受講　・TOEFLを２度受験
・専門科目は１週間に１科目のペースで対策

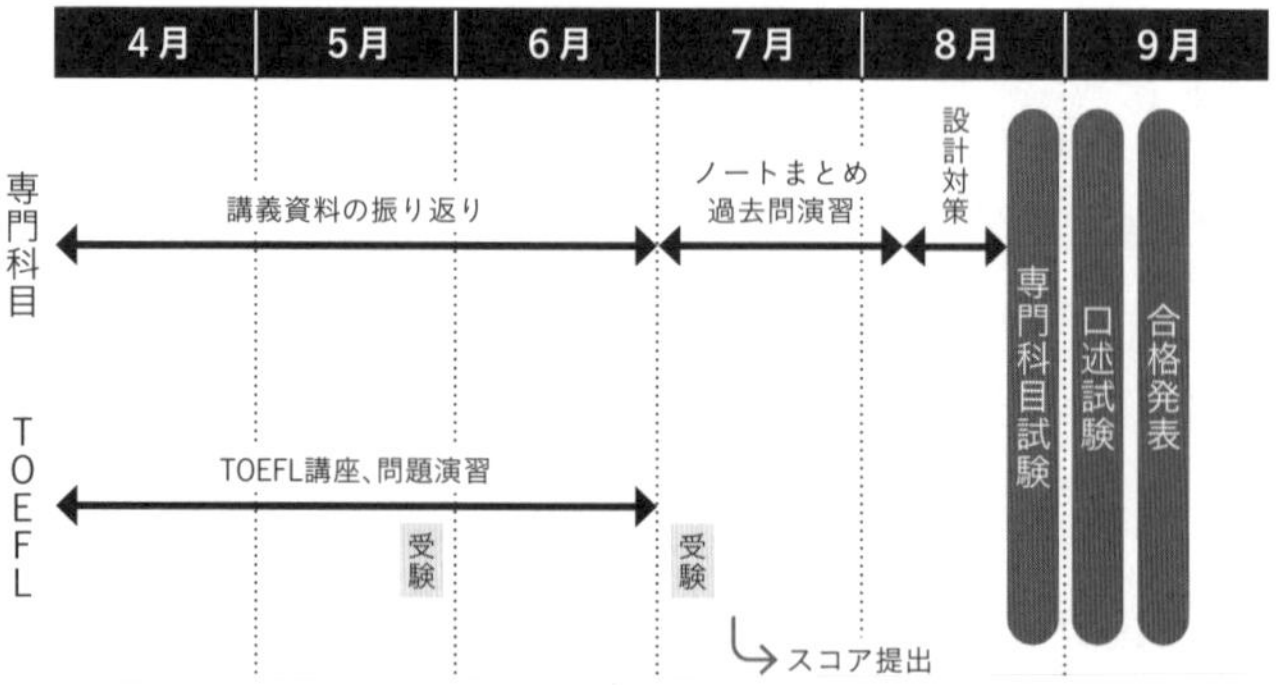

理学系研究科 物理学専攻

仲里佑利奈《なかざとゆりな》さん
博士1年

学部から研究の世界に飛び込む

宇宙の研究を志して東大理学部物理学科に進学しました。現在の指導教員である吉田直紀教授（東大大学院理学系研究科）との出会いは学部2年次に受けた物理数学の授業です。授業の最後に吉田先生が「いつでも研究室見学に来てね！」とおっしゃったので即メールを送りました。学部4年次には吉田研卒業生の方の指導を受けて初期宇宙のシミュレーション研究を行いました。

私が院試を受けた年は、新型コロナウイルスの影響で物理学専攻では筆記試験が実施されませんでした。研究計画書を提出する必要がありましたが、こちらもどう対策すればいいのか分からず……。ただし、学部生の頃から研究を見据えて勉強していたことはプラスになったと思います。

大学院入学後は先輩方の熱量に圧倒され、自分もピッチを上げて研究を進めました。最初の研究は修士1年次に論文になったのですが、同時期にジェイムズ・ウェッブ宇宙望遠鏡が打ち上げられました。望遠鏡で直接見える銀河は、それまで研究していた初代星よりずっと後に形成された天体です。私自身銀河に関する基礎知識が全然なかったのですが、吉田先生の勧めもあって修士2年次からは観測チームに加わって銀河の研究を行っています。

卒業後の進路は未定ですが、海外で研究したい気持ちもあります。学術振興会の若手研究者海外挑戦プログラムなども活用して将来を見据えた場所に行ってみるべきなのかな、と考えているところです。

一週間の過ごし方例

	月	火	水	木	金	土	日
6:00〜7:30	登校準備						
7:30〜9:00	登校					登校準備	
9:00〜10:30	論文セミナー	研究	論文セミナー	研究	論文セミナー	登校	家事
10:30〜12:00	セミナー		研究		研究	研究	
12:00〜13:30					TA		
13:30〜15:00	ミーティング	研究	研究	セミナー		キックボクシング	
15:00〜16:30	ゼミ					自由時間	
16:30〜18:00	ミーティング	ゼミ	ミーティング		研究	ゼミ準備	
18:00〜19:30	夕飯	研究	ボクササイズ	研究			
19:30〜21:00	研究	キックボクシング	研究			研究	自由時間
21:00〜22:30		研究				自由時間	
22:30〜24:00	帰宅／自由時間						

工学系研究科　都市工学専攻

平田《ひらた》一馬《かずま》さん
修士2年

難題に取り組む大変さを楽しむ

学部時代は東大工学部都市工学科で、水処理や大気汚染、廃棄物処理など、生活に関する環境問題全般を学びました。卒論では資源循環をテーマに、使い捨てプラスチックを日本国内でどれだけ減らすことができるかを研究しました。

院進を決めたのは、4年次に上がる直前の春休みです。元々漠然と進学を考えていましたが、春休みに企業の説明会に参加する中で、社会人の方から「専門性を生かした仕事がしたいなら大学院に行ったほうが良い」とアドバイスされ、進学を決めました。現在も学部と同じ研究室で、植物由来のものやリサイクルされたもので、原油から作るプラスチックをどれだけ代替できるかを研究しています。答えが出ない問題に取り組むのは大変ですが、その大変さを楽しめています。

学部時代からの大きな変化は、自分の興味関心に基づいて主体的・能動的に学ぶようになったことです。学部生の時は、学科で用意された授業に沿って知識を付ける、受け身の学習をしていました。研究も指導教員がある程度レールを引いてくれましたが、大学院ではいろいろと寄り道をしながら、自分で「何を学ぶべきか」を考えて学んだり、参考になりそうな先行研究を探したりして、自らの研究に生かすことが求められます。自分の興味関心を突き詰め、専門性を深められるのは大学院の魅力ですね。修了後はシンクタンクで、プラスチックの資源循環に関する業務に携わる予定です。

一週間の過ごし方例

	月	火	水	木	金	土	日
6:00〜7:30							
7:30〜9:00							
9:00〜10:30							
10:30〜12:00	家事(家の手伝い、片付け等)					英会話(空き時間に週2時間ほど)	
12:00〜13:30	研究・勉強			研究・勉強			サークルなど
13:30〜15:00		ティーチングアシスタント(TA)					
15:00〜16:30	Joint Meeting(他研究室と合同で研究発表)			研究室ゼミ(不定期)		研究・勉強	
16:30〜18:00	研究・勉強				研究・勉強		
18:00〜19:30							
19:30〜21:00							
21:00〜22:30							
22:30〜24:00	研究・勉強						
24:00〜26:30							

人文社会系研究科 欧米系文化研究専攻

愛読書に導かれて

学部時代の専門は演劇学で、文学研究ではありませんでした。でも、池澤夏樹・編の『世界文学全集』（河出書房新社）に収録されていた石牟礼道子の作品の表現に感動して。腰を据えて研究したいと思い、以前から憧れていて『世界文学全集』の翻訳者も複数在籍した今の研究室に進みました。

現在は地方の文化を多く取り入れている石牟礼文学を民俗学の視点も取り入れて研究しています。研究室は意欲と覚悟さえあれば欧米文学に限らず自分のように日本文学も扱える「なんでもあり」な環境。知らないことに触れられて刺激を受けますし、自分の研究を見つめ直すきっかけも得られます。課外活動としては海外から文学者が訪れるイベントやサマースクールに参加し交流や議論を重ねています。

親からの生活援助を受けなくなり「生活がかかっている」という意識が強くなったことで、研究への姿勢が変わりました。本を読む時も、論文執筆を前提として普段から理論の裏打ちを探すようになりましたね。生活面では朝型の生活リズムを意識しています。先生方も朝に論文執筆を進めている人が多いそうなので。

将来は博士課程に進み、研究職に就きたいです。もちろん狭き門なので、最終的に隣接する翻訳などの仕事をする可能性はありますが。資金のやりくりは苦しいですが、日本学術振興会特別研究員への応募や一旦就職することなど、いろいろと検討しています。

齋藤《さいとう》央樹《ひろき》さん
修士2年

一週間の過ごし方例

	月	火	水	木	金	土	日
6:00〜7:30	研究			研究		研究	アルバイト
7:30〜9:00							
9:00〜10:30							
10:30〜12:00				講義			
12:00〜13:30							
13:30〜15:00	シエスタ						
15:00〜16:30							
16:30〜18:00							
18:00〜19:30	読書						
19:30〜21:00							
21:00〜22:30							
22:30〜24:00							

法学政治学研究科
法科大学院

仲間と共に目指す合格

学部生の頃は早稲田大学で政治学を専攻していました。選挙データの計量分析など、政策について勉強するうちに法律の重要性に気付かされ、弁護士を志すようになりました。司法試験の合格を目指し、2年次の秋ごろから法科大学院の受験を考え始めました。

法学部出身でない私は3年かけて法律を段階的に学ぶ未修習者コースを受験し、院試は英語外部試験と、志望理由、小論文、学部時代のGPAが必要でした。英語は留学経験もあり自信があったため、出題テーマに近い内容の書籍を読んだり過去問を解いたりして、小論文対策に注力しました。

司法試験合格がゴールなので、1年次は民法や刑法といった7種の基本科目のインプットがメインです。おのおのが履修を自由に組める大学生活というよりは、大学受験期の高校生のような時間割に近く、週に4日は同じクラスの人と顔を合わせています。皆年齢も経歴もバラバラなので、発見も多いです。

生活のメインは、やはり勉強です。毎週出される課題は、質・量ともに重く、ついていくだけでも大変なので、バイトやインターンは一切やらずに生活の大部分を勉強に捧げています。法科大学院は進級条件が厳しく、3分の1の学生が留年する年もあるとさえ言われています。仲間と努力できるのは、本当に大きなモチベーションになっています。将来的には初心を貫き、政策立案などに関わっていきたいと考えています。

中島《なかじま》ひさのさん
法科大学院1年

一週間の過ごし方例

	月	火	水	木	金	土	日
6:00～7:30							
7:30～9:00				全休（大学で勉強やジム）		勉強・遊び	
9:00～10:30	授業	授業	授業		授業		
10:30～12:00		図書館で勉強					
12:00～13:30	テニス	お昼	お昼		お昼		
13:30～15:00	授業				授業		
15:00～16:30					図書館で勉強		
16:30～18:00	図書館で勉強		図書館で勉強				
18:00～19:30			友達と夕食		友達と夕食		
19:30～21:00	帰宅						
21:00～22:30	勉強		帰宅		帰宅		
22:30～24:00			勉強		勉強		

高専から東大へ

高等教育機関に分類され、中学卒業後の５年間で
専門的な教育をする高専（高等専門学校）。
５年の本科を卒業すると準学士の学位が与えられ、
大学に編入学することもできる。
東大工学部に編入学する学生も一定数おり、
高専で身に付けた知識や技術を生かして学んでいる。
高専から東大に編入学した東大生３人に
話を聞いた。

東大
編入学者座談会
高専

参加者

田《た》中《なか》柊《しゅう》平《へい》さん
工学部システム創成学科Cコース3年（22年入学）

奥《おく》田《だ》耕《こう》大《だい》さん
工学部社会基盤学科3年（23年入学）

渡《わた》邉《なべ》隆《りゅう》憧《しょう》さん
工学系研究科建築学専攻修士1年（20年入学）

高専とは

――高専に進学した理由を教えてください

田中　小学生の頃からプログラミングを楽しんでいました。高校受験のタイミングで高専では専門的にプログラミングの勉強をできることを知り、電子制御工学科に入学しました。

奥田　中高一貫の中学校に通い、東大生の多くが通っていたような塾で勉強していたのですが、このまま周りと同じように5教科を勉強していて良いのかと疑問を抱いて。専門的な分野を勉強した方がより良い時間を過ごせるのではないかと思い、土木に興味もあったので進学しました。

渡邉　地方出身で、公立高校の受験に失敗したら私立高校に行くのが普通だったのですが、学校の先生から高専というイレギュラーな選択肢もあると教えてもらったんです。学科は一番面白そうだと思った建築を選びました。

――高専ではどのようなことを学んでいましたか

田中　機械や電気、プログラミングなど、工学の基礎と考えられているものを広く学んでいました。

奥田　道路や鉄道、港湾施設などを造って維持するために必要なこと、例えば柱や土、コンクリートにどんな力が作用す

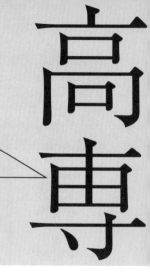

るかなどを学んでいました。

渡邊　建築の4分野である意匠、構造、環境、計画を全般的に学び、そのうち構造系で地震の被害に関する研究をしていました。

2年次からの編入は大きなメリット

――東大への編入学を意識したのは

田中　4年次の9月ごろだったと思います。筑波大学なども考えていたのですが、勉強していく中でもしかしたら行けるんじゃないかなと。東大では編入学者は2年次からのスタートになるので、他の大学に編入するより1年長く大学生活を楽しめるというのが大きかったです。

渡邊　4年次のタイミングで中学校の同期が大学生になり、楽しそうだったので編入したいと考えるようになりました。編入試験の科目は大学や学科ごとに違い、東大の建築学科は数学と英語だけです。第1志望としていた名古屋大学は英語・数学・物理・化学の4教科、他に受けようと思っていた名古屋工業大学は建築の専門分野も合わせた5教科でした。せっかく5教科勉強するなら東大も受験することにしました。

――受験勉強はどのように行いましたか

田中　一般入試との違いとして、受験仲間が多くないことが挙げられます。周りは就職か、高専の専攻科に進学するか、技術科学大学に編入する人がほとんどだったので、Twitterで東大を目指す人と連絡を取りながら、問題集をひたすら解いていましたね。参考書は充実していませんが、東大の1、2年生が期末試験対策で同じ問題集を使っているのを見かけることがあります。

奥田　高専の目的は大学進学ではなく、あくまで専門的な知識を教えることなので、受験勉強中だろうと学校から課題は出ています。特に平日は勉強時間を作るのに苦労しました。いつ、どの参考書を終わらせるか、参考書の中でもどこを重点的に理解するか、ものすごく細かく計画を立てました。ストレスも溜まるので、勉強後1時間だけカラオケで熱唱してから帰ることもありました（笑）

――東大ではどのような勉強・研究をしていますか

田中　モデリングとシミュレーションを軸として、社会工学・情報工学・経済学などを学んでいます。高専では工学の基礎を広く学んできたので、大学では社会に近いところで工学をどう活用するかという視点で勉強しています。

奥田　駒場で教養科目を学びながら、独学で機械学習の勉強もしています。4年次に土木関係の企業のインターンに参加しました。デジタル人材が求められている中、現場の技術者は最新の情報技術をものにしきれていないという現状を知りました。東大に入ってからは自分でコードも書いていて、プログラミングもできる土木技術者になれたらと思っています。防災士の資格を持っていて防災にも興味があるので、学科では今の日本の防災制度をまちづくりの観点から研究したいと考えています。

渡邊　高専では建築4分野のうち構造系の勉強をしていましたが、東大では環境系で、どのように蓄熱材を施行すればより快適な家を作れるかという研究をしています。温度など建物のデータを計測することで、ＢＣＰ（事業継続計画）の評価につなげられたらいいなとも考えています。

——東大に編入して良かったことは

全員　出会いが多く、多様な人と関われることです。

奥田　高専では先生から「こんなんあるで、あんなんあるで」と言ってもらえましたが、大学では自分で情報を取って行動する必要があります。行動しさえすれば得られるものは多いです。一方で、科類と学年は説明がややこしいですね。編入生は科類に割り振られず3年生を2回やるのですが、学年を聞かれると「2年生と言っても過言ではない」と説明しています。

渡邊　東大は進学選択の制度があり、編入生も内部生も2Ａセメスターで初めて同じ学科の人と会うので、最初のコミュニティーが作りやすいです。他の大学だと、内部生のコミュニティーに入れず、編入生としか関わらずに大学生活が終わることもあると聞きます。僕はあまり参加していませんが、編入生のコミュニティーも結構しっかりしています。

——今後の進路を教えてください

田中　文系就職を考えていて、ちょうど就活を始めたところです。高専の卒業研究で、もう研究はやりたくないと思ってしまって。

奥田　学部卒業で就職しようと考えています。早く社会に出たいという気持ちがありますし、土木の業界では院卒と学部卒で待遇の差は大きくないと感じています。

渡邊　まだやりたいことが決まっていないので、扱える分野を広げるために院進しました。博士課程に進むと逆に就職しづらいとも聞くので、修士課程の修了に合わせて就活を始めようと思っています。

INTERVIEW

「楽しい」をひたすら追求できる高校生活を「面白い」をだれでも追究できる東京大学を

東大総長 **藤井輝夫**さん

第31代東大総長を21年4月から務める藤井輝夫総長。教育研究機関としての東大のトップであると同時に、国立大学法人東京大学のガバナンスも担っている。麻布学園麻布中学校・麻布高校を卒業後、1浪を経て理Ⅰに入学した元受験生・元東大生でもある藤井総長に、学生時代の思い出と東大の未来像・受験生へのメッセージを聞いた。（構成・金井貴広、取材・金井貴広、松本雄大、撮影・園田寛志郎）

PROFILE ＞ 藤《ふじ》井《い》輝《てる》夫《お》 総長／93年東大大学院工学系研究科博士課程修了。博士（工学）。07年から21年3月まで東大生産技術研究所教授。総長補佐、生産技術研究所長、大学執行役・副学長、社会連携本部長、理事・副学長などを経て21年4月より現職。

アンコールの中、エレキギターを

——まずは藤井総長自身の高校生時代から東大入学までを聞きます。高校生の頃はどのような活動をしていましたか

自分のやりたいことに打ち込んでいて、バンド活動と水泳部の活動に時間いっぱい取り組んでいましたね。朝泳いでから受けた授業は眠かったのを覚えています。

バンドではエレキギターを弾いていました。麻布の文化祭では講堂でRCサクセション（ロックバンド）の曲などを弾いていたのですが、お客さんが盛り上がり過ぎちゃって。アンコールが続いてずっと演奏したのが一番の思い出です。

文化祭でのバンド活動。ともにヒョウ柄の服を着ているのが藤井総長（写真はともに藤井総長提供）

——当初の専門であった海中工学に関わる海への関心は幼少期から持っていたそうですね。高校時代には自身の将来についてどれほど考えていましたか

高校を卒業して社会に出たら、仕事やキャリアを真剣に考えなければいけなくなるという意識はありました。将来何をしたいか考える際に影響したのが幼少期に見たアポロ月面着陸です。「人類が月にまで行けるようになったんだ。それを可能にする人類の技術ってすごい」と思いました。海が好きだったことも影響して、月と同じように、まだよく知られていない海中の世界を調べる「技術」を手掛けられたら面白いと思うようになりました。

そのため受験校を考える際には、海洋関係の学問を学べる大学を候補にしました。東京出身なので、関東の大学を探し、東大を受験することにしました。

受験勉強に向き合い始めたのは高校3年生の夏休みが終わった後ぐらいです。それまでは「楽しいことを追求する」という感じで学生生活を送っていました。

――1年間の浪人生活を経て東大に合格します

近所の予備校に通い、マイペースに過ごしていました。浪人が決まって、まずしたことは自動車の運転免許を取ることでしたね。それでドライブに行ったりして。受験生の皆さんの参考になるかは分からないですが（笑）。それまで毎日通っていた学校という枠組みがなくなったことで、自分自身のことをよく考える良い期間になったと思います。

――入学して感じた東大の環境は

全学ゼミという授業を通して、前期教養課程から、のちに指導教員となる浦《うら》環《たまき》先生のゼミに参加しました。ＮＯＡＡ（米国海洋大気局）のDiving Manual を読むというものです。これはラッキーでしたね。

大学でもバンドやダイビングなど、課外活動に打ち込む生活でした。最低限の授業は受けていましたが成績はあまり良くなかったと思います（笑）。大学に入りたての頃には大掛かりなチャリティーイベントを開催しました。当時発生したエチオピアの大飢饉に対して、アメリカやイギリスでチャリティーコンサートなどの音楽活動を通じて寄付をする活動が活発化しており、それに触発される形で企画しました。

大学院在籍時、自身が製作した海中ロボットとともに（写真は藤井総長提供）

――一貫して「楽しい」と思えることを追い求めていた学生生活がうかがえます。一方で高1・高2の読者の中には、東大に合格するには「今から真面目に勉強しなければいけないのでは」と考えている人もいると思います

「楽しい」に向き合う経験は学びに

私にとってのバンドや水泳、チャリティーというように、誰かに指示されなくても、自分自身で興味を持ってどんどん進められることってあるじゃないですか。こういうものに労を惜しまないで向き合う経験から学べることは多くあります。例えば例に挙げた文化祭やチャリティーイベントは、大きな規模で行います。試行錯誤することで、全体をうまく進める方法が分かってくるようになるのです。こういう経験を通して、楽しみながら物事を突き詰めて考え、実践することの重要性を学びました。

大学での研究は、それぞれの教科・分野をさらに自分で深く考え、掘り下げていきます。一方で、これらを社会の中で実践しようという段階では、教科の学習から少し離れた具体的な経験も重要です。東大には体験活動やフィールドスタディのプログラムがありますが、ここでも現場の問題を捉え、解決策や新しい方法を自分で考え、実行するために段取りを考えることが求められます。私はこれを「学びと社会を結び直す」と表現しています。

勉強には、物理や化学のような教科区分もありますが、社会の営みには、この区分が当てはまらない分野もたくさんあります。分野の枠にとらわれず広い視野で活動できるよう、興味を持てたり気になったりす

東大の産学官連携の最近の主な例

提携先	協定等の締結月	提携内容（抜粋）
クボタ	21年11月（産学協創協定）	・食糧・水・環境分野で共同研究と人材育成、人材交流を実施（10年でクボタは約100億円を拠出） ・クボタは東大生にグローバルインターンシップを提供 ・東大はクボタ社員に対するリカレント（学び直し）教育を実施
三菱地所	22年10月（産学協創協定）	・東大の卒業生・研究者・学生対象のスタートアップ支援プログラム「東京大学 FoundX」の運営などを通じた従来からの連携の強化 ・本郷周辺地域にイノベーションの創出と成長を促進する環境の創出を目指す「三菱地所東大ラボ」の設立
IBM	23年５月（それぞれ米シカゴ大学を交えた３者間のパートナーシップ）	・IBM は量子コンピューターの利用機会の提供や共同研究、テスト機によるハードウェア技術開発・教育プログラムなどを実施（東大に10年で5000万米ドル規模を投資）
Google		・Google は量子コンピューター研究支援、研修プログラムやアントレプレナーシップ、起業への支援を実施（両大学に合わせて10年で最大5000万米ドル規模を出資）
金融庁	23年５月（連携協力に関する基本協定書）	・データに基づく金融市場や金融行政の工学的研究での協力 ・金融庁職員へのデータ分析手法の教育・東大生への金融リテラシー教育での連携 ・産官学連携による新たな資金調達手法の開発

（東大の発表を基に東京大学新聞社が作成）

ることがあれば、高校生や大学生のうちに、突き詰めて取り組む経験をしておくと良いでしょう。

――ここからは現在の東大をめぐる質問です。本年度の東大の春入学者の女性比率は22・6%でした。過去最高だった一方で、25%や30%といった目標値には到達していません。東大で学びたいという思いを持つ女性が受験を志しやすい環境を構築するために必要なことは何ですか

東大入学者の女性比率の推移（※各年4月1日時点）

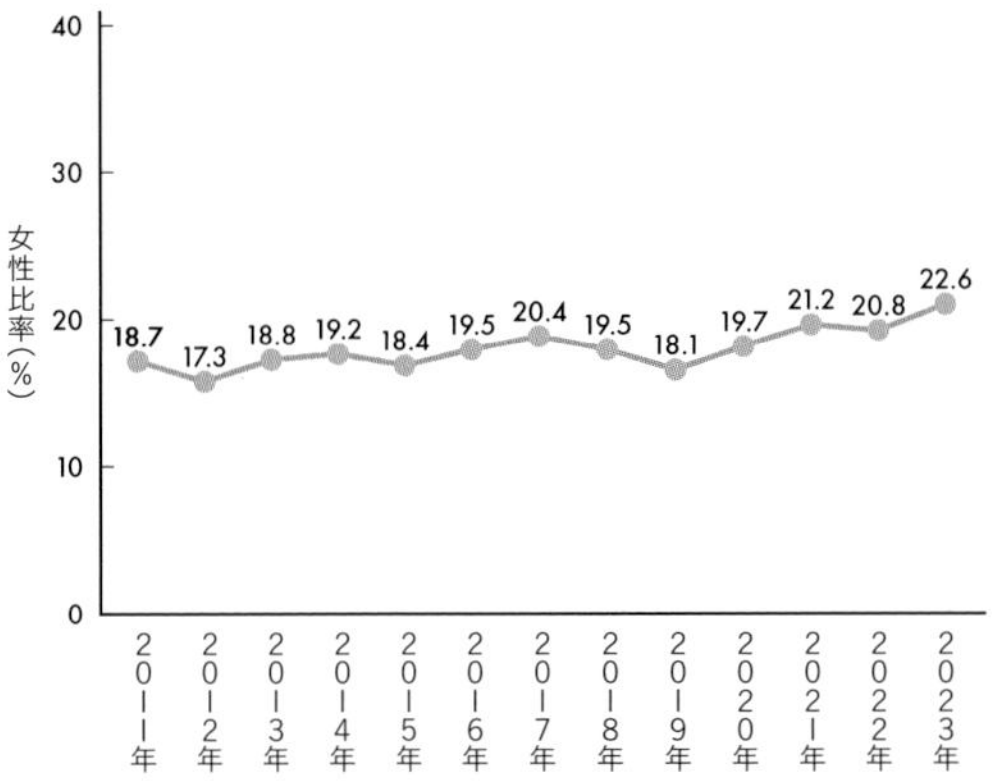

（東大の発表を基に東京大学新聞社が作成）

東大を、女子学生の皆さんにとって生活しやすい環境にすることが最重要だと考えます。そのためには、先生方や学生の皆さんの意識を変えていくことが重要です。また、女子学生が東大入学後にどういう選択肢を持てるのか分かりやすく示すことも大事だと思っています。女性がどう活躍しているのか、どのようなキャリアがあるのか、産業界とも連携して、示そうとしています。受験生だけでなく、ご家族の皆さんにも理解していただく努力も必要だと思っています。

また、現時点では具体的なプランは示せませんが、将来的には、東大への入り口を多様化する、つまり入試制度の多角化には以前から課題意識を持っています。これまでずっと男性がマジョリティで創られてきた環境を変えていくことは重要です。

――東大の環境を変えるために教員や学生の意識を変えていく必要があるという点について、東大は昨年の「東京大学 ダイバーシティ&インクルージョン宣言」（D&I宣言）の制定など、近年D&Iに関する取り組みを進めています。一方で学生ら一般の東大構成員内での知名度は十分でなく、大学全体としてこの意識を共有できていないように思えます

多様性と包摂性がある東大への鍵は学内の意識改革

「東京大学ダイバーシティ&インクルージョン宣言」

（前文略）

1．ダイバーシティ（多様性）の尊重

東京大学が基本的人権を尊重し、学術における卓越を実現するためには、多様な構成員によるたゆまぬ対話の実践が不可欠です。東京大学は、すべての構成員が人種、民族、国籍、性別、性自認、性的指向、年齢、言語、宗教、信条、政治上その他の意見、出身、財産、門地その他の地位、婚姻の状況、家族関係、ライフスタイル、障害、疾患、経歴等の事由によって差別されることのないことを保障します。

2．インクルージョン（包摂性）の推進

（前略）多様な構成員が、意思決定プロセスを含む東京大学のあらゆる活動において、様々な属性や背景を理由に不当に排除されることなく参画の機会を有することを保障します。（後略）

（抜粋等は東京大学新聞社による）

D&Iに関する知見・知識は、サステイナビリティーや気候変動に関する知識と同様に、地球市民（グローバル・シティズン）として社会に出る時にはしっかりと持っておくべきものだと考えています。これらの知識を卒業までに全学生が学ぶ機会を確保する仕組み作りを行いたいです。

2年前に東大の学習管理システム「ITC-LMS」で障がいのある学生に対する大学の環境整備の紹介や多様な性に関する動画を公開したり、今年度から前期教養課程でD&I関連授業を大幅に増やしたりする工夫を行っています。D&Iに関心のある学生が関連情報にアクセスできる環境は作れていると思いますが、まだ学生の認知が低いことも把握しています。大学としてSNSなどで情報発信に取り組んでいますが、意識改革が進む方法を、学生の皆さんと相談していきたいと思っています。

――東大の学部入学者は全員2年次まで教養学部に在籍することからも分かるように、東大では教養教育を重視しています。さらに3年次以降の後期課程でも後期教養教育を推進するなど、さらなる教養教育の強化に取り組んでいます。この理由を聞かせてください

後期課程に入って専門分野を学ぶようになると、その分野のことがよく分かるようになりますが、その一方で、自身の専門分野だけの視野に偏ってしまいがちになることがあります。しかし、自分の行っている研究が、世の中でどのような位置付けなのかを意識することは重要です。技術が発展していって、その使い方次第では、良いことも悪いこともできるということはよくありますよね。科学者はその分野の研究だけを突き詰めていけば良いというのは間違いで、多くの分野の方々と議論し、相対的な位置付けを見失わないようにしながら、コンセンサスを形成していく必要があります。いわゆる「科学者の責任」ですね。ゲノム編集の是非はその好例です。これはいわゆる理系学問に限った話ではありません。例えばサステイナビリティーのような問題は特定の分野の技術だけでは解決できず、ルールメイキングやビジネスなどにおいては、むしろ文系学問が主要な役割を果たします。

大きな問題に対しては、あらゆる学問分野の視点から問題を解決する必要があります。この意味でもダイバーシティは重要なのです。いろいろな分野にまたがることをどのように学び、研究し、開発すれば良いかということは世界的な課題です。多様な学問分野を専門とする先生方がいる東大は、地球市民としての教養を身に付けるには非常に良い環境だと考えています。世界から多くの人に立ち寄ってもらい、学生と意見交換できる場にしていきたいですね。

――新型コロナウイルスやウクライナ危機の中で「世界の公共性に奉仕する大学」としての東大の役割が大きくなっていると述べています。さらにChatGPTなど生成系AIの登場で学びの意味を問い直す言説も出ている中で、東大が受験生に求める姿勢に変化はありますか

「対話」して考えることが必要な世界 そのきっかけが東大にはある

「世界の公共性に奉仕する大学」としての東大の役割は大きくなっています。私が総長として示した東大の基本方針「UTokyo Compass」では「対話」を重視しています。ここで言う対話とは、未知なるものを知ろうとする実践のことです。

知るためには問いを立てる必要がありますが、他者とともに問い、ともに考えるなかで、信頼に基づく共感的理解を醸成することができます。東大は、学知を生み出す存在として、対話を通して私たちが直面する課題の解決への手掛かりを見出していく、あるいは聞こえにくい声をしっかりと聞いていく、そうしたことが求められていると考えています。

東大ではいろいろな人たちと対話する機会を用意しています。外の世界と関わるのが得意だという人には、東大でその機会を活用してもらい、それ以外の人たちにも、それぞれ得意な分野での役割を果たしてもらう、そういう環境が東大にはあります。

——最後に未来の東大生である受験生に向けてメッセージをお願いします

東大に来て、自分が興味を持ってやりたいと思えることを、のびのびやってもらいたいと思っています。皆さんが突き詰めたいと考えたことに存分に取り組めるよう、高レベルで広範な学問を提供できる東大を目指して、私たちも環境を整備します。ぜひ東大で一緒に活動できればうれしいです。

東大
ニュースを振り返る

「東大」には多くの顔がある。
受験生の目標であり、
学びの場・学生の活動の場であり、
研究組織であり、法人でもある。
さまざまな側面で東大は日々変化を続け、
何らかのニュースが生まれる。
この1年の主要ニュースを通して、
最近の「東大」の動きを見てみよう。

22年6月
〜23年4月

ダイバーシティ&インクルージョン 1年で東大はどう変わった?

東大は「東京大学　ダイバーシティ&インクルージョン宣言」を22年6月に発表。さまざまな背景や属性を持つ大学構成員が差別や不当な排除を受けないことを示した宣言では「ダイバーシティ（多様性）の尊重」として基本的人権の尊重と対話の実践を行い「インクルージョン（包摂性）の推進」としてコミュニティーの一員である意識を構成員が抱けるようにするとされている。ダイバーシティ&インクルージョン（D&I）実現に向けて、東大ではどのような動きがあったのだろうか。

I号館男子トイレの生理用品。自治会が病気を抱える男性などを念頭に設置している

生理用品の無料配布

学生からの大学への働きかけで、多様な視点の反映が進みつつある。教養学部は22年10月から駒場Iキャンパス内の一部の女子トイレと多目的トイレで生理用品の無償配布を開始。教養学部学生自治会が行ってきた交渉が実現した形で、自治会は独自に男子トイレにも設置を行った。当初は利用調査を兼ねた試験的な実施だったが、教養学部は23年度も生理用品の無料配布を継続的に続行すると発表。男子トイレの設置主体も学部に移り、キャンパス内での設置も拡大された。

D&I科目の開講

前期教養課程は23年度「D&I」に関係する授業を新設。年間で12コマを「D&I科目」として開講し、植民地主義研究や障害学などの分野の観点も盛り込んだ授業を展開する。学内D&Iの推進につなげる考えだ。D&Iの推進を行う清水晶子教授（東大大学院総合文化研究科）は「従来しばしば見過ごされてきた存在や経験や思考が、どのような学術的な分析と考察に結実してきたのか、その蓄積の上で私たちはどう思考し行動すべきなのか。東京大学における教養教育の重要な一環として、それを共に学び、考える機会をつくっていく」とコメントしている。

22年7月

2025年度入試 各科目はこう変わる 学習指導要領改訂に合わせ

2022年度の高校1年生から、新課程の学習指導要領での指導が行われている。それに伴い、25年度入試から大学入試も変わる。大学入試センターが新学習指導要領（新要領）に応じた大学入学共通テストの出題形式を発表しているほか、東大は7月に、25年度入学者選抜での出題教科・科目についての予告を行った。東大を志望する受験生が勉強することを求められる内容はどう変わるのだろうか。

(表1)「数学」の科目編成の変化

旧課程	数学Ⅰ	「数と式」「図形と軽量」「二次関数」「データの分析」
	数学2	（変更なし）
	数学3	「平面上の曲線と複素数平面」「極限」「微分法」「積分法」
	数学A	「場合の数と確率」「整数の性質」「図形の性質」
	数学B	「確率分布と統計的な推測」「数列」「ベクトル」
	数学活用	「数学と人間の活動」「社会生活における数理的な考察」
新課程	数学Ⅰ	「数と式」「図形と軽量」「二次関数」「データの分析」「整数の性質」
	数学2	（変更なし）
	数学3	「極限」「微分法」「積分法」
	数学A	「図形の性質」「場合の数と確率」「数学と人間の活動」
	数学B	「数列」「統計的な推測」「数学と社会生活」
	数学C	「ベクトル」「平面上の曲線と複素数平面」「数学的な表現の工夫」

地理歴史

共通テスト出題科目は「地理総合・地理探求」「歴史総合・日本史探求」「歴史総合・世界史探求」となる。東大の2次試験で文科が受験する「地理歴史」は、「地理探求」「日本史探求」「世界史探求」から2科目を選択する形式になる。

数学

新要領で科目が再編成されたことに伴い（表1）、25年度からの共通テストでは従来の「数学Ⅱ、数学B」が「数学Ⅱ、数学B、数学C」に変わり、「数学Ⅲ」の内容だった「平面上の曲線と複素数平面」が「数列」「統計的な推測」「ベクトル」とともに、選択問題として出題されることになる。東大の2次試験の出題範囲は、「統計的な推測」が文理ともに加えられる。

情報

新要領では「情報Ⅰ」「情報Ⅱ」という編成になり、このうち「情報Ⅰ」が必履修科目に。共通テストの「情報」も「情報Ⅰ」から出題。21年に公開されたサンプル問題では、適切にプログラムを完成させる問題や、回帰直線から項目の値を予測する問題が出題されている。東大は25年度以降の入試で、共通テスト「情報」の受験を必須とした。2次試験の科目として増設されることはなかった。

23年
4月・5月

東大、ChatGPTなどの授業利用への考え方を発表　教員や学科が判断を

東大の太田邦史理事・副学長（教育・情報担当）はChatGPTなど言語生成系AIツールについて、授業利用に対する考え方や学生向けの方針をオンライン授業やウェブ会議の情報を集積したポータルサイト（utelecon）上で相次いで発表した。AIツールの利用を大学として一律に禁止しないことを改めて提示し、利用の是非や方法については教育効果を最大化できるように個々の教員や各学科・専攻などが判断することが重要だとした。

教員らが教育方法を設計する際の具体的な考え方も発表。言語生成系ＡＩの使用で教育目標が達せられるかを授業担当者が判断し、利用の可否を学生へ明確に伝えるべきだとした。利用する場合は、個人情報の漏えいや著作権侵害の可能性が生じることを含めて伝達することも推奨。ＡＩの利用で簡単に解答が導かれないような課題の工夫や、課題に対する言語生成系ＡＩの回答レベルの認識をしておくこと、学生による不正の判断方法としてのＡＩ検出ツールを過信しないことが重要だとした。

学生に求めた内容は、授業での利用可否は担当教員の指示に従うこと、ＡＩが作成した文書を自分のものとして提出しないことなど。発表の中では授業によって生成系ＡＩの利用に条件を課す理由も説明。生成系ＡＩによる文章を課題回答とすることで、学生が自ら情報を収集・整理して知識を身に付ける経験を積めず長期的には能力を高められなくなるためとした。情報をうのみにせず、回答の信ぴょう性や方向性を精査し内容を修正する能力を磨くことが重要だとした。

言語生成系ＡＩがもたらす情報の真偽は不正確性が強い一方で、これらツールの登場が新たな思考方法や教育方法を提供するとの見方も示す。有用な情報収集や作業の効率化の可能性を念頭に、東大内の全学的な議論で各分野の対話を推進する予定で、今後発表文書の内容も更新する可能性があるとしている。

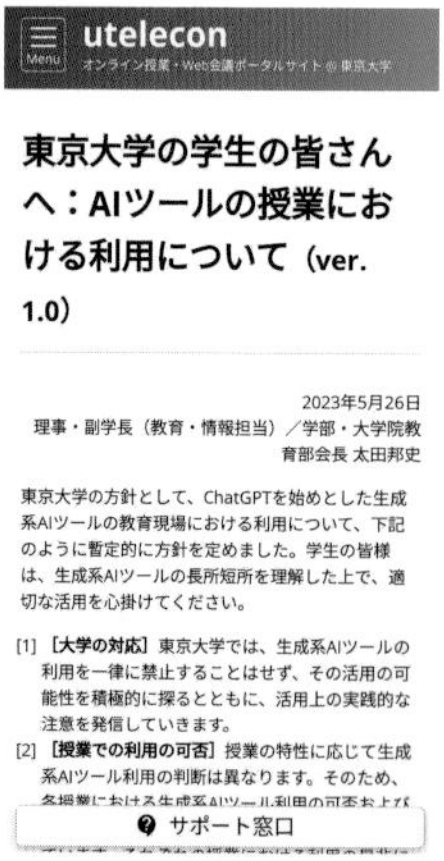
Menu
utelecon
オンライン授業・Web会議ポータルサイト＠東京大学
東京大学の学生の皆さんへ：AIツールの授業における利用について（ver. 1.0）
2023年5月26日
理事・副学長（教育・情報担当）／学部・大学院教育部会長 太田邦史
東京大学の方針として、ChatGPTを始めとした生成系AIツールの教育現場における利用について、下記のように暫定的に方針を定めました。学生の皆様は、生成系AIツールの長所短所を理解した上で、適切な活用を心掛けてください。
[1]【大学の対応】東京大学では、生成系AIツールの利用を一律に禁止することはせず、その活用の可能性を積極的に探るとともに、活用上の実践的な注意を発信していきます。
[2]【授業での利用の可否】授業の特性に応じて生成系AIツール利用の判断は異なります。そのため、
サポート窓口
uteleconで学生向けに発表された声明

スポーツで見る東大の動向

東大生は
勉強ばっかりしてる、
なんて思ってない？
そんなあなたに
「スポーツの東大」
見せちゃいます

スポーツニュースを振り返る

アイスホッケー 黄金世代の躍動で入替戦出場

Ｄｉｖ.Ⅰ昇格を賭け 立教大学と激突

関東大学アイスホッケーリーグ戦ディヴィジョン（Ｄｉｖ.）Ⅱで優勝を果たしたスケート部アイスホッケー部門は２０２２年12月４日、同リーグＤｉｖ.Ⅰ-Ｂで最下位に終わった立教大学との入替戦を戦った。

関東大学アイスホッケーリーグにはＤｉｖ.ⅠとⅡの間に分厚い壁がそびえ立っている。東大が所属するＤｉｖ.Ⅱは大学入学後に競技を始めた選手が大半を占める一方、Ｄｉｖ.Ⅰは主に経験者で構成されているためだ。その壁を打ち破る唯一のチャンスが、この入替戦。東大がこの舞台にたどり着くのは「関東の強豪私立大学が北海道出身のアイスホッケー経験者をスカウトするようになって以来はじめて」の快挙だと安東慧コーチは話す。

史上最高ともいえる布陣で臨んだ東大は、第１Ｐから果敢な攻撃を見せるが、開始２分、自陣でのフェイスオフからいきなり失点してしまう。その後も立大の攻撃を凌《しの》げず、シュート数は大差ないものの点差は３点まで開いてしまった。

第２Ｐ、流れを変えたい東大だったが両チームが互いにゴールを決めきれない膠着《こうちゃく》状態となる。そんな中迎えた13分、左サイドを切り崩した主将の松井大弥を起点に、最後は間宮健太（経・３年）が押し込んで待望の１点を獲得する。しかし、16分には４失点目を喫し、３点の差が縮まらないまま最終第３Ｐへ。

第２P、待望の１点を奪い喜びを爆発させる東大（撮影・安部道裕）

スコア				
東大	0	1	0	1
立大	3	1	0	4

第3P、攻めるしかない東大は終盤ゴーリーを下げフィールドプレイヤーを投入するギャンブルを試みたがスコアは動かず。逃げ切りを図る立大の4倍以上のシュートを打ち込んだものの、最後まで相手ネットが揺れることはなかった。

先制TDを決めた佐藤（33番）をたたえる（撮影・安部道裕）

アメフト 強豪ひしめくTOP8で上位に食い込む

東京ドームで待っていた劇的ドラマ

アメリカンフットボール部（関東1部上位TOP8Aブロック）は22年9月3日、中央大学と秋季リーグ開幕戦を戦った。実力が拮抗する両校の試合は、最終クオーター（Q）で3回リードが入れ替わる類を見ない熱戦となった。

　関東学生連盟主催試合としては27年ぶりに東京ドームでの開催となった開幕カード。先攻の東大は、巧みな試合運びを見せた。

　今年のチームの持ち味は複数人のランニングバックによる多彩なランプレー。相手守備陣の隙間を縫うようにグラウンドを駆け抜ける攻撃陣が、相手に攻撃権を与えずじわじわと攻め込んでいく。守備陣も、前半は高い身体能力を生かした相手のパスプレーに苦しむが、徐々に対応。7－10と競った展開で第3Qを終えた。

運命の最終Qへ…

迎えた最終第4Q、東大は敵陣エンドゾーンまで残り6ヤード地点に迫ると、この日温め続けてきたQB井藤龍哉からWR宮野航綺へのTDパスがさく裂。試合時間残り5分で4点のリードを奪うことに成功した。

しかし中大も簡単には引き下がらない。ロングパスを通された東大は守備陣の奮闘も虚しくTDを奪われ、再度逆転を許してしまった。残り時間は約2分半。自陣25ヤード地点から全てを賭けたラストドライブが幕を開ける。

この局面でチームを救うビッグプレーが飛び出す。WR光吉駿之介（養・3年）がパスを受けると、一気に加速。50ヤードに迫るロングゲインを見せる。その後もランプレーで攻撃を続けていき、最後はQB曽原健翔（工・4年）が気迫のTD。時計の針は残り15秒を指していた。

最後の15秒間リードを守り切った東大は、見事逆転勝利。何度も両チームをもてあそんだ勝利の女神は、最後の最後で東大に微笑んだ。

残り時間わずか15秒での逆転TD（撮影・安部道裕）

ランプレーの巧さが随所で光った試合だった（撮影・安部道裕）

スコア

東大	0	7	0	14	21
中大	0	7	3	7	17

22年秋季リーグ、東大は一次リーグを2勝2敗で終え、二次上位リーグへ進出。しかし二次上位リーグでは3連敗を喫し、シーズンの幕は閉じた。

卒業後

CONTENTS

第4章

東大卒業が人生のゴールではない。
その先には多様な未来が広がっている。
企業に進む人や官庁に入る人、その志はさまざま。
卒業生の声を聞き、自分の将来と向き合ってみよう。

２０２３年度 東大生にアンケート（社会問題編）

東大の学生男女比

東大で学生の男女比が約８：２となっていることについて、「問題だ」と回答したのは46％。「問題ではない」は26％、「興味がない」は26％だった。

マスクの着用

政府は、３月13日よりマスク着用を「個人の判断」に委ねると発表したが、44％が「しばらくは着用を続ける予定」、33％が「周囲の一定数の人が外し始めたら外す」と回答した。

支持政党

24％が自由民主党と回答し、政党の中では最多。「国民民主党」（７％）、「立憲民主党」（４％）と続いた。43％が「支持政党はない」、14％が「分からない」と回答した。

東大で学生の男女比が約８：２に
なっていることについてどう思うか（%）

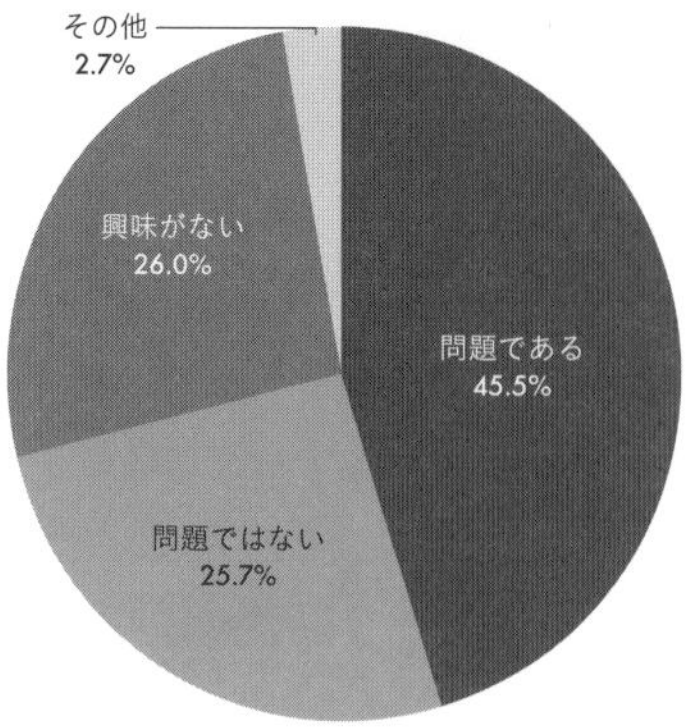

マスクの着用を続けるか（%）

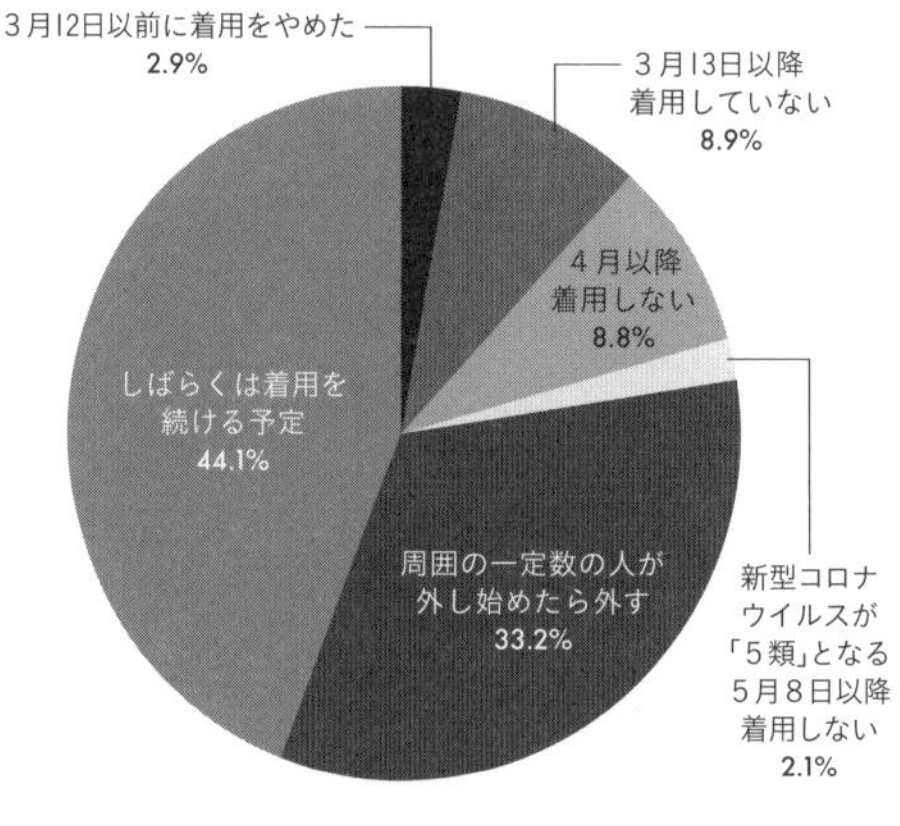

支持する政党（%）

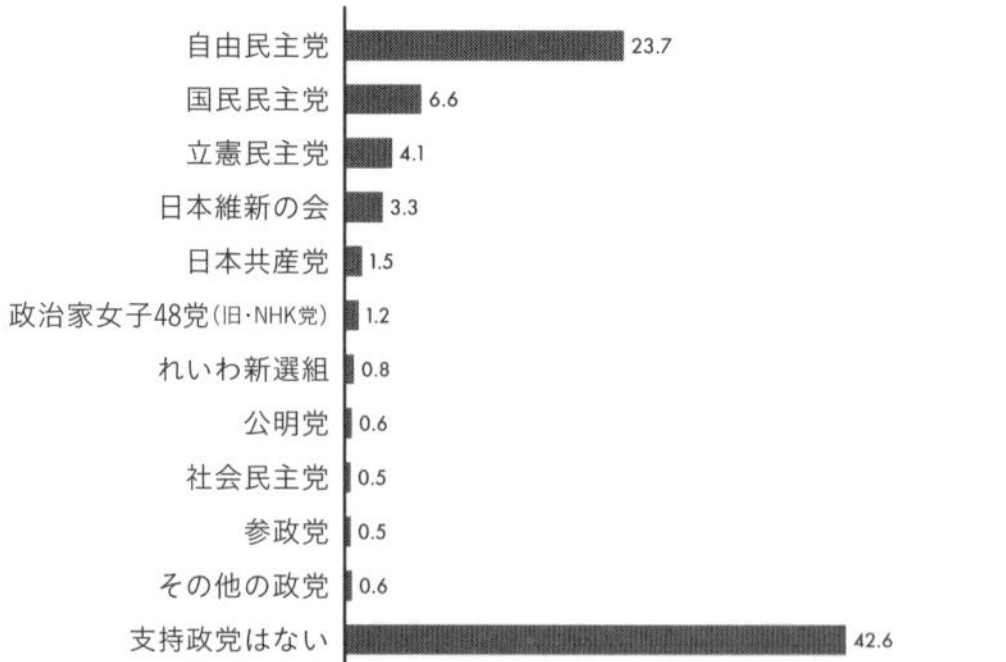

東大卒業後の働き方

大学が人生のゴールではない。
東大卒業後の東大生の進路も多様だ。
東大の卒業生に、
学生時代どのように就活に取り組み、
現在どのような仕事に励んでいるのか聞いた。

ＪＩＣＡ（国際協力機構）

石丸大輝《いしまるひろき》 さん

東・中央アジア部　調査役
13年東大法学部卒。
14年北京大学国際関係学院修了
（中国政府教育部奨学金普通進修生）

国創りのプロデューサー

都市開発、インフラ整備、保健医療、教育……。ＯＤＡの一部を担い、途上国に対して幅広い開発協力を行うＪＩＣＡ。「国創りのプロデューサー役」だ。現地の政府や住民、日本の企業や行政官などさまざまな人が開発に関わる。そのまとめ役を、早ければ1年目から任されるという。大使館や国際機関と連携する政策の川上から、草の根のボランティアにまで関われる業務の幅広さも魅力だ。

石丸さんは入構後、途上国の行政官に日本の技術・経験を伝える研修の運営や、アフリカの水資源開発を担当。その後ベトナムの在外拠点で3年間人材分野に携わった。例えばベトナムから日本に来る技能実習生は、悪徳な送出機関により不良な労働現場に派遣されたり、仲介者に払う料金が高額であったりと問題を抱えていた。そこで石丸さんは、日本の求人情報に直接アクセスできるプラットフォームを構築する事業を両国政府と企画。また、送出機関を評価する口コミ機能を付け、実習生が仲介者を介さず優良な機関につながることを目指す。「外国人労働者がますます必要とされ、他国との競争も予想される中、日本が選ばれる国にすることは外交・成長戦略上重要です。日本の将来を左右する業務に携われることにやりがいを感じました」

現在は帰国し、東・中央アジアを担当。「案件形成が主となる部署なので、国や制度への深い理解が必要です。積極的に担当国の政治経済に関する勉強会に参加しています」

学部時代は国際ＮＰＯ「ＡＩＥＳＥＣ」で海外からのインターン受入に熱中する傍ら、漠然と裁判官を目指していた石丸さん。学部3年次に進路に迷いが生じ、手当たり次第にインターンも試す中、ある社長に「想定外の問題解決経験を積んでいるかが社会人としての価値を決める」と言われたことが転機となった。「東大から法曹」の王道を歩む自分をつまらなく感じ、担当教授の支えもあり、ゼミで研究していた中国に留学した。

留学先でも研究とインターンに励む中で、興味の核は国際性だと改めて気が付いた。世界を舞台に専門性を生かした仕事がしたいと商社やコンサルタントも考えた。最終的には、ビジネスだけでなく制度改善にも携われる点、外国の政府を相手にできる点に引かれ、ＪＩＣＡを選んだ。

「ジェネラリストかつ深い専門性を備えた『Ｔ型人材』が叫ばれていますが、これからは専門の軸を二つ以上持った『Π型人材』が求められると思います。ＪＩＣＡでは、国内外でさまざまな課題を扱う中で、専門性を深めることも、新たな専門性を身に付けることもできて、おすすめですよ」

物質・材料研究機構（ＮＩＭＳ）

桂《かつら》ゆかり さん
マテリアル基盤研究センター
材料設計分野
材料モデリンググループ　主任研究員
09年東大大学院工学系研究科　博士課程修了

大学での人脈がキャリアにつながる

理化学研究所（理研）と東大で研究員・助教のポストを渡り歩き、２０２０年度からＮＩＭＳで主任研究員となった桂さん。これまで超伝導材料や熱電材料（熱と電気を互いに変換できる材料）を開発してきたが、現在ではさらにデータ科学を応用して新たな機能材料を探索する「マテリアルズ・インフォマティクス」の研究を行っている。

ＮＩＭＳでは組織の掲げるミッションを達成するための「組織ミッション型研究」と、個々の研究者が外部資金などを獲得することで自由な内容で研究をできる「自由裁量型研究」の労力の比が研究者全体で１：１になれば良いとされており「とても仕事がしやすい」と話す。桂さんはいずれの研究でも、さまざまな材料の実験データを論文から集めたデータベース「Ｓｔａｒｒｙｄａｔａ」の開発を軸にしている。このデータから未知の物質の性質を予測することで、有望な新材料の候補を提案して、実験系の共同研究者らがそれらの合成と評価に取り組んでいる。

桂さんが代表を務めるＳｔａｒｒｙｄａｔａプロジェクトでは、研究費で雇用したＷｅｂエンジニアや派遣職員、共同研究者、企業などが協力してデータ収集やアプリ開発を行っている。やりがいを感じるのは「チームメンバーが充実した表情で楽しそうに仕事をできているのを確認できたとき」。ただし「自分の関わっているプロジェクトが増えすぎて、全ての仕事に全力で取り組むための頭の切り替えが大変です」

桂さんは大学院を修了した後、理研でポスドク研究員になった。ポストを紹介したのは学部時代を過ごした応用化学科の教員。桂さんが学部生のころ、授業を最前列で受け、気合の入った学生実験レポートを提出していたことを何年経っても覚えていたのだという。「気合が入ったのはその回だけだったのですが、答えが用意されていない問題の方が考察に燃えてしまいまして（笑）」

理研在籍中に結婚・出産した。「男女ともに子育てへの理解の深い研究室でしたね」。産後２カ月から保育園の助けを借りて仕事を続けたことで育児中も孤独を感じずに済み、任期後は東大の二つの研究室でポスドク研究員になった。15年からは別の東大の研究室で助教に着任。これは研究室が東大から獲得してくれた女性限定ポストだった。

研究者キャリアにおいてチャンスに巡り合うには「研究職の公募を出す人に、イメージしてもらえる人物になること」が重要だと話す。「学会発表でも、参加者の印象に残るクオリティの高い発表をできるように準備しておくと良いです」

原元《はらもと》美《み》黎《れい》さん

ファイナンシャルマネジメント担当
シニアコンサルタント
17年東大経済学部卒

クニエ

専門性を高め企業をサポート

変化する社会で企業は多様な問題を抱える。その解決のサポートを担うのがコンサルタントだ。原元さんは製造業を中心とした企業のグローバル経営管理分野を担当。ＩＴツールを用いて会計などの情報や分析データに基づいた迅速な経営の意思決定ができる仕組みを提案し、ＤＸ推進の支援を行う。

現在は在宅勤務が主。週１回程度顧客企業での対面の打ち合わせがある。業務は顧客企業との会議とその準備が毎日３、４時間ほどを占める。内容は経営管理業務の課題の洗い出しから、解決の道筋の提示、必要に応じたＩＴツールの実装支援にまで至る。

クニエでは入社後３カ月間の座学ののち、実務を体験するＯＪＴ、海外研修が計１年ある。ＯＪＴで複数のプロジェクトへ参加する中、専門性を高めるため、現在の担当分野を志望。大学で得た会計の学びを基盤に、体験しないと分からない会社の業務形態やそれに基づいた経営管理の知識を得られている。現在では担当領域の計画の立案から進行まで広い裁量で仕事を行えるようになった。「提案だけでなく実行・定着の支援まで行うクニエでは、それぞれの業務を理解するコンサルタントだからこそできる組織間の調整や、実行の際の障壁を取り除くことも支援します。だからこそ、顧客と走りきって喜びを分かち合うことができ、やりがいを感じます」。プロジェクトごとにメンバーが変わることはコンサルティング会社ならではだが、新たな関係から都度得られるものもあるという。

３年次の秋ごろから就活を意識し冬から本格的に開始。「自分が今までどう考えて生きてきて、これから何をやりたいのか」に向き合う時間が長かったと振り返る。日本企業へ貢献したい、特にものづくり全般に関わりたいと考え、大学での学びを生かし多くの企業と密にやり取りできるコンサルタントに絞った。クニエを志望したのは、方針や理念が自分の考えと一致していると会社説明会や面接で確かめられたためだ。

今後もクニエで働き続けたいと話す原元さん。「経営管理だけでなく、隣接する生産や販売の領域にも関わった上で、経営層と現場両方の視点を持って仕事ができるようになることが目標です。キャリアを積み、案件を開拓する立場にもなりたいですね」

入社後も継続的な勉強の必要がある。「勉強も良いが学生の間に海外への渡航など多くの体験をして見聞を広めてほしい、社会人になって想像の領域が広がると思います」。就活生に「その会社で働く理由を自分で決めることが大事。自分の決めたことだからと前向きに取り組めるはずです」とエールを送った。

久《く》保《ぼ》賢《けん》太《た》郎《ろう》 さん
弁護士
06年東大理学部卒

TMI総合法律事務所

顧客と自分、両方を満足させる仕事

企業の経済活動を支える企業法務事務所。TMIは国内最大規模で、500人を超える弁護士が所属する。扱う分野はコーポレート、ファイナンス、知的財産法、紛争の大きく四つ。久保さんの専門はファイナンスで、金融取引の規制について金融商品取引業者、商社などに助言している。ベンチャー企業案件も多く、資金調達の他、労務や特許を扱うことも。「中心に扱う分野は変わらないですが、顧客の依頼はさまざまなので幅広い分野に触れる機会があります」

案件はおおむね5人ほどのチームで取り組むことが多い。久保さんはチームの責任者となることが多く、実績や希望を踏まえて若手へ適切に作業を分配するのも大事な仕事だ。「自分の作業に充てられる時間は半分くらいです」。リモートワークも可能だが、文献調査や円滑な意思疎通のためにオフィスに来ることが多いという。チームは固定されていないが、TMIは規模が大きく、全ての弁護士と一緒に仕事をできるわけではない。それでもスタッフを含めて1000人前後が参加する事務所旅行を開催。仕事の自由度の高さゆえに一体感が失われがちな事務所もある中で、まとまりが大切にされていると話す。

弁護士の良さとして2点を挙げる。一つは顧客の満足を身近に感じられる点。もう一つは知的満足度が高い点だ。「先例のない問題に直面した際は法解釈を突き詰め議論します。顧客の満足だけでなく、自己の知的好奇心も満たされるのは大きいですね」

理Iに入学した久保さん。研究者になれるのは一握りで、会社員も自分に適合しているのか疑問を感じた。そこで最先端の知見に触れられる企業法務弁護士を志望。理学部数学科在学中に旧司法試験に合格し、修習を経て別の大手事務所に入所した。転機となったのは経済産業省への出向。電力の金融取引規制に関する法改正などに携わる中で出向後も商取引の規制を幅広く扱いたいと考えた。面談を経て「最も好きにやらせてもらえる」と感じたTMIに転職した。

今後も独立などは「全く考えていない」と話す。チーム編成の容易さや先端分野の研究を考えると大手で働くメリットが大きいからだ。例えば近年重要性が増す経済安全保障分野では岸田首相を招いた共催シンポジウムを開催した。所内で研究チームが発足し、久保さんも所属を検討している。

就職で大事なのは「未来から逆算して重要でない無駄や失敗は気にしないこと」と話す。「ほとんどの失敗は将来振り返ると大したことはありません。軸足をしっかり持って未来へと進んで行けば道は開きます」

ティアフォー

田中敬《たなかさとし》さん

技術本部 Sensing/Perception Team
20年東大大学院情報理工学系
研究科修了

サークルで培った「想定外」を「想定内」にする力

2020年入社の田中さん。自動運転の「目」に当たる認識の分野で、自社システムへの最新技術の導入や、ソフトウェアの開発・実装を手掛けている。ティアフォーでは自社で開発を主導しているソフトウェア搭載の車を実際に動かすところまで行う。「試行錯誤して作り上げたシステムがうまく作動した時にやりがいを感じますね」

開発しているのはオープンソースソフトウェアで、世界中の技術者が共同で開発し、その成果をソフトウェアに追加していく。数百人に上る開発者それぞれの考えをまとめながら、一つのものを作ることができるのは貴重な経験だと語る。成果は全て公開されるため、周りに対して「自分はこういうものを作っている」とアピールしやすく人を巻き込みやすい。

ベンチャー企業であるが故に、会社が日々成長し規模が大きくなっていることを肌で感じているという。社員数は入社時の数倍に。「大所帯だと全体の意思決定などに苦労します。その辺りは入社前にあまり想像できなかった部分ですね」

プログラミングの他、最新の論文を読むことも仕事なのだという。オフィスの雰囲気は理工系の情報学の研究室に近い。

就活では「手を動かして何かを作るのが好きなので、実際の業務でプログラムのコードを書くことができる仕事かという基準で企業を選びました」。ベンチャー企業を選んだ理由は「自由さ」と「スピード感」。大企業とベンチャー企業の両方でアルバイトをした経験から、ベンチャー企業の方が合っていると感じた。

学生時代はロボットを作るサークルで活動しており、そこでの経験は今に生きているという。「行ったことのない場所でロボットを動かす時にあらかじめ『こういうケースがあり得るだろう』と想像し、準備しておくことは経験のある人にしかできません。事故は大概『想定外』という言葉で片付けられてしまいますが、そこを考えられると『想定内』として対応できるわけです」

将来についてはは、具体的なことはまだ考えていない。東大生に向けて「すぐに役立つ知識を身に付けるより自分の興味があることを優先してほしい」と田中さん。「意外なところで役に立ったりしますよ」

外務省

河邉柚子《こうべゆず》さん
大臣官房
21年法学部卒

国を守り世界とつなぐ日本の代表

幼少期に海外で生活したり、海外旅行に行ったりすることが多かった河邉さん。大学では国際交流サークルに入り、東南アジアで現地の学生と議論やボランティアをしたという。新興国が台頭する中で、経済大国としての日本の影響力の低下を肌で感じ、今後の日本の発展に貢献したいという思いから国家公務員として働くことを決めた。

就活中に参加した各省庁の説明会や、アメリカ留学時に参加した日本総領事館でのインターンシップで外交官の仕事に触れた経験から、国際的な場で活躍できる外務省を目指すことに。官庁訪問で他の省庁とも迷ったが、働く国や地域が幅広く、業務分野も多岐にわたる外務省に決めた。

入省後はアジア大洋州局地域政策参事官室に配属され、主にＡＳＥＡＮを担当。ＡＳＥＡＮ関連会議における首相や大臣のスピーチ原稿の作成や声明交渉を行ってきた。法学部で培った論理的思考や、海外で人との交流を通して感じた多様な価値観が、国同士の関係を考える上で役に立っているそうだ。

一つ一つの言動が外交関係や国際情勢に直結する責任を感じる一方、やりがいを感じることも多い。「自分が関わった会議がテレビで報道された時や、自分の考えた文言を首相が各国の首脳の前で述べるのを聞いた時は感動しました」

世界の人々を相手にする外務省では、タイムゾーンの違いから、会議が夜遅くに開かれることもあり大変だ。「どこかの国で大きな事故が起きたり、ミサイルが発射されたりした場合など、突然の出来事にも対応しなければなりません」

一方でそれぞれの関心に基づいて幅広い仕事ができる点は外務省の魅力だ。「その国の語学や政情のスペシャリストを目指し入省する人もいれば、安全保障や国際法に主眼を置く人もいます」。また配属先が数年単位で変わるため、関心を広げたり、新たな発見をしたりできるメリットもある。

2年間の本省勤務が終了した現在は、アメリカ英語の担当として、夏からの留学に向けて語学の研修をしている。アメリカの大学院で2年間、国際関係を中心に同国の政治や社会学を勉強する予定だ。大学院での勉強や海外大使館での勤務を通し、今後の国際社会での日本外交の在り方を考えたいという。

国家公務員を目指す学生には、民間企業も含め、積極的に説明会や就活イベントに参加して仕事内容を知ってほしいと話す。「興味の幅を広く持ち、なぜ国家公務員を志望するのか、なぜその省庁がいいのかを考える機会にしてもらえればと思います」

大坂《おおさか》優《ゆう》太《た》さん

国民向けサービスグループ総括担当
23年法学部卒

デジタル庁

行政・民間のハイブリッド

幼少期、路上生活の人たちを見た時、「誰もが生活に不自由しない社会にしたい」と思った。社会を良くするために自分にできることは何なのか、もう少し時間をかけて探したいと思い、幅広く学ぶことのできる東大に進学した。その後政策立案コンテストを企画、運営している学生団体「GEIL」で活動し、社会を良くすることを第一目的において活動できる国家公務員の仕事に興味を持ち始めたという。「卒業生で国家公務員になった方から政策の話を聞く機会もありましたが、外側から見聞きするだけでは分からないと思いました。自分で中に入って、内側から政策が決まる過程を見てみたいと思いました」

デジタル庁を選んだのは「柔軟さ」から。デジタル庁は２０２１年9月に創設されたばかりで、草創期にある官庁だ。「デジタルというツールとスタートアップさながらの身軽さで、省庁の垣根を越えて社会課題に挑戦してみたいと思い、デジタル庁を選びました。また、プロパー職員はまだ2期目だったので、組織や仕事を自分たちで創っていくことができる点も魅力に感じました」

入庁1年目の大坂さんの現在の主な業務の1つは、グループの総括業務だ。中でも照会対応は庁内の他部署や他省庁とのパイプ役をする業務で、最近は「重点計画」についての照会を行ったと話す。政策にはデジタル庁以外の省庁との連携が必要なものも多くあり、より効率的に進められるよう仕事の合間の時間には、先輩職員と協力して業務改善を進めている。

デジタル庁の魅力は行政・民間両方の視点を持って政策づくりに取り組めることだと大坂さんは語る。多様なバックグラウンドを持つ人と共に仕事ができるのはデジタル庁ならではだ。業務改善に取り組む際には、中途入庁でデジタルに詳しい方に助けてもらった。業務外には、庁内のつながりを深めるイベントが定期的に開催されている。

他の省庁と比べ、デジタル庁の職場は壁や書架で区切られておらず、オープンな環境であることも魅力だという。「幹部の方々と気軽に話せるのはデジタル庁ならではだと思います。先日も『最近どう？　何か変えたいことはない？』と声をかけていただきました」

国家公務員を目指す人には、「行政は大きな組織で大変なことも多々あります。そのなかでも、自分のできることから行動に移し改善を進めていこうという人に来ていただいて、一緒に働くことができたらうれしいです。」今後は業務の効率化を推し進め、各個人が関心のあることに取り組めるための時間的、体力的余裕を作りたいと語った。

環境省（技術系）

染谷祐太郎《そめやゆうたろう》さん
中部地方環境事務所
白山自然保護官事務所
18年農学生命科学研究科修了

登山道の管理からルール作りまで

高校時代に山岳部に所属していた染谷さん。文Ⅰに入学したが、全学ゼミで演習林に行ったり、幅広い分野の授業を受講したりする中で、山や植物の面白さを再発見した。農学部森林環境資源科学専修に進学したが、学生時代は明確な目標はなく、修士課程を修了した後は、愛知県の嘱託職員として森林学習施設で働いた。野生動物に関する問題に携わり、愛知県の行政に触れたことで、地方自治体レベルでは対応できない、県境をまたぐ問題の多さに気が付いた。大局的な視点で対応する必要性を実感した時、自分が国家公務員として働くイメージができた。

長く自然に触れてきた経験や、自然への関心により、林野庁と環境省を志望。特に、地球温暖化から海洋プラスチック問題まで扱う環境省の業務の幅広さに引かれたという。「さまざまな学問を学ぶ前期教養課程が楽しかったこともあり、専門分野一つに絞るよりいろいろな話題に触れたいと思いました」

現在は自然保護官として、白山国立公園で勤務している。公園内での木竹の伐採や建物の建造等の申請を審査する許認可業務や、登山道やビジターセンターの管理・運営、外来植物や鹿対策が主な業務だ。

1年目の本省勤務では、日本中で起きている問題が眼前に集約され、国としてどう対応するかを考えるのが仕事だった。「世の中を良くする業務に取り組めるのは魅力的でしたが、自分たちの行動で今後の国の方向性が決まるという責任を強く感じていました」。一方、現地事務所で働く今は、目の前にいる利用者のための業務に取り組んでいる。「時には『トイレが詰まっているから助けて』というレベルの依頼もあります。現場に足を運び一緒に知恵を出し合って、目の前にある問題を解決していくのがやりがいです」。一方、利用者の要請に応えきれず、歯痒《はがゆ》い思いをすることもあるという。「本省勤務も、現地事務所も、それぞれのやりがいと大変さがあります」。今後も自然系技官として専門知識を生かし、国立公園の素晴らしい自然を世に広めていきつつ、法改正のような全体のルール作りにも関わりたいという。

省庁を志望する人には「国家公務員の仕事には、利害関係者との調整が必ず付いてきます。相手に理解してもらうには、謙虚さが求められます」とアドバイス。

若手の内から権限を持ち、自分の裁量で業務に取り組めるのが環境省の技官の魅力だという。「自分で考えたことを発信できる人、イエスマンではない人が向いていると思います。環境省は自然環境に強い想いを持った人間を受け入れてくれますよ」

環境省（事務系）

有馬達矢《ありまたつや》さん
地球環境局
国際脱炭素インフラ参事官室
21年経済学部卒

経済学部での学びを生かす

国家公務員を意識したのは、就職活動を始めた3年次。社会問題に興味があり、日々ニュースを見る中で環境問題への社会の関心の高まりを感じていた。東大で行われた就活生向けのセミナーで、同じ経済学部卒の環境省の職員の話を聞いたのを機に、志望が高まった。「カーボンプライシングなど、ビジネスの仕組みを踏まえた環境政策を知り、経済学部での学びを生かせると感じました」

3年次の6月ごろから公務員試験対策として、大学の授業の復習や、過去問に取り組んだ。筆記問題の添削や模試の受験など、予備校のサービスも利用しながら勉強を進め、4年次の春に受験して合格した。民間企業への就職活動も並行して行い、コンサルタントや金融業界も考えたが、大学で得た知見を生かしながら環境問題に正面から取り組むには環境省が一番だと思い、入省を決めた。

現在は、温室効果ガス削減・吸収に関する二国間クレジット制度（JCM）など、炭素クレジット制度の業務を担当している。炭素クレジット関係の国際ルールである、パリ協定6条についての国際交渉に関わることもあるという。「どうすれば、皆が納得できるより良い仕組みにできるか考えることに面白さを感じています」

印象に残っている仕事は、1年目の部署でプラスチックの削減に関する法律の国会審議をサポートしたことだ。「自分が関わった法律が制定され世の中を変えていく過程を目の当たりにしました」。実際、日常生活で目にするプラスチック製品の改革が進んだという。宿泊施設で歯ブラシを必要な人だけが利用するように、部屋ではなくフロントに設置され始めたのを見て、変化を実感した。

環境省の仕事の魅力は、制度の設計・検討に若手のうちから関われることだという。入省1年目から課長・局長クラスの職員と話す機会があるなど、フラットな雰囲気も良いところだ。一方で、国家公務員の仕事には、省庁間での連携や業界団体・国会議員との調整の難しさを感じることもあるという。国家レベルの制度は関係者が多く、何をするにも各所との調整が求められるが「世の中への影響の大きな事業を進めるには必要なことだと思います」

今後は、G7・G20の交渉など、国際的な制度設計に関する仕事とともに、地方に行って関係者と直接対話するといった、現場の仕事にも携わっていきたいと話す。

各所と調整する際、熱意の有無で説明の伝わり方が違うという。「世の中を良くしたい、地球を良くしたいという思いが強い人は国家公務員に向いていると思います」

東大新聞で活躍した
先輩に聞く！

映像作家・新聞社…課外活動を糧に多様な進路を開こう！

大学生活の醍醐味はキャンパスでの授業だけでなく、サークルやアルバイトなどの課外活動にもある。それをきっかけに思いがけない自分の興味を発見したり、将来を決定づける経験をすることも。そこで、本書を作成している東京大学新聞社に所属していた2人の卒業生に学生時代を振り返ってもらった。東京大学新聞社をはじめとした課外活動の思い出や、現在の仕事に課外活動がどう生かされているかなどに迫る。

後藤美波《ごとうみなみ》さん
11年文Ⅲ入学・映像作家

――東大新聞入部の理由は

受験生の時から東大新聞を購読していたので存在は知っていて。塾のメンターが所属していると聞いてかっこいいなと思い入部しました。

――印象的だった取材や記事は

東大生を取材する企画「キャンパスガール／キャンパスガイ」（当時、現キャンパスのひと）を何度も担当しました。普段1人に詳しく話を聞くことがないので新鮮で、相手を魅力的に映す写真撮影もやりがいがありました。

山崎輝史《やまざきとおし》さん
12年文Ⅲ入学・新聞社勤務

――東大新聞入部の理由は

高2で東大のオープンキャンパスに来た際、『東大アラカルト』（当時、現本書『東大を選ぶ』シリーズ）を購入し、作成団体である東大新聞を知って。取材や書籍制作に興味を持ち、東大入学後すぐに入部しました。

――東大新聞での思い出は

東大学内のニュース報道を主に担当していました。思い出深いのは特ダネニュースを報じた経験。例えば当時、前期教養課程だけでなく後期課程の成績評

——東大新聞以外の課外活動は

元々美術に関心があり、日本人作家の作品をニューヨークで展示する美術系NPOでのインターンや、ギャラリーでのバイトが楽しかったです。

美術館や映画館が好きで、学校より外の世界に意識が行きがちでした。もっと授業やゼミで勉強しておけば良かったと後悔もありますが、視野が広がったとも思っています（笑）。

——コロンビア大学大学院のフィルムスクールで3年間、映画撮影を学んだとのこと。その経緯は

3年次の夏、東大主催の海外研修でロサンゼルスに行き、映画業界の人と話す機会があって。映画を作る側になる進路の選択肢が出てきました。

さらに東大大学院情報学環教育部でドキュメンタリー制作の授業に参加し、映像制作の楽しさを実感しました。上野の

14年8月、隠岐で体験活動プログラム参加時の山崎さん、左から1番目（写真は山崎さん提供）

19年春、コロンビア大学大学院の修了式を迎えた後藤さん（写真は後藤さん提供）

価でも「優3割規定」という制度が導入されるうわさが流れていました。そこで東大当局に取材したところ、実際に導入予定だと情報をつかみ、東大の公式発表前に報じることができました。自分が取材して書いた速報がＴｗｉｔｔｅｒ上などで東大生の話題になっている様子を見て、ニュースを出す面白さを感じました。

——印象に残っている授業や課外活動は

2年次、代々木上原の小学6年生に建築を教えるゼミの参加がきっかけで、教育学部進学を決めました。というのも、出身の宇都宮と都内の小学生の学習環境の差を実感し、地方と都会の教育格差に興味が湧いたんですね。

3年次の夏に1カ月間、東大の体験活動プログラムを利用して、島根県隠岐の公営学習塾「隠岐國学習センター」で高校生に勉強を教える経験もしました。宇都宮よりさらに地方の教育環境が実感で

ストリップ劇場をテーマに、もう1人のメンバーと1学期間、何度も劇場に通いながら取材して。この作品をフィルムスクール出願時に提出したので、進路選択にダイレクトにつながった経験ですね。

――現在の仕事は

映画監督や脚本家として自分で表現したい作品を作ることもあれば、企業さんと一緒に映像を作らせていただくことも。

監督として作品を撮るときは社会への違和感や問題意識を必ず入れるようにしています。最近作った作品では夫婦別姓が認められないことを要素に加えたり。

――今後の展望は

文学部で受講したゼミで小林真理先生が「30代辺りで制作を完全に諦めてしまう芸術家が多い。一旦辞めたりしてもいいから、作り続けることが大事」と仰っていたのが印象的で。今後何年も何十年も作品を作り続けて、より良い表現者になっていきたいです。

20年夏、映画撮影時の後藤さん、右から3番目（写真は後藤さん提供）

22年1月、名古屋での記者時代の山崎さん（写真は山崎さん提供）

きて。島民の家に「ホームステイ」だったので宿泊費がかからなかったのも良かったですね。

――現在の仕事は

就活ではマスコミと教育系を受けました。東大新聞で実感した報道の有用性は世間一般にも意義があると思い、記者職を選び、２０１６年から朝日新聞で６年半、神戸や前橋・名古屋・津で事件事故の報道を担当しました。

昨年９月からは同社のデジタル部門に異動し、ニュースのオンライン発信のためのアプリ開発などをしています。

――今後の展望は

私はジャーナリズムにずっと関心があるものの、紙の新聞が現在置かれている状況は厳しいです。しかし社会は報道を必要とし続けているのも事実なので、ニュースの見せ方や売り方の変革に関わることで、新聞社のさらなる伸び代を見つけていきたいです。

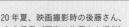

2023年度学部・大学院別就職先一覧

法学部（222人）

【官公庁等】
- デジタル庁 ― 1
- 会計検査院 ― 1
- 外務省 ― 10
- 環境省 ― 1
- 宮内庁 ― 1
- 経済産業省 ― 10
- 警察庁 ― 8
- 厚生労働省 ― 3
- 国土交通省 ― 3
- 財務省 ― 11
- 司法研修所 ― 3
- 総務省 ― 14
- 東京都 ― 1
- 内閣府 ― 1
- 日本銀行 ― 6
- 農林水産省 ― 1
- 文部科学省 ― 2

【食料品】
- サントリーホールディングス ― 3

【化学】
- 日本ロレアル ― 1
- 富士フイルム ― 2

【石油・石炭製品】
- 石油資源開発 ― 1

【鉄鋼】
- JFEスチール ― 2
- 吉川工業 ― 1
- 日本製鉄 ― 2

【非鉄金属】
- JX金属 ― 2

【機械】
- IHI ― 1
- ダイキン工業 ― 1

【電気機器】
- キーエンス ― 1
- パナソニック ― 1
- 富士通 ― 1

【輸送用機器】
- トヨタ自動車 ― 1
- 新明和工業 ― 1

【電気・ガス業】
- 電源開発 ― 1
- 東京ガス ― 1
- 東京電力 ― 1

【陸運業】
- 東急 ― 1

【海運業】
- 商船三井 ― 1

【空運業】
- 日本航空 ― 1

【倉庫・運輸関連業】
- 三菱倉庫 ― 1

【情報・通信業】
- SHIFT ― 1
- TBS ― 1
- TOKIUM ― 1
- ソフトバンク ― 1
- テレビ朝日 ― 1
- テレビ東京 ― 1
- メディカルフォース ― 1
- レバレジーズ ― 1
- 三菱UFJリサーチ&コンサルティング ― 1
- 三菱総合研究所 ― 1
- 時事通信社 ― 2
- 松竹 ― 1
- 日本総合研究所 ― 1
- 野村総合研究所 ― 1

【卸売業】
- 丸紅 ― 1
- 三井物産 ― 2
- 三菱商事 ― 2
- 住友商事 ― 2
- 双日 ― 1

【銀行業】
- みずほフィナンシャルグループ ― 2
- りそなホールディングス ― 1
- りそな銀行 ― 1
- 国際協力銀行 ― 1
- 三井住友銀行 ― 1
- 三井住友信託銀行 ― 1
- 三菱UFJ銀行 ― 2
- 三菱UFJ信託銀行 ― 2
- 商工組合中央金庫 ― 1

【証券、商品先物取引業】
- BofA証券 ― 1
- SBIホールディングス ― 1
- SMBC日興証券 ― 1
- UBS証券 ― 1
- ゴールドマン・サックス証券 ― 1
- マネックス証券 ― 1
- みずほ証券 ― 1
- モルガン・スタンレー・キャピタル ― 1
- 三菱UFJモルガン・スタンレー証券 ― 1
- 野村証券 ― 1

【保険業】
- 三井住友海上火災 ― 1
- 損保ジャパン ― 1
- 東京海上日動火災 ― 1
- 日本生命 ― 1
- 明治安田生命 ― 1

【その他金融業】
- 住宅金融支援機構 ― 1
- 大和証券グループ ― 1
- 日本証券金融 ― 1
- 日本政策金融公庫 ― 1
- 日本政策投資銀行 ― 4
- 農林中央金庫 ― 1

【不動産業】
- 住友不動産 ― 1
- 東京建物 ― 1

【サービス業】
- A.T.カーニー ― 1
- EYストラテジー・アンド・コンサルティング ― 2
- PwCあらた有限責任監査法人 ― 1
- PwCコンサルティング ― 3
- QuestHub ― 1
- SFIDAX ― 1
- あずさ監査法人 ― 1
- アビームコンサルティング ― 1
- アンダーソン・毛利・友常法律事務所 ― 1
- イツノマ ― 1

クニエ 2
ケネディクス 1
シグマクシス 1
ビジョナル 1
プロジェクトカンパニー 1
ベイカレント・コンサルティング 2
ボストンコンサルティンググループ 2
マッキンゼー・アンド・カンパニー 2
リクルート 2
レターファン 1
楽天グループ 2
牛島総合法律事務所 1
原田武夫国際戦略情報研究所 1
公文教育研究会 1
阪急阪神HD 1
森・濱田松本法律事務所 4
西村あさひ法律事務所 4
長島・大野・常松法律事務所 1
東急バス 1
日輪 1
有限責任監査法人トーマツ 1

【新聞・出版・広告】
産業経済新聞社 1
東京書籍 1
日本経済新聞社 1
博報堂 1

【教員・研究員・図書館等】
東京大学 1

【その他】
みえ円満相続支援センター 1
日本経済団体連合会 1
不明 2

経済学部（270人）

【ガラス・土石】
日本ガイシ 1

【官公庁等】
経済産業省 2
警察庁 1
厚生労働省 1
財務省 2
人事院 1
総務省 1
日本銀行 4
防衛省 1

【独立行政法人・大学法人】
国際協力機構 1

【建設業】
鹿島 2

【食料品】
キリン 1

【繊維製品】
東レ 1

【化学】
高砂香料工業 1
富士フイルム 3

【非鉄金属】
住友電気工業 1

【電気機器】
NEC 1
ソニー 1

【その他製品】
シマノ 1
ポケモン 1

【電気・ガス業】
リニューアブル・ジャパン 1
レノバ 1
東京ガス 1

【陸運業】
JR九州 1
JR西日本 1
JR東海 2

【海運業】
商船三井 1
日本郵船 1

【空運業】
日本航空 1

【倉庫・運輸関連業】
住友倉庫 1

【情報・通信業】
Flatt Security 1
KDDI 1
NTTドコモ 2
NTT東日本 1
Sansan 1
ventus 1
W2 1
エキサイト 1
ソニー・ミュージックエンタテインメント 1
ネクストスケープ 1
ビズリーチ 1
三菱総合研究所 1
時事通信社 1
日鉄ソリューションズ 1
日本テレビ放送網 1
日本総合研究所 2
毎日放送 1
野村総合研究所 8

【卸売業】
伊藤忠商事 4
丸紅 3
三井物産 4
三菱商事 6
住友商事 1
双日 1
日本アクセス 1

【小売業】
アニメイト 1

【銀行業】
シティグループ 2
みずほフィナンシャルグループ 3
みずほ銀行 1
三井住友銀行 10
三井住友信託銀行 3
三菱UFJ銀行 9
三菱UFJ信託銀行 1
静岡銀行 2
東京海上アセットマネジメント 1
日本マスタートラスト信託銀行 1

【証券、商品先物取引業】
BNPパリバ証券 1
SMBC日興証券 7
ゴールドマン・サックス証券 2
バークレイズ証券 1
フーリハン・ローキー 1
みずほ証券 1
モルガン・スタンレーMUFG証券 2
大和証券 7
野村証券 6

【保険業】
あいおいニッセイ同和損害保険 1
損害保険ジャパン 1
東京海上日動火災保険 1
日本生命 1
明治安田生命 2

【その他金融業】
JPモルガン・チェース 2
シンプレクス 1
日本取引所グループ 1
日本政策金融公庫 1
日本政策投資銀行 2
農林中央金庫 4

【不動産業】
NTT都市開発 1
ヒューリック 1
三菱地所 2
森ビル 2

【サービス業】
A.T.カーニー 1
EY Japan 1
EYストラテジー・アンド・コンサルティング 3
EY新日本有限責任監査法人 8
KPMGコンサルティング 1
KT 1

LINE——1
poweredbypower——1
PwCアドバイザリー——1
PwCあらた——3
PwCコンサルティング——3
Wallabee——1
YCP Solidiance——1
Yondemy——1
ZSアソシエイツ——2
アクセンチュア——5
あずさ監査法人——4
アビームコンサルティング——3
エスネットワークス——2
エム・アール・アイ リサーチアソシエイツ——1
カルチュア・コンビニエンス・クラブ——1
クイック——1
クニエ——1
コンコードアカデミー——1
サイバーエージェント——2
サンブリッジ——1
デロイト トーマツ コンサルティング——3
デロイト トーマツ ファイナンシャルアドバイザリー——1
ドットライン——1
ナガセ——1
パーソルキャリア——1
ブリーチ——1
ボストンコンサルティンググループ——2
マーサージャパン——1
マッキンゼー・アンド・カンパニー——8
ラキール——1
リーディングマーク——1
リクルート——4
レバレジーズ——1
ローランド・ベルガー——2
楽天グループ——4
西荻塾——1
大和総研——1
白鷺湯たわらや——1
有限責任監査法人トーマツ——4

【新聞・出版・広告】

電通——2
日本経済新聞社——2
博報堂——4

【その他】

不明——2

文学部（2−6人）

【官公庁等】

環境省——1
警察庁——2
香川県——1
埼玉県——1
仙台市役所——1
千葉労働局——1
大分県——1
防衛省——1

【独立行政法人・大学法人】

日本芸術文化振興会——2

【建設業】

清水建設——2

【食料品】

ホクレン農業協同組合連合会——1

【化学】

P&Gジャパン——1
トクヤマ——1
旭化成——4
東ソー——1

【金属製品】

SUMCO——1

【機械】

三菱重工業——1

【電気機器】

キーエンス——1
ファナック——1
日立製作所——1
富士通——1

【輸送用機器】

日産自動車——1

【電気・ガス業】

大阪ガス——1
中部電力パワーグリッド——1
東京ガス——1

【陸運業】

JR西日本——1
阪神阪急ホールディングス——1
日本郵便——1

【海運業】

川崎汽船——1
大王海運——1

【空運業】

ANA——1
日本航空——1

【情報・通信業】

Cygames——1
freee——1
GMOインターネットグループ——1
グーグルジャパン——1
i-NOS——1
NHK——2
NTTデータ——1
NTTドコモ——1
NTT東日本——3
SHIFT——2
Sky——1
WOWOW——1
インターネットイニシアティブ——1
インフォテクノ朝日——1
エイジェックスデジタルストラテジーズ——1
キューブシステム——1
コーエーテクモホールディングス——1
ゼンリン——1
ソニーPCL——1
トリプルアイズ——1
ピー・シー・エー——1
プロシップ——1
メディアドゥ——1
ユーワークス——1
ラクスル——1
共同通信社——1
三菱UFJリサーチ&コンサルティング——1
松竹——1
東映アニメーション——1
日本情報産業——1
日本総合研究所——1
野村総合研究所——1

【卸売業】

伊藤忠商事——2
丸紅——2
三井物産——1
三菱商事——3
住友商事——1
双日——1
日本アクセス——1

【小売業】

アマゾンジャパン——1
ニトリ——1

【銀行業】

auじぶん銀行——1
みずほフィナンシャルグループ——3
三井住友銀行——3
三井住友信託銀行——1
三菱UFJ銀行——4
商工組合中央金庫——1
信金中央金庫——1

【証券、商品先物取引業】

バークレイズ証券——1
みずほ証券——1
モルガンスタンレー——1
MUFG証券——1
大和証券——1

野村証券 — 1
【保険業】
三井住友海上火災 — 2
損保ジャパン — 1
東京海上日動火災 — 2
日本生命 — 2
明治安田生命 — 4
【その他金融業】
JCB — 1
三菱UFJ国際投信 — 1
日興アセットマネジメント — 1
日本政策金融公庫 — 1
日本政策投資銀行 — 1
農林中央金庫 — 2
【不動産業】
NTTアーバンバリューサポート — 1
住友不動産 — 1
森トラスト — 1
【サービス業】
Best means — 1
EYストラテジー・アンド・コンサルティング — 1
EY新日本有限責任監査法人 — 2
FUNtoFUN — 1
GIG — 1
GSIクレオス — 1
IDOM — 1
JASRAC — 1
LITALICO — 1
PHP研究所 — 1
POTETO — 1
PwCコンサルティング — 1
PwCビジネスアシュアランス — 1
RISU Japan — 1
RIZAPグループ — 1
アイレップ — 1
アクセンチュア — 5
アグリペディア — 1
アドソル日進 — 1
アビームコンサルティング — 2
ヴァリューズ — 1
クニエ — 1
クラビズ — 1
グローバル・パートナーズ・テクノロジー — 1
スマートゲート — 1
トライグループ — 1
ブレーンバンク — 1
プロジェクトカンパニー — 1
ベイカレント・コンサルティング — 1
ベネッセコーポレーション — 1
ボストンコンサルティンググループ — 1
マークス — 1
マッキンゼー・アンド・カンパニー — 1
マテリアル — 1
ライター — 1
リクルート — 1
リブ・コンサルティング — 1
リファインバースグループ — 1
学びエイド — 1
楽天グループ — 7
公募ガイド社 — 1
思文閣 — 1
西村あさひ法律事務所 — 1
税理士法人 常陽経営 — 1
川田テクノシステム — 1
大和総研 — 1
東日本高速道路 — 1
日本生活協同組合連合会 — 1
日本入試センター — 2
芙蓉総合リース — 1
有限責任監査法人トーマツ — 1
【新聞・出版・広告】
Gakken — 1
セプテーニ — 1
ファンコミュニケーションズ — 1
旺文社 — 1
講談社 — 1
集英社 — 1
小学館 — 1
第一学習社 — 1
電通 — 3
日本経済新聞社 — 1
博報堂 — 3
文藝春秋 — 1
【教員・研究員・図書館等】
昭和女子大学附属昭和中学校・高等学校 — 1
【病院】
富山西総合病院 — 1
【その他】
WAVE — 1
松尾研究所 — 1
日本基幹産業労働組合連合会 — 1
日本相撲協会 — 1
不明 — 3

教育学部（53人）

【官公庁等】
厚生労働省 — 1
長野県 — 1
文部科学省 — 1
法務省 — 1
北海道 — 1
【独立行政法人・大学法人】
日本貿易振興機構 — 1
【建設業】
鹿島 — 2
【食料品】
オタフクソース — 1
【鉄鋼】
JFEスチール — 1
日本製鉄 — 2
【機械】
パンチ工業 — 1
【電気機器】
日立製作所 — 1
【輸送用機器】
マツダ — 1
【陸運業】
近畿日本鉄道 — 1
【海運業】
商船三井 — 1
【空運業】
ANA — 1
【情報・通信業】
TBS — 1
みずほリサーチ&テクノロジーズ — 1
ヤフー — 1
九州朝日放送 — 1
野村総合研究所 — 1
【卸売業】
伊藤忠商事 — 1
三菱商事 — 1
【銀行業】
三井住友信託銀行 — 1
【証券、商品先物取引業】
みずほ証券 — 1
モルガン・スタンレーMUFG証券 — 1
【保険業】
日本生命 — 1
【不動産業】
森ビル — 1
【サービス業】
EYストラテジー・アンド・コンサルティング — 1
Fora — 1
PwCコンサルティング — 2
Ridgelinez — 1
ビービット — 1
ファミトラ — 1
ボストンコンサルティンググループ — 1
リクルート — 3
リファインバースグループ — 1

楽天グループ ― 2
東海東京フィナンシャル・ホールディングス ― 1
日本経営システム ― 1
臨海セミナー ― 1

【新聞・出版・広告】
博報堂 ― 3

【教員・研究員・図書館等】
栄東高等学校 ― 1
東京大学 ― 2

教養学部（77人）

【官公庁等】
外務省 ― 8
環境省 ― 1
経済産業省 ― 1
財務省 ― 1
総務省 ― 2
長崎県教育委員会 ― 1

【鉱業】
INPEX ― 1

【食料品】
六花亭 ― 1

【繊維製品】
東レ ― 1

【電気機器】
キーエンス ― 1
ソニーセミコンダクタソリューションズ ― 1
日本IBM ― 1
富士通 ― 1

【輸送用機器】
マツダ ― 1

【その他製品】
ポケモン ― 1

【電気・ガス業】
中国電力 ― 1

【海運業】
商船三井 ― 1
日本郵船 ― 1

【情報・通信業】
GMOサイバーセキュリティ ― 1
NHK ― 1
SHIFT ― 1
Speee ― 1
アニメ制作会社 ― 1
グーグル ― 1
システムサポート ― 1
三菱UFJリサーチ&コンサルティング ― 1
東宝 ― 1
日本レコード・キーピング・ネットワーク ― 1
富士通Japan ― 1

【卸売業】
伊藤忠商事 ― 2
丸紅 ― 1
三菱商事 ― 1
住友商事 ― 1
双日 ― 1

【小売業】
ノジマ ― 1

【銀行業】
UBS ― 1
三菱UFJ銀行 ― 1
三菱UFJ信託銀行 ― 1

【証券、商品先物取引業】
シティグループ証券 ― 1

【その他金融業】
Wellington Management ― 1
農林中央金庫 ― 1

【不動産業】
森ビル ― 1

【サービス業】
EYストラテジー・アンド・コンサルティング ― 2
EY税理士法人 ― 1
Kicking lab ― 1
Plug and Play ― 1
PwCコンサルティング ― 1
ZSアソシエイツ ― 1
アクセンチュア ― 3
アビームコンサルティング ― 1
エム・シー・アイ ― 1
シンプレクス・ホールディングス ― 1
スローガン ― 1
プロティビティ ― 1
ベネッセスタイルケア ― 1
ボストンコンサルティンググループ ― 1
リブ・コンサルティング ― 1
楽天グループ ― 1
三條機材 ― 1
東日本高速道路 ― 1

【新聞・出版・広告】
光村図書出版 ― 1
朝日新聞社 ― 1

【教員・研究員・図書館等】
逗子開成学園 ― 1

【その他】
日本物理探鑛 ― 1
農山漁村文化協会 ― 1

工学部（67人）

【官公庁等】
総務省 ― 1
文部科学省 ― 1

【建設業】
清水建設 ― 1

【機械】
オークマ ― 1

【電気機器】
ソニー ― 1
パナソニック ― 1
三菱電機 ― 1
小糸製作所 ― 1
日本IBM ― 3

【その他製品】
ポケモン ― 1

【空運業】
日本航空 ― 1

【情報・通信業】
GMOインターネットグループ ― 1
KDDI ― 1
LINE ― 1
NSW ― 1
NTTデータ ― 1
Queue ― 1
SOLIZE ― 1
Zホールディングス ― 1
グーグル ― 1
セガ ― 1
ソフトバンク ― 1
はてな ― 1
メルカリ ― 1
野村総合研究所 ― 2

【卸売業】
三井物産 ― 3
三菱商事 ― 1

【小売業】
アマゾン ― 1

【銀行業】
福岡銀行 ― 1

【証券、商品先物取引業】
モルガンスタンレーMUFG証券 ― 1
東海東京フィナンシャルホールディングス ― 1

【不動産業】
コスモスイニシア ― 1
フージャースホールディングス ― 1
東京建物 ― 1

【サービス業】
Enginee ― 1
PwCコンサルティング ― 2
アイビス ― 1

アクセンチュア —— 1
イー・ガーディアン —— 1
インフキュリオン —— 1
ウルシステムズ —— 1
キャップジェミニ —— 1
クニエ —— 1
タイムズモビリティ —— 1
チューリンガム —— 1
ディー・エヌ・エー —— 1
デロイト トーマツ コンサルティング —— 1
トイウェア —— 1
トレンダーズ —— 1
ベイカレント・コンサルティング —— 1
ベネフィット・ワン —— 1
マイベスト —— 1
マッキンゼー・アンド・カンパニー —— 2
リブ・コンサルティング —— 1
楽天グループ —— 1
山田コンサルティンググループ —— 1
東京リーガルマインド —— 1

【その他】
その他 —— 1
個人事業主 —— 1
日本気象協会 —— 1

理学部（15人）

【官公庁等】
海上自衛隊 —— 1

【食料品】
Glitch Coffee & Roasters —— 1

【その他製品】
任天堂 —— 2

【情報・通信業】
HOUSEI —— 1
アピリッツ —— 1

【卸売業】
三井物産 —— 1

【保険業】
エヌエヌ生命保険 —— 1
日本生命 —— 1
明治安田生命 —— 1

【サービス業】
PwCコンサルティング —— 1
レターファン —— 1
税理士法人横須賀・久保田 —— 1
有限責任監査法人トーマツ —— 1

【その他】
個人事業主 —— 1

農学部（63人）

【官公庁等】
環境省 —— 1
秋田県 —— 1
東京都 —— 1
農林水産省 —— 4

【食料品】
キユーピー —— 1
キリンホールディングス —— 1
伊藤忠食糧 —— 1
太陽化学 —— 1

【医薬品】
アステラス製薬 —— 1
協和キリン —— 1
新日本科学 —— 1

【電気機器】
ソニー —— 1
富士通 —— 1

【情報・通信業】
Kinger —— 1
NHK —— 1
NTT西日本 —— 1
SHIFT —— 1
Speee —— 1
Tsuzucle —— 1
キヤノンITソリューションズ —— 1
シンプレクス・ホールディングス —— 1
ソフトバンク —— 1
情報戦略テクノロジー —— 1
日本電気通信システム —— 1

【卸売業】
三井物産 —— 1

【銀行業】
三井住友銀行 —— 1

【証券、商品先物取引業】
大和証券 —— 1
野村証券 —— 1

【保険業】
住友生命 —— 1
東京海上日動火災 —— 1
日本生命 —— 1
明治安田生命 —— 1

【その他金融業】
日本政策金融公庫 —— 1
日本政策投資銀行 —— 2
農林中央金庫 —— 1

【サービス業】
アマゾンウェブサービス —— 1
EYストラテジー・アンド・コンサルティング —— 2
KPMGコンサルティング —— 1
アクセンチュア —— 2
アビームコンサルティング —— 2
エム・シー・アイ —— 1
ゴールド総研 —— 1
デロイト トーマツ コンサルティング —— 1
プロジェクトカンパニー —— 1
ベイカレント・コンサルティング —— 1
メディアサイエンスプラニング —— 1
リヴァンプ —— 1
リソー教育 —— 1
東日本高速道路 —— 1

【新聞・出版・広告】
博報堂 —— 1

【病院】
東京大学附属動物医療センター —— 1
日本エキゾチック動物医療センター —— 1
日本動物高度医療センター —— 1

【その他】
その他 —— 2
自営業 —— 1

薬学部（12人）

《薬学科（7人）》

【医薬品】
中外製薬 —— 3

【情報・通信業】
NTTデータ —— 1

【小売業】
アインホールディングス —— 1

【その他】
その他 —— 2

《薬科学科（5人）》

【官公庁】
外務省 —— 1

【電気機器】
メディアロジック —— 1

【卸売業】
住友商事 —— 1

【サービス業】
早稲田アカデミー —— 1

【その他】
不明 —— 1

医学部（105人）

《医学科（93人）》

【独立行政法人・大学法人】
東京都健康長寿医療センター —— 5

【医薬品】
フィルダクト —— 1

【情報・通信業】
Indeed Technologies Japan —— 1

【教員・研究員・図書館等】
東京女子医科大学 — 1
東北大学 — 1

【病院】
NTT東日本関東病院 — 5
永寿総合病院 — 2
横浜労災病院 — 3
岐阜県立下呂温泉病院 — 1
金沢大学附属病院 — 1
虎の門病院 — 1
公立学校共済組合関東中央病院 — 1
公立昭和病院 — 3
国際医療福祉大学熱海病院 — 1
国保旭中央病院 — 4
国立国際医療研究センター病院 — 9
国立病院機構　埼玉病院 — 1
埼玉医科大学病院 — 1
三井記念病院 — 1
市立角館総合病院 — 1
自治医科大学附属さいたま医療センター — 1
自治医科大学附属病院 — 1
春日部中央総合病院 — 1
焼津市立総合病院 — 2
仙台医療センター — 1
大久保病院 — 1
竹田綜合病院 — 3
中部労災病院 — 1
天理よろづ相談所病院 — 1
都立駒込病院 — 1
東京ベイ・浦安市川医療センター — 1
東京医療センター — 1
東京山手メディカルセンター — 2
東京新宿メディカルセンター — 1
東京大学医学部附属病院 — 16
東京逓信病院 — 1
藤枝市立総合病院 — 3
同愛記念病院 — 1
日本赤十字社医療センター — 6
日立製作所日立総合病院 — 2
兵庫県立尼崎総合医療センター — 1
名戸ヶ谷病院 — 1

《健康総合科学科（12人）》

【化学】
花王 — 1
富士フイルム — 1

【情報・通信業】
Algoage — 1
GMOペパボ — 1
オープンワーク — 1
レバレジーズ — 1

【小売業】
オイシックス・ラ・大地 — 1

【保険業】
プルデンシャル生命保険 — 1
三井住友海上火災 — 1

【その他金融業】
三井住友トラスト・アセットマネジメント — 1

【サービス業】
松岡旅館 — 1

【その他】
JA全農 — 1

法学政治学研究科（31人）

《修士課程（8人）》

【官公庁等】
外務省 — 1
総務省 — 1

【電気機器】
日本IBM — 1

【銀行業】
玉山銀行 — 1

【サービス業】
SIE — 1
ベリーベスト法律事務所 — 1

【教員・研究員・図書館等】
東京大学 — 1

【その他】
不明 — 1

《博士課程（9人）》

【銀行業】
みずほフィナンシャルグループ — 1

【サービス業】
三鷹法律事務所 — 1

【教員・研究員・図書館等】
ハノイ法科大学 — 1
学習院大学 — 1
滋賀大学 — 1
東海大学 — 1
東京大学 — 2

【その他】
不明 — 1

《専門職学位課程（14人）》

【官公庁等】
公正取引委員会 — 1
文部科学省 — 1

【情報・通信業】
ソースネクスト — 1

【サービス業】
楽天グループ — 1
日能研 — 1

【教員・研究員・図書館等】
慶應義塾大学 — 1
東京大学 — 4

【その他】
不明 — 4

経済学研究科（53人）

《修士課程（50人）》

【食料品】
British American Tobacco — 1

【化学】
P&Gジャパン — 1

【鉄鋼】
鞍山鋼鉄集団公司 — 1

【電気機器】
ULVAC — 1
ソニーグループ — 1
ルネサスエレクトロニクス — 1
日本IBM — 2
富士通 — 2

【輸送用機器】
日立Astemo — 1

【情報・通信業】
ソフトバンク — 1
ブレインパッド — 1
みずほリサーチ&テクノロジーズ — 1
モンスターラボ — 1

【小売業】
アマゾンジャパン — 1

【銀行業】
Huatai Securities — 1
三井住友銀行 — 1
日本興業銀行 — 1

【証券、商品先物取引業】
BNPパリバ証券 — 1
SMBC日興証券 — 1
クレディ・アグリコル証券 — 1
大和証券 — 1
野村証券 — 1

【保険業】
三井住友海上火災 — 1
第一生命 — 1
明治安田生命 — 2

【その他金融業】
アセットマネジメントOne — 1
日興アセットマネジメント — 1
日本政策金融公庫 — 1

【サービス業】
ARISE Analytics — 1
EY Japan — 1
EY新日本有限責任監査法人 — 2

KPMG FAS ― 1
MSCI ― 1
PwC ― 1
PwCアドバイザリー ― 1
SAPジャパン ― 1
アクセンチュア ― 1
アビームコンサルティング ― 1
デロイト トーマツ ファイナンシャルアドバイザリー ― 2
ネットワンシステムズ ― 1
楽天グループ ― 1
藤田観光 ― 1

【新聞・出版・広告】
電通 ― 2

【その他】
不明 ― 1

《博士課程（3人）》

【教員・研究員・図書館等】
一橋大学 ― 2
東京大学 ― 1

人文社会系研究科（68人）

《修士課程（41人）》

【官公庁等】
防衛省 ― 1

【独立行政法人・大学法人】
国際協力機構 ― 1

【食料品】
サントリーホールディングス ― 1

【電気機器】
ソニー ― 1

【電気・ガス業】
Looop ― 1

【情報・通信業】
LINE ― 1
オロ ― 1
コーエーテクモホールディングス ― 1
バンダイナムコエンターテインメント ― 1
フォーラムエイト ― 1
マネーフォワード ― 1
ヤフー ― 1
野村総合研究所 ― 1

【卸売業】
内田洋行 ― 1

【銀行業】
三井住友銀行 ― 1
北陸銀行 ― 1

【保険業】
日本生命 ― 1

【不動産業】
ハイライフホーム ― 1

【サービス業】
Resolve&Capital ― 1
SOMPOケア ― 1
Z会 ― 1
アクセンチュア ― 1
アンダーソン・毛利・友常法律事務所 ― 2
イグニション・ポイント ― 1
クニエ ― 1
楽天グループ ― 2
日本音楽著作権協会 ― 1
日本中央競馬会 ― 1

【新聞・出版・広告】
小学館 ― 1

【教員・研究員・図書館等】
横浜美術館 ― 1
学校法人茨城 ― 1
湘南白百合学園 ― 1
長野県立美術館 ― 1
東京大学史料編纂所 ― 1
東京大学附属図書館 ― 1

【病院】
結城チロロ動物病院 ― 1

【その他】
伊勢大神楽講社 ― 1
不明 ― 2

《博士課程（27人）》

【独立行政法人・大学法人】
国際交流基金 ― 1
日本学術振興会 ― 4

【サービス業】
AIR Lab ― 1
リバティーコーチング ― 1

【教員・研究員・図書館等】
京都大学 ― 1
九州大学 ― 1
香川大学 ― 1
高崎経済大学 ― 1
上智大学 ― 1
青山学院大学 ― 2
早稲田大学坪内博士記念演劇博物館 ― 1
大阪公立大学 ― 1
東京工業大学 ― 1
東京大学 ― 6
東北大学 ― 1
日本大学 ― 1
明海大学 ― 1
浙江師範大学 ― 1

教育学研究科（33人）

《修士課程（27人）》

【官公庁等】
国土交通省 ― 1
農林水産省 ― 1
文部科学省 ― 1
法務省 ― 1

【電気機器】
日本IBM ― 2

【情報・通信業】
日本ヒューレット・パッカード ― 1

【小売業】
ニトリ ― 2

【証券、商品先物取引業】
モルガン・スタンレーMUFG証券 ― 1

【保険業】
三井住友海上火災 ― 1

【サービス業】
EYストラテジー・アンド・コンサルティング ― 1
あずさ監査法人 ― 1
アビームコンサルティング ― 1
クニエ ― 1
ニチイホールディングス ― 1
ピースマインド ― 1
マッキンゼー・アンド・カンパニー ― 1
ミーク ― 1
ユカリア ― 1
リクルート ― 1
日本入試センター ― 1

【新聞・出版・広告】
技術評論社 ― 1

【教員・研究員・図書館等】
鎌倉女子大学 ― 1
自由の森学園 ― 1
中学校・高等学校 ― 1
東京大学教育学部附属中等教育学校 ― 1
東洋大学 ― 1

《博士課程（6人）》

【教員・研究員・図書館等】
一橋大学 ― 1
京都先端科学大学 ― 1
渋谷教育学園 ― 1
石巻専修大学 ― 1
早稲田大学 ― 1
東京大学 ― 1

総合文化研究科（126人）

《修士課程（94人）》

【官公庁等】
外務省 ― 1
千葉県 ― 1

【独立行政法人・大学法人】
国際協力機構 1
【食料品】
日清ヨーク 1
【化学】
ロレアルグループ 1
【医薬品】
大塚製薬 1
【ガラス・土石製品】
AGC 1
【鉄鋼】
JFEスチール 2
【機械】
DMG森精機 1
【電気機器】
セイコーエプソン 1
ソニー 2
パナソニック 1
マイクロンメモリジャパン 1
沖電気工業 1
日本IBM 3
富士フイルムビジネスイノベーション 1
富士通 1
【輸送用機器】
本田技研工業 1
【精密機器】
ニコン 2
島津製作所 1
【その他製品】
FDK 1
キオクシア 1
ヤマハ 2
千代田グラビヤ 1
【情報・通信業】
KDDI 1
TIS 1
インテージ 1
コーエーテクモホールディングス 1
ジェン・デザイン 1
シスコシステムズ 1
システナ 1
ソニーグローバルコミュニケーションズ 1
ソフトバンク 2
テレビ東京ホールディングス 1
フォルシア 1
ブルームバーグL.P. 1
フレクト 1
ホワイトラビット 1
日経BP 1
【卸売業】
興和 1
三井物産 1
【小売業】
北京博観智信息科技 1
【銀行業】
みずほフィナンシャルグループ 1
三井住友銀行 1
【その他金融業】
エム・ユー・エス情報システム 1
【サービス業】
IQVIAサービシーズ ジャパン 1
PwCあらた有限責任監査法人 1
PwCコンサルティング 3
Ridgelinez 1
アクセンチュア 4
アマゾンウェブサービスジャパン 1
イベロ・ジャパン 1
エスネットワークス 1
エムスリー 1
エル・ティー・エス 1
クリーク・アンド・リバー社 1
ジーニー 1
ジェイアール東日本企画 1
ジェネレーションパス 1
プライスウォーターハウスクーパース 1
フライトシステムコンサルティング 1
マッキンゼー・アンド・カンパニー 1
リクルート 1
レバレジーズ 1
ロバート・ウォルターズ・ジャパン 1
楽天グループ 6
有限責任監査法人トーマツ 2
【新聞・出版・広告】
読売新聞 1
日本経済新聞社 1
博報堂 3
北京科学技術出版社 1
【教員・研究員・図書館等】
ラ・サール学園 1
国立国会図書館 1
東京大学 1

《博士課程（32人）》
【官公庁等】
日本銀行 1
【食料品】
キリンホールディングス 1
【化学】
高砂香料工業 1
住友化学 1
【電気機器】
キヤノン 1
【情報・通信業】
ヤフー 1
【サービス業】
コアコンセプト・テクノロジー 1
【教員・研究員・図書館等】
ソニーコンピュータサイエンス研究所 1
会津大学 1
環境資源科学研究センター 1
慶應義塾大学 1
広島大学原爆放射線医科学研究所 1
水産研究・教育機構 1
早稲田大学 2
大阪大学 1
筑波大学 1
都留文科大学 1
東京大学 8
東洋大学 1
日本学術振興会 2
日本学術振興会海外特別研究員 1
理化学研究所 2

工学系研究科（796人）

《修士課程（612人）》
【官公庁等】
Department of Environment and Natural Resources, Environmental Management Bureau, MIMAROPA Region 1
Water and Sanitation Agency, Lahore 1
横浜市 1
環境省 1
金融庁 1
経済産業省 2
警視庁 1
国土交通省 6
財務省 1
東京都 1
特許庁 3
日本銀行 2
防衛省 1
名古屋市 1
【独立行政法人・大学法人】
国際協力機構 1
都市再生機構 2
【水産・農林業】
プランテックス 1
【建設業】
IAO竹田設計 1

JFEエンジニアリング　1
JUN建築設計事務所　1
NTTファシリティーズ　1
Sinotech　1
オリエンタルコンサルタンツグローバル　1
タケウチ建設　1
フジタ　1
ランドスケープデザイン　1
乾久美子建築設計事務所　1
熊谷組　1
五洋建設　1
三菱地所設計　4
鹿島　7
清水建設　3
千代田化工建設　2
大気社　1
大成建設　3
大林組　5
大和ハウス工業　1
竹中工務店　2
東亜建設工業　1
日建設計　3

【食料品】
サントリーホールディングス　1
日本たばこ産業　1
味の素　1

【繊維製品】
東レ　3

【パルプ・紙】
レンゴー　1

【化学】
BASFジャパン　1
Carima　1
ダウ・ケミカル　1
デュポン　1
ファイントゥデイ　1
レゾナック　1
旭化成　3
三井化学　2
三菱ケミカル　3
資生堂　1
住友化学　3
太陽ホールディングス　1
東ソー　1
東洋合成工業　1
日本ロレアル　1
富士フイルム　8

【医薬品】
アステラス製薬　2
大正製薬　1
第一三共　1
中外製薬　2

【石油・石炭製品】
ENEOS　1

【ゴム製品】
ブリヂストン　3

【ガラス・土石製品】
AGC　3

【鉄鋼】
JFEスチール　1
日本製鉄　5
日本冶金工業　1

【非鉄金属】
JX金属　1
UACJ　1
古河電気工業　1
住友電気工業　3

【金属製品】
LIXIL　1

【機械】
DMG森精機　1
IHI　5
IHIエアロスペース　1
ウーヴン・バイ・トヨタ　1
キビテク　1
ダイキン工業　1
ディスコ　1
三菱重工業　7
小松製作所　4
不二越　1

【電気機器】
Carrier　1
Japan Advanced Semiconductor Manufacturing　1
NEC　2
TDK　1
TSMCデザインテクノロジージャパン　2
アドバンテスト　1
アルチップ・テクノロジーズ　1
アルバック　1
キーエンス　6
キーサイト・テクノロジー　1
キヤノン　1
キヤノンメディカルシステムズ　1
コニカミノルタ　2
ソニー　6
ソニーグループ　4
ソニーセミコンダクタソリューションズ　11
パナソニック　2
パナソニック ホールディングス　1
パナソニックインダストリー　1
パナソニックエナジー　3
パナソニックコネクト　2
ファナック　5
ブラザー工業　2
マイクロンメモリジャパン　3
ユナイテッド イメージングヘルスケア　1
リコー　2
旭化成エレクトロニクス　1
三菱電機　7
村田製作所　3
東京エレクトロン　3
東芝　6
日本IBM　8
日立製作所　6
富士通　5

【輸送用機器】
いすゞ自動車　1
ジャパンマリンユナイテッド　1
デンソー　3
トヨタアストラモーター　1
トヨタ自動車　3
パナソニックオートモーティブシステムズ　1
ボッシュ　2
川崎重工業　2
日産自動車　4
日野自動車　1
本田技研工業　9

【精密機器】
China Aerospace Science and Technology Corporation　1
Texas Instruments　2
テルモ　2
島津製作所　1
東京エレクトロン宮城　1

【その他製品】
HiSilicon　1
MOONS'　1
キオクシア　2
ソニー・インタラクティブエンタテインメント　1
パナソニック ハウジングソリューションズ　1
パナソニックエナジー　2
ヤマハ　2
深圳邁瑞生物医療電子　1
任天堂　1

【電気・ガス業】
リニューアブル・ジャパン　1
レノバ　1
関西電力　1

関西電力送配電——1
四国電力送配電——1
電源開発——1
東京ガス——6
東京電力ホールディングス——2
東芝エネルギーシステムズ——1

【陸運業】

JR東海——5
JR東日本——4
インド鉄道——2
東急——1

【空運業】

ANA——1
日本航空——3

【情報・通信業】

AVILEN——1
CTW——1
Enflame Technology——1
Indeed——1
Indeed Technologies Japan——1
IQVIAソリューションズジャパン——1
KDDI——1
LINE——3
Micron Technology——1
miHoYo——1
NRIセキュアテクノロジーズ——1
NTT——2
NTTデータ——9
NTTドコモ——2
NTT西日本——2
Ollo——1
PKSHA Technology——1
Speee——1
TBSスパークル——1
Zhejiang EACON electronic technology——1
アークエッジ・スペース——1
イーソル——1
ウェザーニューズ——1
ウエスタンデジタル——1
エクサウィザーズ——1
エス・ティー・シー——1
エリジオン——1
コーエーテクモゲームス——2
ココナラ——1
コスモリサーチ——1
コネクト——1
シンプレクス——4
センスタイムジャパン——1
ソフトバンク——2
ピクシブ——1
ビッグツリーテクノロジー&コンサルティング——1
ファーウェイ——1
マネーフォワード——2
みずほリサーチ&テクノロジーズ——1
ヤフー——5
三菱UFJリサーチ&コンサルティング——1
三菱総合研究所——3
日発——1
日本コントロールシステム——1
日本シノプシス——1
野村総合研究所——4

【卸売業】

丸紅——1
三井物産——6
三菱商事——2
住友商事——4
双日——1
日立ハイテク——1

【小売業】

アマゾンジャパン——3
ゲオホールディングス——1
ニトリ——1
ファーストリテイリング——1

【銀行業】

Bank of China——1
Industrial Bank——1
クレディ・スイス——1
国際協力銀行——1
三井住友銀行——1
三菱UFJ銀行——2

【証券、商品先物取引業】

BofA証券——2
JPモルガン証券——3
SMBC日興証券——2
ゴールドマンサックス証券——4
フーリハン・ローキー——1
みずほ証券——1
モルガン・スタンレーMUFG証券——4
大和証券——2
野村証券——2

【保険業】

マーシュジャパン——1
三井住友海上火災——1
日本生命——2
明治安田生命——1

【その他金融業】

ゴールドマンサックスジャパン——1
野村アセットマネジメント——1

【不動産業】

GA technologies——1
NTT都市開発——1
ヒューリック——1
三井不動産——2
三井不動産レジデンシャル——1
三菱地所——6
住友不動産——1
森ビル——1
東京建物——3

【サービス業】

A.T.カーニー——4
AKKODiSコンサルティング——1
atama plus——1
Cuenext——1
EYストラテジー・アンド・コンサルティング——3
Indeed Japan——1
IQVIAサービシーズジャパン——1
KPMG FAS——1
KPMGコンサルティング——1
OUTSENSE——1
PwCあらた有限責任監査法人——1
PwCコンサルティング——2
SAPジャパン——1
ZSアソシエイツ——1
アーサー・D・リトル・ジャパン——1
アーサー・ディ・リトル——1
アクセンチュア——11
アスタミューゼ——1
あつまる——1
アビームコンサルティング——2
アマゾンウェブサービスジャパン——3
イグニション・ポイント——1
オーヴ・アラップ・アンド・パートナーズ——1
クニエ——2
シグマクシス——1
チームラボ——2
デロイトトーマツコンサルティング——4
デロイトトーマツファイナンシャルアドバイザリー——1
ベンチャーサポート——1
ビズリーチ——1
ブリーチ——1
プレセナ・ストラテジック・パートナーズ——1
ベイカレント・コンサルティング——1

ベイン・アンド・カンパニー・ジャパン ―― 1
ベネッセコーポレーション ―― 1
ボストンコンサルティンググループ ―― 2
マッキンゼー・アンド・カンパニー ―― 6
ユー・エス・ジェイ ―― 1
リクルート ―― 4
リブ・コンサルティング ―― 2
リンクアンドモチベーション ―― 1
レイヤーズ・コンサルティング ―― 1
ローランド・ベルガー ―― 1
応用地質 ―― 1
楽天グループ ―― 7
阪神高速道路 ―― 1
早稲田アカデミー ―― 1
中日本ハイウェイ・エンジニアリング東京 ―― 1
中日本高速道路 ―― 2
東日本高速道路 ―― 1
燈 ―― 1
日建設計総合研究所 ―― 1
弁理士法人鈴榮特許綜合事務所 ―― 1
北京林達劉知識産権代理事務所 ―― 1

【新聞・出版・広告】
電通 ―― 2
読売新聞 ―― 1
博報堂 ―― 2

【教員・研究員・図書館等】
German Aerospace Center ―― 1
テクノプロ ―― 1
フィリピン大学 ―― 1
宇宙航空研究開発機構 ―― 1
新エネルギー・産業技術総合開発機構 ―― 1
東京大学 ―― 1

【病院】
Massachusetts General hospital ―― 1

【その他】
Asian Technology Advisors ―― 1
Framatome ―― 1
その他 ―― 5
リニアロジック ―― 1
松尾研究所 ―― 1
鉄道総合技術研究所 ―― 1
日本海事協会 ―― 3
不明 ―― 3
文化財建造物保存技術協会 ―― 1

《博士課程（172人）》

【官公庁等】
原子力規制庁 ―― 2
日本銀行 ―― 1
北京市観和自然資源委員会 ―― 1

【独立行政法人・大学法人】
産業技術総合研究所 ―― 3
情報通信研究機構 ―― 1

【建設業】
JFEエンジニアリング ―― 1
住友林業 ―― 1
清水建設 ―― 1
木下洋介構造計画 ―― 1

【食料品】
雪国まいたけ ―― 1
味の素 ―― 2

【繊維製品】
東レ ―― 1

【化学】
旭化成 ―― 2
三菱ケミカル ―― 1
住友化学 ―― 1
昭栄化学工業 ―― 1

【医薬品】
アステラス製薬 ―― 2
シオノギファーマ ―― 1
協和キリン ―― 1
小野薬品工業 ―― 1
中外製薬 ―― 2

【石油・石炭製品】
出光興産 ―― 1

【ガラス・土石製品】
AGC ―― 2
AGCエレクトロニクス ―― 1
日本特殊陶業 ―― 1

【鉄鋼】
神戸製鋼所 ―― 1

【非鉄金属】
YKK AP ―― 1

【機械】
牧野フライス製作所 ―― 2

【電気機器】
GEヘルスケア・ジャパン ―― 1
TSMCデザインテクノロジージャパン ―― 4
ソニー ―― 1
ソニーセミコンダクタソリューションズ ―― 3
フィリップス ―― 1
安川電機 ―― 1
京セラ ―― 1
村田製作所 ―― 1
日本IBM ―― 1
日立製作所 ―― 4
富士通 ―― 1

【輸送用機器】
デンソー ―― 1
日産自動車 ―― 2
本田技術研究所 ―― 1

【精密機器】
Advanced Micro Foundry ―― 1
ニコン ―― 1
マイクロンメモリジャパン ―― 1

【その他製品】
アクセルスペース ―― 1
インターステラテクノロジズ ―― 1
日機装 ―― 1

【電気・ガス業】
Bolteo ―― 1

【陸運業】
東日本旅客鉄道 ―― 1

【情報・通信業】
Apple Japan ―― 1
Fixstars Amplify ―― 1
GMOインターネットグループ ―― 1
Indeed Technologies Japan ―― 1
NTT ―― 2
Qosmo ―― 1
アークエッジ・スペース ―― 2
エムティーアイ ―― 1
ソフトバンク ―― 1
ダッソー・システムズ ―― 1
ファーウェイ ―― 3
フィックスターズ ―― 1
ミューレックス ―― 1
メイテック ―― 1
日本マイクロソフト ―― 1

【証券、商品先物取引業】
ANRI ―― 2
大和証券 ―― 1

【サービス業】
ADKデジタル・コミュニケーションズ ―― 1
AIQ ―― 1
MNTSQ ―― 1
ワールドインテック ―― 1
応用地質 ―― 1
楽天グループ ―― 1

【教員・研究員・図書館等】
JetZero ―― 1
MD Anderson Cancer Center ―― 1
National Research and Innovation Agency ―― 1
アールト大学 ―― 1

インディアナ州立大学 1
エネルギー・金属鉱物資源機構 1
ブリティッシュコロンビア大学 1
ブルネル大学 1
宇宙航空研究開発機構 4
海洋研究開発機構 1
京都大学 1
情報経営イノベーション
専門職大学 1
早稲田大学 1
中央大学 1
東京大学 36
東京理科大学 1
日本学術振興会海外特別研究員 1
日本原子力研究開発機構 1
北海道大学 2
名古屋大学 1
理化学研究所 3
浙江省発展規劃研究院 1

【その他】

その他 2
ナノ医療イノベーション
センター 1
日立GEニュークリア・エナジー 1
不明 9

《専門職学位課程(12人)》

【電気・ガス業】

関西電力 1
九州電力 2
四国電力 1
中国電力 1
中部電力 1
電源開発 1
東京電力 1
東北電力 1
北海道電力 1
北陸電力 1

【情報・通信業】

琥珀舎 1

理学系研究科(258人)

《修士課程(132人)》

【官公庁等】

気象庁 2
原子力規制庁 1
税関 1
日本銀行 1

【鉱業】

INPEX 1
シュルンベルジェ 1

【建設業】

清水建設 1
東洋エンジニアリング 1

【食料品】

キリンホールディングス 1
味の素 1

【化学】

デュポン 1
デンカ 1
レゾナック 1
旭化成 1
花王 1
三若純薬研究所 1

【医薬品】

アステラス製薬 1
サイネオス・ヘルス・クリニカル 1
大塚製薬 1
中外製薬 1
立山化成 1

【石油・石炭製品】

ENEOS 1

【機械】

クボタ 1
ダイキン工業 1

【電気機器】

GEヘルスケア・ジャパン 2
NEC 4
キヤノン 1
コニカミノルタ 2
ソニー 4
ソニーセミコンダクタ
ソリューションズ 3
ブラザー工業 1
マイクロンメモリジャパン 1
三菱電機 5
東芝 1
日本IBM 1
日本電気航空宇宙システム 1
日立グループ 1
日立製作所 1
富士通 1

【輸送用機器】

日産自動車 1

【その他製品】

ソニーセミコンダクタ
マニュファクチャリング 1
ヤマハ 1
東芝デバイス&ストレージ 1
東色ピグメント 1

【電気・ガス業】

電源開発 1

【陸運業】

センコー 1

【海運業】

日本郵船 1

【空運業】

ANA 1

【情報・通信業】

freee 1
GMOペイメントゲートウェイ 1
MHIエアロスペースシステムズ 1
NECソリューションイノベータ 1
NTTデータ 1
NTTテクノクロス 1
NTT東日本 1
インターネットイニシアティブ 1
ウェザーニューズ 1
エリジオン 2
ジャパン・コンピュータ・
テクノロジー 1
ソフトバンク 1
ファーウェイ 1
フューチャー 1
ヤフー 1
伊藤忠テクノソリューションズ 1
三菱総合研究所 2
日鉄ソリューションズ 2
日本タタ・コンサルタンシー・
サービシズ 1
野村総合研究所 2

【卸売業】

三井物産 1
日立ハイテク 3

【銀行業】

みずほフィナンシャルグループ 1
三井住友銀行 1
三菱UFJ銀行 1

【証券、商品先物取引業】

SMBC日興証券 3
ゴールドマンサックス証券 2
野村証券 4

【保険業】

ソニー生命保険 1

【サービス業】

EYストラテジー・アンド・
コンサルティング 1
PwCコンサルティング 1
ヴァリューズ 1
エム・アール・アイリサーチ
アソシエイツ 1
クニエ 1
デロイトトーマツ
コンサルティング 2
ハイリマレリジャパン 1
マッキンゼー・アンド・カンパニー 2
リクルート 1
レイス 1
楽天グループ 1
新菱冷熱工業 1

杉村萬国特許法律事務所　1
大日本印刷　1
有限責任監査法人トーマツ　2

【新聞・出版・広告】
技術評論社　1

【教員・研究員・図書館等】
宇宙航空研究開発機構　1
材料科学技術振興財団　1
石油天然ガス・金属鉱物資源機構　1
洗足学園　1
日本科学未来館　1
理化学研究所　1

【その他】
リモート・センシング技術センター　1
日本気象協会　1
不明　1

《博士課程（126人）》

【官公庁等】
国立衛生研究所　1
特許庁　1
文部科学省　1

【独立行政法人・大学法人】
産業技術総合研究所　2

【化学】
BASFジャパン　1
JSR　1
テクノプロ・R&D社　1
三井化学　1
住友化学　2
信越化学工業　1
楠本化成　1
富士フイルム　1

【医薬品】
Apeloa phamaceutical　1
アボットジャパン　1
エーザイ　1
大塚製薬　1
第一三共　1
中外製薬　1
田辺三菱製薬　1

【機械】
Proxima Technology　1

【電気機器】
NEC　2
TSMC　1
キーエンス　1
キヤノンメディカルシステムズ　1
コニカミノルタ　1
ソニーセミコンダクタソリューションズ　1
レーザーテック　1
三菱電機　1
日立製作所　1
富士通　1

【精密機器】
Japan Advanced Semiconductor Manufacturing　1

【情報・通信業】
ACCESS　1
PKSHA Technology　1
Preferred Networks　1
QunaSys　1
SOLIZE　1
コアコンセプト・テクノロジー　1
ファーウェイ　1
フィックスターズ　1
ブレインパッド　1
メルカリ　1
ヤフー　1

【小売業】
バイオクロマト　1

【証券、商品先物取引業】
BofA証券　1
モルガン・スタンレーMUFG証券　1
野村証券　2

【その他金融業】
レオス・キャピタルワークス　1

【サービス業】
アマゾンウェブサービスジャパン　1
カラクリ　1
ビザスク　1
マッキンゼー・アンド・カンパニー　1
帝国データバンク　1

【新聞・出版・広告】
電通デジタル　1

【教員・研究員・図書館等】
ASIAA　1
Broad Institute　1
アメリカ国立衛生研究所　1
ストックホルム大学　1
マックス・プランク研究所　1
ユタ大学　1
ヨハネスケプラーリンツ大学　1
レンセラー工科大学　1
愛媛大学　1
宇宙航空研究開発機構　4
海洋研究開発機構　1
京都フュージョニアリング　1
京都大学　3
九州大学　1
慶應義塾横浜初等部　1
慶應義塾大学　1
高エネルギー加速器研究機構　1
高輝度光科学研究センター　1
国立遺伝学研究所　1
国立天文台　2
埼玉県立川の博物館　1
上海交通大学　1
大阪公立大学　1
大阪大学　1
東京大学　25
東京都立大学　1
東京農工大学科学博物館　1
東北大学　3
奈良先端科学技術大学院大学　1
日本原子力研究開発機構　1
復旦大学　1
北海道大学　1
理化学研究所　3

【その他】
玉伝寺　1
不明　1

新領域創成科学研究科（345人）

《修士課程（252人）》

【官公庁等】
Ministry of Water, Sanitation and Irrigation　1
ミャンマー政府森林省　1
外務省　2
経済産業省　3
国税庁　1
国土交通省　1
財務省　1
水産庁　1
文部科学省　1

【独立行政法人・大学法人】
国際協力機構　3
都市再生機構　1

【鉱業】
INPEX　1

【建設業】
KAP　1
久米設計　1
戸田建設　1
三菱地所設計　1
鹿島　1
清水建設　2
日揮グローバル　1

【サービス業】
A.T.カーニー —— 1
Deep Consulting —— 1
EY Japan —— 1
EYストラテジー・アンド・コンサルティング —— 1
Integral Japan —— 1
INTLOOP —— 1
KPMGコンサルティング —— 1
Kyndryl —— 1
NSSLCサービス —— 1
NTCインターナショナル —— 1
PwCコンサルティング —— 2
アクセンチュア —— 6
アビスト —— 1
イグニション・ポイント —— 1
オリエンタルコンサルタンツ —— 2
キャップジェミニ —— 1
シンプレクス —— 1
デロイト トーマツ コンサルティング —— 2
デロイト トーマツ ファイナンシャルアドバイザリー —— 1
ドリームインキュベータ —— 1
ボストンコンサルティンググループ —— 1
マッキンゼー・アンド・カンパニー —— 1
モンスターラボ —— 1
リクルート —— 1
リンクステーション —— 1
レイヤーズ・コンサルティング —— 1
応用地質 —— 1
楽天グループ —— 5
個別指導Axis —— 1
山下PMC —— 1
大日本印刷 —— 1
大和総研 —— 1
富士通総研 —— 1
長大 —— 1
燈 —— 1
美団 —— 1
有限責任監査法人トーマツ —— 1
流動商店 —— 1

【新聞・出版・広告】
読売新聞 —— 1
博報堂 —— 1

【教員・研究員・図書館等】
信州大学 —— 1
石油天然ガス・金属鉱物資源機構 —— 1
農業・食品産業技術総合研究機構 —— 1

【その他】
GEN-JAPAN —— 1
宇宙技術開発 —— 1
千葉テストセンター —— 1
日本アルシー —— 1
不明 —— 6
野生動物保護管理事務所 —— 1

《博士課程(93人)》

【独立行政法人・大学法人】
産業技術総合研究所 —— 3

【水産・農林業】
海洋技術開発 —— 1

【化学】
CrowdChem —— 1
ENEOSマテリアル —— 1
エスティ ローダー —— 1
テクノプロ・R&D社 —— 1
住友化学 —— 1

【医薬品】
アストラゼネカ —— 2
協和キリン —— 1
住友ファーマ —— 1
小野薬品工業 —— 1
積水メディカル —— 1
大塚製薬 —— 1
大鵬薬品工業 —— 1
第一三共 —— 1
中外製薬 —— 2
武田薬品工業 —— 1

【電気機器】
Mindray —— 1
パイオニア —— 1
村田製作所 —— 1
日本IBM —— 1
日立製作所 —— 1

【精密機器】
Orbray —— 1

【情報・通信業】
NTT —— 1
SyntheticGestalt —— 1
ウーブン・バイ・トヨタ —— 1
グーグル —— 1
サイボウズ —— 1
バンダイナムコスタジオ —— 1
三菱総合研究所 —— 1

【サービス業】
DATUM STUDIO —— 1
EYストラテジー・アンド・コンサルティング —— 1
H.U.グループホールディングス —— 1
JSOL —— 1
LocationMind —— 2
Paypay —— 1
ボストンコンサルティンググループ —— 1
ワールドインテック —— 1

【教員・研究員・図書館等】
Begum Rokeya University —— 1
ROIS-DS人文学オープンデータ共同利用センター —— 1
Zhejiang Lab —— 1
イリノイ大学アーバナ・シャンペーン校 —— 1
ケルン大学 —— 1
ハーバード大学 —— 1
沖縄科学技術大学院大学 —— 2
海洋研究開発機構 —— 1
近畿大学 —— 1
九州大学 —— 1
慶應義塾女子高等学校 —— 1
建築研究所 —— 1
国際協力機構緒方貞子平和開発研究所 —— 1
山東大学 —— 1
産業技術総合研究所 —— 1
中央大学 —— 1
東京大学 —— 20
徳山工業高等専門学校 —— 1
日本原子力研究開発機構 —— 1
物質・材料研究機構 —— 1
名古屋大学 —— 1
理化学研究所 —— 2
量子科学技術研究開発機構 —— 1
浙江師範大学 —— 1

【病院】
Erasmus Medical Center —— 1

【その他】
国立がん研究センター —— 1
不明 —— 3

情報理工学系研究科(241人)

《修士課程(189人)》

【官公庁等】
金融庁 —— 1
防衛装備庁 —— 1

【食料品】
エステック —— 1

【化学】
富士フイルム —— 1

【鉄鋼】
JFEスチール —— 1

【機械】
Preferred Robotics —— 1
ナブテスコ —— 1
小松製作所 —— 1

【電気機器】
NEC —— 1
キーエンス —— 1
ソニー —— 6
ソニーグループ —— 3
パナソニック ホールディングス —— 1
ファナック —— 1
三菱電機 —— 1
東芝 —— 1
日本IBM —— 1
日立製作所 —— 5
日立中央研究所 —— 1
富士電機 —— 1
【輸送用機器】
BYD —— 1
トヨタ自動車 —— 2
川崎重工業 —— 1
日産自動車 —— 1
本田技術研究所 —— 1
【精密機器】
Armホールディングス —— 1
島津製作所 —— 1
【その他製品】
ソニー・インタラクティブ・エンタテインメント —— 1
バンダイナムコスタジオ —— 1
ベース —— 1
任天堂 —— 2
【電気・ガス業】
enechain —— 1
【情報・通信業】
ABEJA —— 1
CTW —— 1
DeepEyeVision —— 1
Deepx —— 1
ELYZA —— 1
Indeed Technologies Japan —— 3
KDDI —— 2
LINE —— 8
MC DIGITAL —— 2
Microsoft Development —— 1
Monoid —— 1
NTT —— 2
NTTデータ —— 3
NTTドコモ —— 4
NTT西日本 —— 1
PKSHA Technology —— 1
Preferred Networks —— 5
STANDARD —— 4
ウーブン・バイ・トヨタ —— 2
からくり —— 1
ギフティ —— 1
グーグル —— 4
グーグル・クラウド・ジャパン —— 1
グーグルジャパン —— 1
コナミデジタルエンタテインメント —— 1
シンプレクス・ホールディングス —— 1
スクウェア・エニックス —— 2
ソフトバンク —— 2
ティアフォー —— 1
ニッポン放送 —— 1
バンダイナムコエンターテインメント —— 1
ファーウェイ —— 1
フライウィール —— 1
マップフォー —— 1
マネーフォワード —— 2
マンカインドゲームズ —— 1
ヤフー —— 9
ユーザーローカル —— 1
ラティス・テクノロジー —— 1
楽天モバイル —— 1
三菱電機ソフトウェア —— 1
日本タタ・コンサルタンシー・サービシズ —— 1
野村総合研究所 —— 4
【卸売業】
三井物産 —— 2
【小売業】
アマゾンジャパン —— 2
アマゾン中国 —— 1
ニトリ —— 1
【銀行業】
Houlihan Lokey —— 1
三菱UFJ銀行 —— 1
【証券、商品先物取引業】
ゴールドマンサックス・ジャパン —— 1
ゴールドマンサックス証券 —— 1
モルガン・スタンレーMUFG証券 —— 2
大和証券 —— 1
【保険業】
プルデンシャル生命 —— 1
【サービス業】
EYストラテジー・アンド・コンサルティング —— 1
Indeed Japan —— 6
KPMG FAS —— 1
TDSE —— 1
アクセンチュア —— 4
アビームコンサルティング —— 1
アマゾンウェブサービスジャパン —— 6
インテグラル・ジャパン
総合研究所 —— 1
エムスリー —— 1
クックパッド —— 1
サイバーエージェント —— 3
チームラボ —— 1
ディー・エヌ・エー —— 3
マッキンゼー・アンド・カンパニー —— 1
リクルート —— 5
楽天グループ —— 2
大和総研 —— 1
燈 —— 1
【新聞・出版・広告】
博報堂 —— 1
【その他】
不明 —— 4

《博士課程（52人）》

【官公庁等】
日本銀行 —— 1
【独立行政法人・大学法人】
産業技術総合研究所 —— 3
東京工業大学 —— 1
名古屋工業大学 —— 1
【機械】
小松製作所 —— 1
【電気機器】
東芝 —— 1
【輸送用機器】
Robert Bosch —— 1
【精密機器】
クーガー —— 1
センスタイムジャパン —— 1
【その他製品】
キオクシア —— 1
【情報・通信業】
Indeed Technologies Japan —— 1
KDDI Research —— 1
LINE —— 4
NTT —— 1
NTTコミュニケーションズ —— 1
NTTコミュニケーション科学基礎研究所 —— 2
NTT研究所 —— 1
Preferred Networks —— 2
フロムソフトウェア —— 1
ヤフー —— 1
【銀行業】
三菱UFJ銀行 —— 1

【サービス業】
SATORI ― 1
サイバーエージェント ― 1
デロイトトーマツ ファイナンシャルアドバイザリー ― 1

【教員・研究員・図書館等】
University of Wuppertal ― 1
カールスルーエ工科大学 ― 1
バーミンガム大学 ― 1
京都大学 ― 1
国立国会図書館 ― 1
東京大学 ― 6
奈良先端科学技術大学院大学 ― 1
北海道大学 ― 1
理化学研究所 ― 3

【その他】
IWG ― 1
TikTok ― 1
不明 ― 3

数理科学研究科（25人）

《修士課程（14人）》

【官公庁等】
厚生労働省 ― 1

【精密機器】
ニコン ― 1

【情報・通信業】
NTT ― 1
NTTデータ数理システム ― 1
コーエーテクモホールディングス ― 1
ソフトバンク ― 1
丸紅ITソリューションズ ― 1
日本プロセス ― 1

【銀行業】
三菱UFJ銀行 ― 1
福岡銀行 ― 1

【証券、商品先物取引業】
SMBC日興証券 ― 2
モルガン・スタンレーMUFG証券 ― 1

【保険業】
東京海上日動火災保険 ― 1

《博士課程（11人）》

【独立行政法人・大学法人】
日本学術振興会 ― 1

【医薬品】
中外製薬 ― 1

【情報・通信業】
アイヴィス ― 1
ゲームフリーク ― 1
ファーウェイ ― 1

【サービス業】
baton ― 1

【教員・研究員・図書館等】
Korea Institute for Advanced Study ― 1
大阪大学 ― 1
東京大学 ― 1
復旦大学 ― 1
理化学研究所 ― 1

農学生命科学研究科（135人）

《修士課程（97人）》

【官公庁等】
Ministry of Agriculture Burkina Faso ― 1
岡山県警察 ― 1
国土交通省 ― 1
消費者庁 ― 1
水産庁 ― 1
日本銀行 ― 1
林野庁 ― 1

【独立行政法人・大学法人】
国際協力機構 ― 1

【建設業】
i-木構 ― 1
匠弘堂 ― 1
清水建設 ― 1
不二総合コンサルタント ― 1

【食料品】
アサヒビール ― 1
キーコーヒー ― 1
キリンホールディングス ― 1
サントリーホールディングス ― 1
ハーゲンダッツ ジャパン ― 1
日本農産工業 ― 1
明治 ― 2

【化学】
BASF ― 1
カネカ ― 1
花王 ― 1
資生堂 ― 1
住友ベークライト ― 1
住友化学 ― 1

【医薬品】
共立製薬 ― 1
第一三共 ― 1
中外製薬 ― 1
日本農薬 ― 2

【ガラス・土石製品】
AGC ― 1

【鉄鋼】
エクサ ― 1
日本製鉄 ― 1

【機械】
iCAD ― 1
小松製作所 ― 1

【電気機器】
シュナイダーエレクトリック ― 1
日本IBM ― 1

【精密機器】
無錫村田電子 ― 1

【その他製品】
クラシエホームプロダクツ販売 ― 1
グローブライド ― 1

【電気・ガス業】
ジャパン・リニューアブル・エナジー ― 1
中部電力ミライズ ― 1

【情報・通信業】
NHK ― 1
NTTドコモ ― 1
SHIFT ― 1
イーソル ― 1
エフエム東京 ― 1
セーフィー ― 1
ソフトバンク ― 1
ピー・シー・エー ― 1
ブレインパッド ― 1
みずほリサーチ&テクノロジーズ ― 1
ラキール ― 1
レノボジャパン ― 1
日立システムズパワーサービス ― 1
富士通Japan ― 1
野村総合研究所 ― 1

【卸売業】
原田産業 ― 1
東京産業 ― 1

【銀行業】
三井住友銀行 ― 1
三菱UFJ銀行 ― 1

【証券、商品先物取引業】
ゴールドマンサックス証券 ― 1
野村証券 ― 1

【保険業】
東京海上日動火災保険 ― 1

【その他金融業】
シンプレクス ― 1

【不動産業】
森トラスト ― 1
森ビル ― 1

【サービス業】
NTD PATENT&TRADEMARK AGENCY——1
PwCコンサルティング——3
アクセンチュア——2
アトラエ——1
アビームコンサルティング——1
アラップ——1
クニエ——1
ベイン・アンド・カンパニー——1
ボストンコンサルティンググループ——1
マッキンゼー・アンド・カンパニー——1
リクルート——2
楽天グループ——1
有限責任監査法人トーマツ——1
【新聞・出版・広告】
ロッキング・オン——1
【教員・研究員・図書館等】
科学技術振興機構——1
東京大学——2
農業・食品産業技術総合研究機構——1
【その他】
Singapore Food Agency——1
クラシエホールディングス——1
テスホールディングス——1
デロイト トーマツ——1
日本レコード・キーピング・ネットワーク——1
不明——2

《博士課程（56人）》
【官公庁等】
京都府——1
【独立行政法人・大学法人】
国立研究開発法人森林研究・整備機構——1
情報通信研究機構——1
水産資源研究所——2
國學院大學——1
【食料品】
CJ FOODS JAPAN——1
【化学】
レゾナック・ホールディングス——1
【医薬品】
第一三共——2
中外製薬——2
天野エンザイム——1
【輸送用機器】
コンチネンタル・オートモーティブ——1
【海運業】
恒大産業——1
【サービス業】
AGRI SMILE——1
ALBERT——1
ListenField——1
REVAMP——1
tokyo global gateway——1
アクセンチュア——1
【教員・研究員・図書館等】
Postdoc——1
シンガポール国立大学——1
ヘルシンキ大学——1
みなと科学館——1
ラ・プラタ国立大学——1
ライス大学——1
京都大学——1
国立環境研究所——1
鹿児島大学——1
東京大学——12
東京農業大学——1
農業・食品産業技術総合研究機構——1
理化学研究所——1
和歌山大学——1
暨南大学——1
【その他】
JA全農——1
九州経済調査協会——1
実験動物中央研究所——1
不明——4

薬学系研究科（92人）

《修士課程（44人）》
【官公庁等】
東京都——1
【食料品】
アサヒビール——1
【繊維製品】
東レ——1
【化学】
P&G——1
信越化学工業——1
【医薬品】
アステラス製薬——1
ノバルティスファーマ——1
マルホ——1
杏林製薬——1
塩野義製薬——1
協和キリン——2
小野薬品工業——1
積水メディカル——1
大正製薬——1
第一三共——2
中外製薬——5
東洋新薬——1
【情報・通信業】
エクサウィザーズ——1
野村総合研究所——1
【銀行業】
三井住友銀行——1
【証券、商品先物取引業】
ゴールドマンサックス証券——1
みずほ証券——1
【サービス業】
PwCアドバイザリー——1
ZSアソシエイツ——1
アーサー・D・リトル・ジャパン——1
アクセンチュア——1
アクティブアンドカンパニー——1
ボストンコンサルティンググループ——1
マッキンゼー・アンド・カンパニー——3
第一興商——1
【新聞・出版・広告】
博報堂DYメディアパートナーズ——1
大日本印刷——1
【その他】
日本取引所グループ——1
不明——3

《博士課程（48人）》
【官公庁等】
厚生労働省——2
【医薬品】
Meiji Seikaファルマ——1
MGI Tech Japan——1
MSD——1
エーザイ——3
コウソミル——1
ペルセウスプロテオミクス——1
塩野義製薬——3
協和キリン——1
住友ファーマ——1
大塚製薬——3
第一三共——3
中外製薬——8
東和薬品——1
【電気機器】
コニカミノルタ——1
【情報・通信業】
アラヤ——1
ブレインパッド——1
日鉄ソリューションズ——1
【サービス業】
デロイト トーマツ コンサルティング——1

【教員・研究員・図書館等】
コロンビア大学 1
バーゼル大学 1
聖路加国際病院 1
千葉大学 1
帝京平成大学 1
東京女子医科大学 1
東京大学 2
東京大学アイソトープ総合センター 1
南華大学 1
北海道大学 1
北京大学 1
【その他】
不明 1

医学系研究科（268人）

《修士・博士前期課程（53人）》

【食料品】
British American Tobacco 1
【医薬品】
モデルナ・ジャパン 1
協和キリン 1
【電気機器】
シーメンスヘルスケア 1
富士通 1
【情報・通信業】
三菱総合研究所 1
【卸売業】
興和 1
【証券、商品先物取引業】
JPモルガン証券 1
【その他金融業】
日本インサイトテクノロジー 1
【サービス業】
アクセンチュア 1
スキルアップAI 1
ベネッセMCM 1
【教員・研究員・図書館等】
International School of the Sacred Heart 1
上智大学 1
【病院】
精神医学研究所附属東京武蔵野病院 1
東京大学医学部附属病院 1
【その他】
国立がん研究センター 1
日本赤十字社 1
不明 35

《医学博士課程（173人）》

【官公庁等】
厚生労働省 1
【医薬品】
JCRファーマ 1
アステラス製薬 1
ノバルティスファーマ 1
第一三共 1
【精密機器】
ニコン 1
【サービス業】
ヘルスケアシステムズ 1
【教員・研究員・図書館等】
Toronto General Hospital Research Institution 1
がん研究会 1
がん研究会 がん研究所 1
スタンフォード大学 1
ノースカロライナ大学 チャペルヒル校 1
国立精神・神経医療研究センター 1
東京女子医科大学 1
東京大学 3
日本学術振興会 1
理化学研究所 1
【病院】
がん研究会 有明病院 1
岡山大学病院 1
国立がん研究センター中央病院 1
埼玉県立小児医療センター 1
三楽病院 1
川崎幸病院 1
帝京大学ちば総合医療センター 1
東京高輪病院 1
東京山手メディカルセンター 1
東京女子医科大学病院 1
東京大学医学部附属病院 9
東都文京病院 1
日本赤十字社医療センター 2
隆樹会 木村クリニック 1
【その他】
自営業 1
全国農業協同組合連合会 1
不明 129

《博士後期課程（18人）》

【医薬品】
中外製薬 1
【教員・研究員・図書館等】
横浜市立大学 1
慶應義塾大学 1
国立国際医療研究センター 1
川崎市立看護大学 1
東京大学 5
【その他】
不明 8

《専門職学位課程（24人）》

【官公庁等】
林野庁 1
【医薬品】
日本セルヴィエ 1
【精密機器】
テルモ 1
【情報・通信業】
IQVIAソリューションズジャパン 1
【証券、商品先物取引業】
JPモルガン証券 1
【保険業】
三井住友海上火災 1
【サービス業】
エムスリー 1
翻訳センター 1
【教員・研究員・図書館等】
医療経済研究機構 1
国立成育医療研究センター 1
自治医科大学 1
川崎市立看護大学 1
日本医療研究開発機構 1
【病院】
橋本市民病院 1
山形大学医学部附属病院 1
東京女子医科大学病院 1
東京大学医学部附属病院 1
【その他】
不明 7

学際情報学府（106人）

《修士課程（87人）》

【官公庁等】
Ministry of Defence Singapore 1
Ministry of Foreign Affairs of Indonesia 1
気象庁 1
【独立行政法人・大学法人】
慶應義塾大学 1
国際医療福祉大学 1
東京芸術大学 1
東京大学 1
【食料品】
ネスレ日本 1

【化学】
花王　1
【電気機器】
ソニー　1
ルネサスエレクトロニクス　1
日本IBM　6
日立製作所　1
【輸送用機器】
本田技研工業　1
【電気・ガス業】
China Huaneng Group　1
【空運業】
パスコ　1
【情報・通信業】
Blintn　1
Eukarya　1
FLUX　1
Indeed　1
NTTデータ　1
NTTドコモ　2
NTT研究所　1
Open Reach Tech　1
アマゾンウェブサービスジャパン　2
アリババ　1
いい生活　1
グーグル・ジャパン　1
コーエーテクモホールディングス　1
シスコシステムズ　1
マイクロソフト　1
ヤフー　1
中国聯合通信　1
日本オラクル　1
日本タタ・コンサルタンシー・サービシズ　2
北京博楽科技　1
【卸売業】
丸紅　1
【証券、商品先物取引業】
ゴールドマンサックス証券　1
シティグループ証券　1
大和証券　1
【不動産業】
ランドネット　1
【サービス業】
EYストラテジー・アンド・コンサルティング　3
KKCompany Technologies　1
PwCアドバイザリー　1
アクセンチュア　6
コンパス教育センター　1
サイバーエージェント　1
デロイト トーマツ サイバー　1
パーソルキャリア　1
リクルートホールディングス　1
リンクアンドモチベーション　1
ロフトワーク　1
一川文研　1
世界へボカン　1
有限責任監査法人トーマツ　2
【新聞・出版・広告】
NHK出版　1
電通　2
博報堂　1
【教員・研究員・図書館等】
国立精神・神経医療研究センター　1
中央大学附属中高　1
【病院】
国立がん研究センター中央病院　1
国立がん研究センター東病院　1
【その他】
自営業　4
不明　3
【その他金融】
JPモルガン証券　1

《博士課程(19人)》
【独立行政法人・大学法人】
日本学術振興会　1
【卸売業】
内田洋行　1
【サービス業】
Eukarya　1
ISE Capital Management　1
【教員・研究員・図書館等】
医療科学研究所　1
一橋大学　1
京都大学　1
大阪経済法科大学　1
東京大学　5
東京理科大学　1
同志社大学　1
白百合女子大学　1
目白大学　1
國學院大學　2

公共政策学教育部(58人)

【官公庁等】
外務省　1
熊本県　1
経済産業省　1
厚生労働省　3
国土交通省　2
財務省　2
文部科学省　1
【独立行政法人・大学法人】
国際協力機構　1
年金積立金管理運用独立行政法人　1
【食料品】
勝沼醸造　1
【電気機器】
日本IBM　2
【陸運業】
ジャカルタ都市高速鉄道　1
【情報・通信業】
CLINKS　1
グーグル　1
シンプレクス・ホールディングス　1
三菱総合研究所　4
野村総合研究所　1
【卸売業】
東亜産業　1
【銀行業】
みずほフィナンシャルグループ　1
国際協力銀行　1
三井住友銀行　1
三井住友信託銀行　1
【証券、商品先物取引業】
JPモルガン証券　1
ゴールドマンサックス証券　1
みずほ証券　1
野村証券　1
【その他金融業】
JPモルガン・チェース　1
アイフル　1
【サービス業】
EYストラテジー・アンド・コンサルティング　2
NTTデータ経営研究所　1
PwCサステナビリティ　1
アクセンチュア　2
アビームコンサルティング　1
シグマクシス　1
デロイト トーマツ コンサルティング　3
デロイトトーマツ ファイナンシャルアドバイザリー　1
リクルート　1
楽天グループ　3
東京海上ディーアール　1
東京大学エコノミック コンサルティング　1
【教員・研究員・図書館等】
名古屋大学　1
【その他】
日中韓三国協力事務局　1
不明　2

バックナンバーのご案内

『東大2020　考えろ東大』
インタビュー猪子寿之　ほか

『東大2021　東大主義』
インタビュー片山さつき　ほか

『東大2022　東大スクラッチブック』
インタビュー川窪慎太郎　ほか

『東大2023　東大等身大』
インタビュー磯貝初奈　ほか

バックナンバーの通信販売について

在庫状況および購入方法は、下記までお問い合わせください。

東京大学新聞社 03-3811-3506　　東京大学出版会 03-6407-1069

AD INDEX（50音順）

読者プレゼントのご案内

アンケートに答えて
プレゼントを
手に入れよう!

アンケートは
こちら

東大を選ぶ2024を読んで、
アンケートに答えてくださった方の中から、

添付のQRコードからご回答の上、2023年10月31日までにお送りください。
当選者の発表は、プレゼントの発送をもって代えさせていただきます。

また、アンケートにお答えいただいた方全員に、9月発行の『受験生特集号』をお送りいたします!

QRコードは(株)デンソーウェーブの登録商標です

東大新聞オンラインを活用して他の受験生に差をつけよう！

東京大学新聞社では、より自由に・より広く情報を発信するため、オンラインメディア「東大新聞オンライン」を運営しています。

東大に関するニュース、東大生活や東大生の就職に関する情報に加え、受験生に向けたお役立ち情報を積極的に発信中！受験生の皆さんから送られてきたお悩みや相談事を基に東大生や東大の教員などに話を聞く連載企画「受験なんでも相談室」、受験生に向けた東大教員のインタビュー記事、毎年冬の連載企画「受験生応援連載」など受験生向けのコンテンツを豊富にそろえています。

東大に根ざした学生メディアだからこそ独自に発信できるお得な情報が満載の東大新聞オンライン。積極的に活用して他の受験生に差をつけましょう！

編集後記

我慢の連続だった受験期を乗り越え、やっと自由な大学生活を手に入れました。とはいえ、我慢していなかったこともあります。ニチアサです。みなさんにはこれだけは欠かせない、そういったものがあるでしょうか。ただの言い訳ですが、しんどい受験期だからこそ、自分を貫く意志の強さも大切だと思いますよ。

担当 科類紹介　（文Ⅲ・Ⅰ年　赤津郁海）

大学は人生の夏休み。勉強せずに遊び呆けることは含意しません。モラトリアムの過ごし方は、個人の裁量に委ねられているという意味です。堕落するのも跳躍するのも個人の自由。

ところで、「夏休み」の到来自体を目標とするのには、何だか抵抗があります。遅かれ早かれ、休暇は取得できるでしょう。たまには「夏休み」中の自分を思い描く時間も必要です。

担当 学校推薦型選抜紹介　（文Ⅲ・Ⅰ年　石井誠子）

合格体験記で取材した彼は、2次試験前日は緊張で眠れなかったとのこと。私も受験期は最悪の事態を想定して怖がっていました。「もっと自信を持った方がよい」と言われるかもしれませんが、失敗への恐怖心は努力へのモチベーションになります。他人の意見に過度に惑わされず、不安な気持ちも受け入れてみてはいかがでしょうか。

担当 合格体験記、初修外国語あれこれ　（文Ⅲ・Ⅰ年　井上楽々）

合格体験記の取材をしたのが5月上旬。合格後の振り返りをするちょうど良い時期だったのではないでしょうか。実際、取材するなかで、鮮明であった記憶が思い出になりつつあるときのような、慎重な言葉の選び方をされている印象を受けました。かくいう私も、受験会場での独特の緊張感と高揚感さえ忘れつつあります。もし受験で辛いことがあれば、合格後の5月を思い浮かべながら、辛いのはどうせ今だけ！　と声に出してみると気休めにはなるかもしれません。

担当 合格体験記　（理Ⅰ・Ⅰ年　大南響）

3年前、高校の図書室で何気なく手にとった『東大２０２０』。制作者を気にしたこともなければ、東大に入るなんて考えもしませんでしたが、執筆に携わる機会を得られるとは。何が起こるかわからないものです。読者の皆さんが、今は想像もつかないような素敵な道に進めることを祈っています。本書がその一助になれば幸いです。

担当 後期学部紹介　（理Ⅱ・Ⅰ年　岡部義文）

今回推薦生の取材をさせていただきましたが、一般受験をした私にとっては未知のことが山ほどありました。この本は、私にとって初めての執筆の場であるとともに、東大のことを知る入口になりました。必死に目指してきた場所ながら、知らないことがまだまだあったのです。受験生の皆さんには、勉強の息抜きとして、また、これから出会う世界をちょっと覗き見するつもりで読んでいただくのも良いのかな、と思っています。

担当 学校推薦型選抜紹介　（文Ⅲ・Ⅰ年　小倉陽葵）

受験の2、3日前、私は緊張しすぎて過呼吸になっていました。そして当日、スマホに「落ちても死なない」と書いた紙を挟み、ぬいぐるみを手で握りしめていました。試験後は合格していた早稲田のパンフレットをひたすら読んでいました。周りの受験生が凄く見える時もありますが、案外こんな人もいるんだな、と思ってほしいです。みなさんの健闘を祈っています！

担当 合格体験記　（文Ⅰ・Ⅰ年　佐々ひなた）

誰かを主人公にできる取材記事の執筆は本当に楽しかったです。受験生の皆さんの一人一人が主人公です。後悔や失敗もあると思いますが、それらは全て自分の輝かしい将来を作るための下積み、自分の物語のほんの一部だと捉え、目標に向かって突き進んでください。この本が、そんな皆さんの夢の実現の支えになれたら嬉しいです。

担当 合格体験記　（文Ⅲ・1年　高倉仁美）

さーてみなさん、楽しい編集後記のお時間ですよ。ここでは何を書こうか迷って結局撃沈した人の悲鳴、かっこつけてみたはいいものの紙幅の都合で削られた人の断末魔、本書編集に追われ本職の学業を蝕まれた新聞の偉い人達の嘆きを見ることができます。え？おすすめ？うーん紙面の方が面白いですよ。紙の東大新聞買ってください（笑）。元も子もないですって？　そもそもこの文章が一番元も子もないじゃないですか！

担当 学校推薦型選抜紹介　（文Ⅲ・1年　高橋潤）

東大新聞に入って初めての仕事が本誌に掲載するインタビューの取材・執筆でした。慣れないことも多かったですが、他の東大生の勉強や課外活動との向き合い方を知ることはとても楽しく、また記事として言語化できたことも学びの多い経験となりました。本誌を通じてそんな私の興奮を追体験していただき、少しでも東大について理解を深めるお手伝いができれば幸いです。

担当 合格体験記　（文Ⅲ・1年　谷津凜勇）

12月1日に高校の担任に激励され、ようやく勉強に本腰を入れて合格した、と自虐気味に語りながらも内心では自慢するのを何度したことか。一人で暮らし始め、親の偉大さが身に沁みます。新しいことを知るのが好きな自分や東大に合格できた自分の素地を形成したのは親だと思うと頭が上がりません。自分だけの力じゃないです。驕ることなく感謝を忘れずに生きたいです。

担当 合格体験記　（理Ⅰ・1年　峯﨑皓大）

受験生の皆さんは不安な事が多いと思いますが、この本が少しでも皆さんの不安を解消したり、息抜きになれたりしたら嬉しいです。僕自身も高校に置いてあったものを読んで、東大での生活を妄想していた思い入れのあるシリーズです。この本を読んだ方が東京大学新聞社に入社してシリーズを続けていってくれるともっと嬉しいです！

担当 入試当日シミュレーション（文Ⅲ・1年　村川悠）

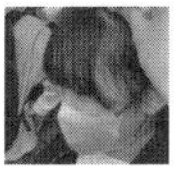

高校生のとき初めて赤門を目の前にして、東大が実在することに驚いたのを覚えています。東大を身近に感じ、なんとなく抱いていた東大入学という夢がはっきりとしたものになりました。本書を通して、皆さんの夢を具体的な形にするお手伝いができていたらうれしいです。

担当 勉強法アドバイス、後期学部紹介　（理Ⅱ・2年　天川瑞月）

入試からもう一年が経ちました。入学したての頃は入試に落ちる悪夢をよく見ましたが、今となってはどんなに辛かったか、どんなに大変な思いをしたか、ほとんど思い出さなくなりました。渦中にいる皆さんには、大学受験が人生最大の壁のように思われるかもしれませんが、受験は人生の一節に過ぎません。入学してからのこと、卒業した後のことに触れてみませんか。

担当 合格体験記、後期学部紹介、部活・サークル紹介、ニュースを振り返る、東大卒業後の働き方　（文Ⅰ・2年　石川結衣）

毎度おなじみ編集後記のコーナー、今回は「受験でしてはいけないこと」。ニューロンの密林の奥地から受験生時代のおぼろげな記憶を引きずり出して大紹介。

①睡眠時間を削る②スマホを部屋の中に置く③いろいろな参考書に手を出しすぎる④模試の見直しを怠る⑤復習しない⑥100万円で頭が良くなるつぼを買う。他にもありますがまた来年。

担当 初修外国語あれこれ、駒場生活徹底解説、合格体験記、科類紹介

（文Ⅲ・2年　小原優輝）

編集後記か…「編集終わってないから、まだ書きたくありませぇん」とジタバタしたところで、慰めてくれる優しい人は東大新ぶn…おっと東大にはいないので、しぶしぶ欄を埋めている佐藤です。入学して一年、シビアな環境だなぁと感じることも多くありました。しかし裏を返せば、強くなれるチャンスがそこら中に転がっているということです。そのチャンスをつかみたい方は、本書を有効活用して、受験というダンジョンクリアに向けて頑張ってください！応援しています。

担当 学校推薦型選抜紹介、就職先一覧、合格体験記

（文Ⅲ・2年　佐藤万由子）

念願のサクセスとサクセス編集後記に文章を寄せることができ、とても嬉しく思います。新入生アンケートでは、3000人近くの東大生の素性（?）を知ることができ、大変興味深かったです。この本を通して、読者の皆さんが東大生の生態を垣間見て、「得体の知れない」場所と思われがちな東大を身近に感じてくださっていたら嬉しいです。

担当 科類紹介、東大生にアンケート

（理Ⅰ・2年　高橋柚帆）

社畜月間過ぎたら試験がひたひたと近づいてくる中で編集後記のネタを考える余裕なんてねえんだよ馬鹿野郎こん畜生とかいってでもよく考えたら条件みんな一緒ですやんかあああああああほがあ！ま、こんなやつでも受験乗り切れるので受験生の皆さんご安心をおおおおほほははは

担当 合格体験記、科類紹介、勉強法アドバイス、後期学部紹介、大学院生活紹介、サークル一覧

（文Ⅰ・2年　新内智之）

大学に入ってから、逃避行が現実的選択肢になったように思います。日常生活に疲れてきたら、自動車や電車でとりあえず遠くに行く。そういう逃亡手段が手に届く範囲内に入ってきました。例えて言うなら、どこでもドアを常に懐中に忍ばせて、ドアノブを握りしめている感覚でしょうか。大人になるって良いなあとつくづく思います。

担当 勉強法アドバイス、初修外国語紹介

（文Ⅲ・2年　浜口すず）

受験で苦しんでいた頃、「きっと東大に入れば楽しいのだろう」と考えていました。東大に入った今、ここが面白いと自信を持って言うことはできません。しかし東大は「面白いことに出会える」場所だとは断言できます（悪いのはゴロゴロしてスマホいじってる私です）。逆に考えれば、受験も少し考え方を変えれば楽しめたのかも。

担当 勉強法アドバイス、駒場生活徹底解説

（文Ⅱ・2年　堀添秀太）

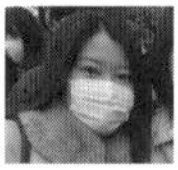

憧れの東大生活は、予想以上に楽しく、予想以上に大変でした。膨大な課題、バイト、東大新聞の仕事。忙しさで潰れそうになった時、好きなミュージカルの「人生は楽しまなくちゃ」というセリフに励まされます。意外と課題は面白いし、バイトも仕事も達成感があります。受験勉強も気を張らず、ちょっと楽しんでみるといいかもしれません。

担当 外国学校卒業学生特別選考紹介、PEAK紹介、後期学部紹介

（文Ⅲ・2年　本田舞花）

受験生の頃「自分をしっかり持てない僕みたいな人間は東大生なんかなれない」と思っていました。いま、他の部員の編集後記案を読んで自分もふざけるべきか迷っています。人間変わらないなと思いますが、

変わらないなりに頑張っていれば東大生も務まることに3年かけて気付きました。

担当　藤井輝夫さんインタビュー（養・3年　金井貴広）

「くまモンに会いたい」12年越しの夢が叶った。飛行機から見えた熊本にワクワクと昂りで目は潤み、緊張も走る。でも知事室でくまモンが現れたら不思議、顔はほころんだ。あまりにスターだった。彼がたまたま研究員で、知事は名誉教授で、きっと東大にいなきゃ会えなかった。昔は考えてなかったこと。人生何がどう繋がるかはわからない。檜山先生も言ってたモン。

担当　特別企画（理・3年　清水琉生）

赤門に憧れて、東大を目指した受験生時代。そんな私が、進学選択で後期教養学部（駒場）に進学するとは夢にも思っていませんでした。「どうせ本郷に進学しても（今は）赤門は閉まっているから」と強がりつつ、心の中では毎週本郷で開催される編集会議を楽しみにしています。

担当　勉強法アドバイス（養・3年　髙橋賢司）

『東大未来』はまるでタイムマシンで受験勉強が遊びに変わる魔法の本です！　著者陣が放つユニークなアイデアと笑いの神様が仕掛けたトリビアで、受験生の頭脳は大爆発！　勉強が面白すぎて、驚きとワクワクが止まりません！笑顔で挑戦する受験生たちよ、この本が君たちの最強の仲間になる！

ChatGPTからの渾身の編集後記でした。

担当　スポーツを振り返る、東大卒業後の働き方（工・4年　安部道裕）

雪崩に巻き込まれたとき、泳ぐように手足をばたつかせると出られることがあるそうです。入学以降、コロナ禍を初めとした雪崩の中でもがくうちに4年生になっていました。最近は、東大の中でも息が吸えるようになったと感じています。受験生の時に憧れた東大も、雪崩に押し潰されて「くだらない」と感じた東大も、どちらも本当の姿だと思います。記者として東大の色んな顔を伝えることで、東大が雪崩の起きない場所にできればと思います。

担当　大学院生活紹介、東大卒業後の働き方（工・4年　松崎文香）

あれだけ「東大に行きたい」と熱望して入学しても、次第に大学が面倒になる人は多いです。内定に歓喜していたあの先輩も、今では会社の愚痴ばかりです。理想と現実にズレが生じたのか。それとも組織の「ブランド」という得体の知れないものを頼りに下した意思決定だったのか。事情は様々だと思いますが、一つ確かなのは、時間は有限だということです。私はもう4年生になりました。残りの学生生活を楽しむのに毎日必死です。

担当　記事見出しクイズ（経・4年　弓矢基貴）

受験生の頃に想像していなかった未来について考えてみました。まず、6年後になっても受験生になっているとは想像していないでしょう。そう、博士課程入試です。もう一つ知らなかった未来と言えば、入試数学の確率・場合の数が苦手だった私がなぜか確率の研究をしていることです。受験科目に対する先入観を捨てると予想外の未来が待っているかもしれません！

担当　大学院生活紹介（新領域・修士2年　上田朔）

サクセスするに越したことはないが、失敗挫折も混在するのが、これからの人生。プロ野球の優勝チームですら、年間75勝45敗くらいです。閑話休題、旧称「サクセス」であるこの本では、取材相手の人柄が滲み出るような撮影を心掛けています。くまモンは着ぐるみですが、中に入っている方は、これまでかなり苦労をされて、相手を慮れて向上心がある努力家だと拝察します。特筆すべきは、余裕がある

こと。たまにはスマホを手放して、芝生の上で大の字になってみませんか？

担当 藤井輝夫さんインタビュー、蒲島郁夫さんインタビュー、くまモンインタビュー、又吉直樹さんインタビュー

（大学院情報学環教育部3年　園田　寛志郎）

午前二時　締切過ぎた　原稿の
白きを見れば　夜ぞふけにける

担当 幼少期の育成論、進学選択体験記、後期学部紹介、大学院生活紹介

（1章チーフ　経・3年　清水央太郎）

「あなたは東大に入らないと不幸よ。死ぬ気で勉強しなさい」という呪い（?）を敬愛する高校教師からかけられ早1年。進学選択を控え最近ようやくその真意が分かってきました。この本を読んでもなお、なぜ東大でなければならないのか、「東大だから」以外の理由が見つからないみなさん、その答えは、「答えるまでに猶予がある」点にあるかもしれません。私もまた、高校生のときは私立大学の「〇〇学部」には収まりきらない好奇心の広がりをどうすべきか思い悩んでいました。大体その学問がどんなものか学びもしないで分かるわけないんです。東大に入り、知の地平線はますます遠くへ広がっていくようです。視座が高まれば自ずと己の位置も俯瞰できるようになることでしょう。悩み多き人にこそ、東大は真価を発揮してくれます。

担当 東大から留学、進学選択体験記、後期学部紹介、科類紹介

（2章チーフ　文Ⅲ・2年　宮川理芳）

今、あさっての試験に向けて途方もない量の知識を詰め込んでいます。覚えては忘れての繰り返しで、焦ってもかえって進みません。生物学における「退化」は「進化」の対義語ではなく、例えば地中生活で目が退化してもそれは進化なのだと授業で習いました。いろいろなものを得て、いろいろなものを失って、生物としても人間としても（試験を控えた学生としても?）それで良いのかなと思います。未来の自分は今よりも前に進めているか不安になることもありますが、やっぱり焦らず着実に生きていきたいです。

担当 又吉直樹さんインタビュー、後期課程授業紹介、高専から東大へ、コラム

（3章チーフ　理・3年　石橋咲）

今回インタビューされたくまモンでお馴染み熊本県は、私が中高6年間を過ごした地です。通学で毎日使っていた熊本駅には、本当にあらゆる場所にくまモンがいました。東大模試でE判定が出て落ち込みながら改札を通る私や、22時まで予備校で勉強し夜中に電車で帰っていた私も、くまモンが見守ってくれていた気がします。

振り返ってみると、私にとってくまモンは学問の神様かもしれません（言い過ぎ⁉）。みなさんも本書でご利益にあやかってみてはいかがでしょう。がまだせ受験生！

担当 後期課程授業紹介、東大新聞卒業生は今

（4章チーフ　文・4年　葉いずみ）

志す学問分野と大学はどちらから決める人が多いのでしょうか。私は学問分野からでした。高1で読んだ小説がきっかけで言語学を志し、東大は他の条件が合ったから選んだだけと気取りました。だってあの「東大」なんて……。ところで、その小説は高1当時から「続編は来年発行予定！」と宣伝していました。学部3年現在、未刊です。

この東大受験本は毎年発行で、比べればありえないほど勤勉ですね。編集長、副編集長、チーフ、ヘッド、ライター、チェッカー……編集に関わる皆が勤勉だからでしょう。もちろん冗談ですが、部内外含めて東大の友人たちが優秀で魅力的なことは事実です。

東大を目指すことに気後れしている方へ。東大はまっすぐに目指しても後悔しない場所です。な

んて、私みたいな人間がどれだけいるんだか……。

担当 駒場生活徹底解説、後期課程授業紹介、コラム

（副編集長　養・3年　丸山莉歩）

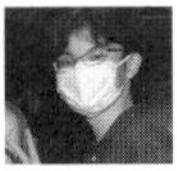

今年は副編集長校正担として、記事の作成ではなく校正を中心に担当しました。表記を統一したり、事実誤認がないかを確かめたりして読者の皆さまに正確で分かりやすく情報を伝えることができるように苦心しました。過去形で書きましたが、実はこれを書いている現在が校正作業のピークで、本書が皆さまの手に届くことを励みに作業を進めています。300ページほどの書籍全体を見る視点と1ページごとの細かい表記を気にする視点の両方を持って作業を進めることは難しくもやりがいがあり、とても貴重な経験になりました。

さて、本書のテーマは東大未来です。現在僕は東大の3年生。終わりを迎えつつあるキャンパスライフの中で東大卒業後の未来を考え始めています。院進はせず、就職する予定です。自分の未来を考えるのって難しいなと悩みが尽きず、いろいろな情報を探したり、企業の説明会に参加したりしています。きっと皆さんも受験について同じような悩みを抱えているはず。就活本はいっぱいあるけど東大本はこれが一番おすすめです（もちろん、本だけを頼らず自分の考えも大切に）。

担当 一般入試紹介、外国学校卒業学生特別選考紹介、駒場生活徹底解説、進学選択制度紹介、東大卒業後の働き方

（副編集長　文・3年　佐藤健）

「編集後記はまだ編集が終わってないから書きたくない」「忙しくて構成が練れてない」と駄々をこねることによって、書くタイミングを後ろにすることに成功しました。6月25日の丑三つ時からこんばんは！　編集長を務める松本です。

企画初めは2022年の12月。思えば本当にさまざまな大人と打ち合わせをしました。時には不毛な、時には有益な意見をもらいながら、それを構成案に取り入れることに四苦八苦したのを今でも鮮明に覚えています。最終的にはなんとか編集部員全員で一つの作品を作り上げることができて本当にうれしいです。

そして編集長としてシリーズ名の変更に関して触れないわけにいかないでしょう。今年から『東大20XX』シリーズが『東大を選ぶ20XX』シリーズへリニューアルされました。なぜリニューアルされたのか、詳細は闇に葬りますが、このデジタル全盛の時代に、出版物が生き残るためには何かしらの変化をしなければならないと偉い大人が考え、結果がこの名称変更。果たして意味があるのだろうかと言われれば、あんまり意味がないのだろうというのが率直な感想です（ウソデス、スゴイイミアルトオモイマス）。

自分自身で選べることなんていうのは実はあまりないのでしょう。生まれる場所しかり、親しかり、外見しかり、書籍のシリーズ名しかり。無数のことがあらかじめ決まっています。そんな世知辛い中でも、自分で決められることはあります。今日の昼ごはんは何を食べるか、自分が将来何をしたいか、どこの大学を受験したいのか。これらは選べる人が多いでしょう（出身地や家庭環境によって事情はさまざまであることは承知しています）。

ただ自分が選んだからといって、それが実現するかどうかは全く別問題です。東大を受験することは選べても、東大が選んでくれなければ入学することは叶いません。自分自身で選んで、その通りに進むなんてことはよっぽど幸運でないと起こり得ない。そして一度選んだ選択はうまく行かないからと捨てて次に切り替えることは意外と難しい。

本書のシリーズ名の変更が今後白紙に戻さないといけない状況にならないことを祈るとともに、読者の方々におかれましては、皆さんの選ぶ選択が現実のものとなりますように。

担当 又吉直樹さんインタビュー、駒場生活徹底解説、東大を散歩する、進学選択で文理の壁を越えられるか?、藤井輝夫さんインタビュー、コラム

（編集長　工・3年　松本雄大）

ⓒ2023 東京大学新聞社

創刊は1920年

『東京大学新聞』は1920年創刊の『帝国大学新聞』を前身とし、『大学新聞』『東京大学学生新聞』と名称を変えつつ、61年以来『東京大学新聞』として発行を続けてまいりました。現存する大学新聞では最も長い歴史を誇ります。学内外の問題に広く関心を持ち、大学院進学や就職を真剣に考える東大生にとって欠かせない情報源となっています。

公益財団法人東京大学新聞社の経営には学内外の有識者からなる理事会（理事長＝川出良枝・法学政治学研究科教授）が当たっています。『東京大学新聞』の編集・発行は、全員東大生・東大院生から成る編集部がいかなる団体からも独立した編集権の下で担っています。

定期購読をどうぞ

『東京大学新聞』は1部ごとでも販売していますが、お得な定期購読をお勧めしています。お申込みいただいた方には、毎月ご自宅まで『東京大学新聞』を直接郵送しています。

定期購読をご希望の方は、以下の方法で年間購読料をお振り込みください。ご送金が確認でき次第、最新号からお送りいたします。

また、電子メール・電話にてお問い合わせいただくと、見本紙を送付いたします（お一人様1回限り）。東大関係者以外の一般の方のご購読も歓迎いたします。

◎**郵便局にてお支払い…**専用の払込取扱票（振込手数料無料）を送付いたしますので、ご希望の際は、電子メール・電話にてお問い合わせください。また、郵便局に備え付けの払込取扱票を使用され、弊社宛（00150‒3‒7754）でもお手続きいただけますが、その際の払込手数料はお客様ご負担となります。

また、銀行振り込みでのお申し込みも可能です。「東大新聞オンライン」の「購読のご案内」をご覧いただくか、メールまたは電話にてお問い合わせください。

電話　03（3811）3506
電子メール　post@utnp.org
年間購読料（送料、消費税込み）
1年契約（13回予定）7400円
2年契約（26回予定）14400円

次号
『東大を選ぶ2025』
来夏発行予定
鋭意構想中!!

東大を選ぶ2024　東大未来

2023年8月10日発行

企画・編集・発行　公益財団法人東京大学新聞社
東京都文京区本郷7-3-1東京大学構内
TEL 03-3811-3506　FAX 03-5684-2584

発　売　一般財団法人東京大学出版会
東京都目黒区駒場4-5-29
TEL 03-6407-1069　FAX 03-6407-1991

印刷・製本　大日本法令印刷株式会社

ISBN 978-4-13-001307-9　Printed in Japan　